GOETHE E SEU TEMPO

György Lukács em Budapeste, Hungria,
em 5 de setembro de 1945.

GYÖRGY LUKÁCS
GOETHE E SEU TEMPO

Tradução
Nélio Schneider
com a colaboração de **Ronaldo Vielmi Fortes**

Revisão da tradução
José Paulo Netto e **Ronaldo Vielmi Fortes**

© Boitempo, 2021
© The Estate of György Lukács, 2014

Dados do original: György Lukács, "Goethe und seine Zeit", em *Deutsche Literatur in zwei Jahrhunderten* (Neuwied/Berlim, Luchterhand, 1964), p. 41-163.

Direção-geral	Ivana Jinkings
Edição	Pedro Davoglio
Coordenação de produção	Livia Campos
Assistência editorial	Thais Rimkus
Tradução	Nélio Schneider (ensaios 1 a 4), Ronaldo Vielmi Fortes (ensaio 5) e Daniel Fabre (apresentação)
Revisão da tradução	José Paulo Netto e Ronaldo Vielmi Fortes
Preparação	Lyvia Félix e Thais Rimkus (apresentação)
Revisão	Sílvia Balderama Nara
Capa	David Amiel
Diagramação	Antonio Kehl

Equipe de apoio Artur Renzo, Camila Nakazone, Carolina Mercês, Débora Rodrigues, Elaine Ramos, Frederico Indiani, Heleni Andrade, Higor Alves, Ivam Oliveira, Jéssica Soares, Kim Doria, Luciana Capelli, Marcos Duarte, Marina Valeriano, Marissol Robles, Marlene Baptista, Maurício Barbosa, Raí Alves, Tulio Candiotto

CIP-BRASIL. CATALOGAÇÃO NA PUBLICAÇÃO
SINDICATO NACIONAL DOS EDITORES DE LIVROS, RJ

L98g

Lukács, György, 1885-1971
Goethe e seu tempo / György Lukács ; tradução Nélio Schneider, Ronaldo Vielmi Fortes ; revisão da tradução José Paulo Netto, Ronaldo Vielmi Fortes. - 1. ed. - São Paulo : Boitempo, 2021.
(Biblioteca Lukács ; 10)

Tradução de: Goethe und seine Zeit
Inclui índice
ISBN 978-65-5717-092-2

1. Goethe, Johann Wolfgang von, 1749-1832. 2. Literatura alemã - século XIX - História e crítica. I. Schneider, Nélio. II. Fortes, Ronaldo Vielmi. III. Netto, José Paulo. IV. Título. V. Série.

21-72147

CDD: 830.9
CDU: 821.112.2.09

Camila Donis Hartmann - Bibliotecária - CRB-7/6472

É vedada a reprodução de qualquer parte deste livro sem a expressa autorização da editora.

1ª edição: agosto de 2021

BOITEMPO
Jinkings Editores Associados Ltda.
Rua Pereira Leite, 373
05442-000 São Paulo SP
Tel.: (11) 3875-7250 | 3875-7285
editor@boitempoeditorial.com.br | www.boitempoeditorial.com.br
www.blogdaboitempo.com.br | www.facebook.com/boitempo
www.twitter.com/editoraboitempo | www.youtube.com/tvboitempo

A Biblioteca Lukács

Desde 2010, a Boitempo desenvolve sistematicamente o projeto de publicação das obras de György Lukács (1885-1971). O diferencial dessas edições, em face das anteriores de textos lukácsianos em português, não se reduz ao esmero da apresentação gráfica nem ao cuidado na escolha de especialistas para a redação dos subsídios (prefácio, posfácio, texto para as orelhas e para a quarta capa dos volumes) oferecidos ao público. O diferencial consiste na tradução – com revisões técnicas –, que se vale dos originais alemães e foi devidamente autorizada pelos detentores dos direitos autorais.

A Boitempo não se propõe a entregar ao leitor de língua portuguesa as obras completas de Lukács, como também não ambiciona elaborar – no sentido estrito – edições críticas. O projeto em curso ousa oferecer o essencial do pensamento lukacsiano em traduções confiáveis e dignas de crédito, posto que se conhecem a complexidade e a dificuldade da tarefa de verter textos tão densos, substanciais e polêmicos.

Aos livros anteriormente publicados (*Prolegômenos para uma ontologia do ser social*, 2010; *O romance histórico*, 2011; *Lênin* e *Para uma ontologia do ser social I*, 2012; e *Para uma ontologia do ser social II*, 2013), juntaram-se *Reboquismo e dialética* (2015), que inaugurou uma nova fase do projeto, batizado como Biblioteca Lukács, *Marx e Engels como historiadores da literatura* (2016), *O jovem Hegel* (2018) e *Essenciais são os livros não escritos* (2020). Este *Goethe e seu tempo* é o quinto volume dessa nova fase.

Verifica-se como, ao longo de quase uma década, com o trabalho de tradutores de competência comprovada, de revisores técnicos de alto nível e com subsídios de intelectuais destacados, vem avançando a missão de divulgação para o leitor brasileiro do pensamento daquele que foi o maior filósofo marxista do século XX. E a Boitempo, empenhada em alcançar seu objetivo, tem orgulho de contar, na equipe responsável pela Biblioteca Lukács, com a colaboração permanente dos professores José Paulo Netto e Ronaldo Vielmi Fortes, coordenadores da coleção.

Sumário

Apresentação, *por Miguel Vedda* 9

Prefácio 31

Os sofrimentos do jovem Werther 43

Os anos de aprendizado de Wilhelm Meister 61

A correspondência entre Schiller e Goethe 83

A teoria schilleriana da literatura moderna 123

O *Hipérion* de Hölderlin 165

Cronologia da vida e da obra de György Lukács 189

Índice onomástico-bibliográfico 213

Obras de György Lukács publicadas no Brasil 219

Biblioteca Lukács 222

Apresentação

I

Em "Meu caminho para Marx" (1933) – cuja composição se deu muito perto, em termos temporais, dos ensaios incluídos em *Goethe e seu tempo* –, Lukács sustenta que a relação com Marx é a verdadeira pedra de toque para todo intelectual "que leva a sério a elucidação da sua própria concepção de mundo, o desenvolvimento social, em particular a situação atual, o seu próprio lugar nela e o seu próprio posicionamento em relação a ela"[1]. A seriedade com que o intelectual se dedica a essa questão "nos indica em que medida ele quer, consciente ou inconscientemente, esquivar-se de um claro posicionamento com relação às lutas da história atual"[2]. Boa parte do ensaio consiste em uma resenha biográfica da assimilação particular que o autor havia feito da obra marxiana até então; uma assimilação que, naquele momento, não estava de forma alguma concluída e deveria apresentar modificações produtivas durante os mais de 35 anos de trabalho filosófico e político que o filósofo húngaro teria pela frente. Em relação a este livro que estamos apresentando, é preciso dizer que, em Lukács, há um *caminho para Goethe* que não é menos importante e frutífero que aquele vinculado a Marx no ensaio de 1933. Como ponto-final

---

[1] G. Lukács, "Meu caminho para Marx", em *Verinotio – Revista On-line de Filosofia e Ciências Humanas*, n. 12, 2010. Quando não estiver indicado algo diferente, as traduções são livres.

[2] Idem.

dessa trajetória, seria possível mencionar a conferência "Marx und Goethe" [Marx e Goethe], proferida em 28 de agosto de 1970 e na qual Lukács, em seus últimos meses de vida, revisa alguns dos pontos de inflexão fundamentais de sua apropriação de Goethe e aponta, sobretudo, o significado que isso passou a ter em sua filosofia tardia. Como um dos aspectos que ligam o autor de *Fausto** ao de *O capital***, o velho Lukács menciona a *genericidade*, aquela dimensão humana em que podemos encontrar "um parâmetro sólido para as decisões de nossa interioridade, que se torna frutífero no campo da práxis e, nesse sentido, imprescindível para uma vida verdadeiramente humana"[3]. A coincidência entre o ceticismo quanto ao culto da "originalidade" e a adoção da genericidade como medida influencia "os esboços humanos de todas as obras importantes de Goethe; seu princípio construtivo para a configuração do mundo se funda nessas formulações relativas à vida"[4]. O próprio Lukács ensaia alguns traços de sua relação pessoal com Goethe, que começa muito cedo e segue uma longa (e intensa) trajetória, de forma que o filósofo pode dizer: "Minha ocupação com o estilo de vida e a configuração do mundo próprios de Goethe nunca perdeu importância em meu pensamento e meu trabalho"[5]. Em um autêntico processo *Erinnerung*[6], Lukács enfatiza que as mutações históricas em sua forma de entender o escritor alemão surgiram das "mudanças fundamentais na tomada de posição diante da época e do mundo" e que, entre essas mudanças, está a passagem para o marxismo, o que suscita a pergunta sobre como deve lidar "um marxista com o conjunto da obra de Goethe"[7].

Como ponto de partida, Lukács cita seu "primeiro ensaio digno de ser levado a sério": o artigo de 1907 sobre Novalis, posteriormente incluído em *A alma*

---

* J. W. Goethe, *Fausto: uma tragédia* (trad. Jenny Klabin Segall, São Paulo, Editora 34, 2007). (N. E.)

** Karl Marx, *O capital*, 3 v. (trad. Rubens Enderle, São Paulo, Boitempo, 2013-2017). (N. E.)

[3] G. Lukács, "Marx und Goethe", em *Revolutionäres Denken: Georg Lukács – Eine Einführung in Leben und Werk* (Darmstadt/Neuwied, Luchterhand, 1984), p. 154-62.

[4] Idem.

[5] Ibidem, p. 154.

[6] Em Hegel: uma *recordação*, mas também uma *interiorização*. Em *Erinnerung*, o exame do próprio passado destaca como o espírito; isto é, a humanidade enquanto gênero conseguiu negar, mas por sua vez conservar e transcender, determinadas figuras (*Gestalten*) de seu próprio desenvolvimento.

[7] G. Lukács, "Marx und Goethe", cit., p. 154.

e as formas* (1911), em que a idiossincrasia do poeta romântico é definida a partir de uma contraposição com a obra poética e a filosofia de vida goethianas. Frente ao frustrado desejo de infinitude dos românticos, Goethe encarnaria a imagem do artista consumado, capaz de criar uma obra contraposta ao caos vital e de renunciar, em função dela, a uma vida que anarquicamente se decompõe em estados de ânimo flutuantes. O diálogo "Riqueza, caos e forma", incluído na mesma compilação de ensaios, também apresenta Goethe como uma contraimagem positiva – e "clássica" – de Laurence Sterne, que, por sua vez, constituiria um precedente para a dissolução e a eliminação formal de todas as barreiras entre a arte e a vida que caracterizam a literatura contemporânea. Também em *Entwicklungsgeschichte des modernen Dramas*** [História da evolução do drama moderno] (1907-1909; publicado como livro em 1911), Goethe tem papel de destaque; o drama alemão é apresentado ali como organizado em torno de dois polos de atração: Shakespeare e a tragédia grega. O primeiro expressa a aspiração à *totalidade* e, com ela, a devoção pela riqueza e pelo brilho da vida, o gosto pela concretização das existências individuais e pela liberdade dos sujeitos autônomos, o interesse pela especificação histórica do lugar e da época. O outro polo busca, diferentemente, a *unidade*, e isso explica suas propriedades distintivas: a condensação da vida em um número limitado de símbolos, a concentração em grandes destinos trágicos, a preeminência do destino, a ausência de um *hic et nunc* específico. Ambos os polos encontram uma expressão definida em Goethe: a aspiração à plenitude shakespeariana é um princípio fundante para o *Götz von Berlichingen* e, por extensão, para todo o teatro do *Sturm und Drang* [Tempestade e Ímpeto]; o ideal da concentração dramática é representado por *Torquato Tasso**** e *Ifigênia em Táuride***** de Goethe. Porém, de ambas as correntes, apenas a segunda se desenvolveu de forma consequente e teve seguidores importantes. O fato de a "linha shakespeariana" não ter encontrado sucessão deveu-se, em parte, ao problema de que o projeto contradiz a essência do drama, aproximando esse gênero de uma plenitude vital que corresponde à epopeia; para não quebrar a condensação

---

*   Trad. Rainer Patriota, Belo Horizonte, Autêntica, 2015. (N. E.)

**   G. Lukács, *Entwicklungsgeschichte des modernen Dramas* (Darmstadt/Neuwied, Luchterhand, 1981). (N. E.)

***   Trad. João Barrento, Lisboa, Relógio D'Água, 1999. (N. E.)

**** Trad. Carlos Alberto Nunes, São Paulo, Peixoto Neto, 2016. (N. E.)

dramática, os homens e os acontecimentos têm de se encontrar desprovidos de qualquer acaso e transmutados em símbolos do destino.

A outra tradição, marcada pela busca da unidade, vê na estilização formal e no uso de personagens idealizados a fórmula adequada para afastar o drama da casualidade e livrá-lo do lastro da prosa terrena; o que se busca aqui não é a ressurreição do teatro antigo, mas a restauração da *tragédie clássique* francesa. Tudo o que é individual e característico deve ser eliminado para que subsista apenas o simbólico, o ideal. Entretanto, esse idealismo implica um perigo: a perda do efeito imediato e sensível sobre as massas; como o drama clássico de Goethe e Schiller "foi um drama estético [...] o maior drama estético"[8], suas manifestações mais exitosas enfrentaram a indiferença do público. O projeto goethiano de fundar um teatro em Weimar foi uma tentativa malsucedida de educar um público desprovido de formação e interesse, e o classicismo se viu relegado a uma condição de sonho cheio de ambições, mas carente de realidade, por sua falta de vínculos com a comunidade. Todas essas características explicam, para o jovem Lukács, que a essência do drama moderno está sintetizada na obra clássica de Goethe e Schiller; um drama cuja abstração e intelectualismo remetem a uma sociedade em que, como escreveu Marx, a qualidade já não importa e a quantidade é que decide tudo.

Também em *A teoria do romance** (1914-1915; publicado como livro em 1920), Goethe desempenha um papel central, embora a imagem que Lukács oferece do poeta alemão seja diferente da que surgiu em livros anteriores. Neste, Goethe aparece ligado a alguns postulados éticos e estéticos que encontraremos na produção madura de Lukács. A resignação promovida pelo poeta alemão é entendida agora como um *tertium datur* entre posições extremas; uma estratégia que mais tarde seria empregada pelo teórico marxista para suas outras principais referências: Hegel, Balzac, Tolstói, Thomas Mann. *Os anos de aprendizado de Wilhelm Meister***, enquanto romance de educação que transcende a antítese entre o *romance do idealismo abstrato* e o *romantismo da desilusão*, é uma tentativa de conciliar e superar a contraposição entre aqueles personagens que se entregaram à ação pura e aqueles que preferem se fundir na passividade. O herói goethiano compreendeu que a responsabilidade

---

[8]   G. Lukács, *Entwicklungsgeschichte des modernen Dramas*, cit., p. 179.

*   Trad. José Marcos Mariani de Macedo, São Paulo, Editora 34/Duas Cidades, 2000. (N. E.)

**   Trad. Nicolino Simone Neto, São Paulo, Ensaio, 1994. (N. E.)

pelo desacordo entre a alma e o mundo não deve ser atribuída a nenhuma das partes. Não se dedica a uma justificativa do *status quo* nem a um protesto unilateral contra ele, mas torna sua uma vivência "que se esforça por ser justa com ambos os lados e vislumbra, na incapacidade da alma em atuar sobre o mundo, não só a falta de essência deste, mas também a fraqueza intrínseca daquela"[9]. O protagonista do romance tenta encontrar nas formações sociais um cenário adequado para o desenvolvimento da própria alma. Cada um dos membros da Sociedade da Torre concorda em renunciar parte de seus ideais para facilitar o contato com seus semelhantes; entretanto, essa renúncia não supõe um rebaixamento, mas a aquisição de uma nova riqueza. Essa existência comunitária é resultado de uma busca e de uma luta, obra de indivíduos que não puderam se apoiar em uma realidade não antagônica e que dedicaram todos os seus esforços à recomposição da totalidade perdida.

Ao falar do drama goethiano, o jovem Lukács já havia chamado atenção para o caráter antitrágico de toda *progressão*: "O ser humano que ainda se desenvolve, que ainda está a caminho de algo, ou para quem o desenvolvimento é a própria vida (Goethe), não pode ser dramático, pela simples razão de que, para ele, todo acontecimento individual só pode ser um estado, um episódio"[10]. Essas reflexões, que Lukács desenvolve no livro sobre o drama moderno e que parecem remeter a *Fausto*, antecipam a análise de *Wilhelm Meister* incluída em *A teoria do romance*. A imagem de Goethe que emerge dessa obra guarda pouca semelhança com o retrato do ascético e formalista inimigo da vida, delineado nos ensaios presentes em *A alma e as formas*. Vislumbramos um Goethe interessado em estabelecer certa mediação entre imanência e transcendência, entre indivíduo e sociedade. O que chama atenção é que *Wilhelm Meister*, além de tudo o que Lukács encontra de positivo nele, não é apresentado como a verdadeira superação dos dilemas próprios de um gênero que, como o romance, pertence a uma época de dilaceração e decadência identificada com o mundo burguês. *A teoria do romance* termina com a exaltação da comunidade russa e de seu "novo Homero": Dostoiévski, cujas obras poderiam apresentar uma superação do romance na direção da epopeia.

A produção marxista inicial inclui poucas aproximações com a obra goethiana. Uma exceção é *Nathan und Tasso* [Nathan e Tasso] (1922), que submete

---

[9]   G. Lukács, *Die Theorie des Romans: ein geschichtsphilosophischer Versuch über die Form der großen Epik* (Darmstadt/Neuwied: Luchterhand, 1984, p. 140 [ed. bras.: *A teoria do romance*, São Paulo, Editora 34/Duas Cidades, 2000, p. 143].

[10] Idem, *Entwicklungsgeschichte des deutschen Dramas*, cit., p. 40 e seg.

as obras mencionadas de Lessing e Goethe a uma análise reducionista de pouca correspondência com os excepcionais ensaios anteriores e posteriores. As qualidades estéticas são negligenciadas ao mesmo tempo que se ressaltam, como o que é verdadeiramente importante, as posições político-culturais representadas por ambos os dramas. Estes "designam duas tendências que – *apesar da incomensurável superioridade literária de Goethe* – fazem com que sua obra apareça como um desvio perigoso, um fenômeno de decadência ideológica em relação a Lessing"[11]. O autor do artigo acredita que toda a literatura goethiana significa, "para a evolução espiritual alemã, uma tendência errada; que o fato de seguir alguns de seus caminhos deve conduzir a um triste filistinismo, a uma mesquinharia pequeno-burguesa cinzenta"; a revolta contra essa tendência expressa "*um instinto de classe saudável* na intelectualidade burguesa"[12]. *Torquato Tasso*, uma das peças dramáticas mais marcantes da literatura alemã do período clássico, é aqui reduzida a um desejo de reconciliação com a realidade da Alemanha dilacerada em pequenos estados. A estilização goethiana é "meramente poética: reveste toda a miséria mesquinha de sua época no esplendor fracamente apaixonado de seus versos para fazer com que a indignação contra essa miséria pareça 'unilateral', 'exageradamente subjetiva', injustificada"[13]. Basta uma comparação entre essa abordagem do clássico Goethe com as posteriores em *Goethe e seu tempo* ou em *Fortschritt und Reaktion in der deutschen Literatur* [Progresso e reação na literatura alemã] (1947)[14] para colocar em evidência o reducionismo do ensaio de 1922, que não faz jus à riqueza nem à complexidade do classicismo de Weimar, tampouco enfatiza em sua autêntica magnitude a dimensão literária e cultural de Lessing, que, além dos elogios entusiásticos, apresenta em *Nathan e Tasso* uma fisionomia de traços escassos e superficiais. A análise não se aproxima da profundidade do brilhante ensaio de 1963 sobre *Minna von Barnhelm*.

Um ponto de inflexão no *caminho para Goethe* ocorreu em 1932, quando Lukács, instalado em Berlim, escreveu uma série de artigos contundentes por ocasião do centenário da morte do poeta alemão, com o objetivo de,

---

[11]   Idem, "Nathan und Tasso", em *Rote Fahne* 367 (13/8/1922), sec. cultural ("Feuilleton"), p. 1. O itálico é nosso.

[12]   Idem.

[13]   Idem.

[14]   Idem, *Fortschritt und Reaktion in der deutschen Literatur* (Berlim, Aufbau, 1977).

especialmente, desmontar as várias tentativas do nazismo de se apropriar do legado goethiano. Em outro lugar, tratamos da análise dessa sucessão de ensaios[15], dos quais o mais importante é "Goethe und die Dialektik" [Goethe e a dialética]; diremos aqui apenas que, neles, não só é impugnada a justificativa conservadora dos aspectos filisteus em Goethe, como se questionam as condenações globais e as tentativas de separar salomonicamente méritos e deméritos: "Não basta desmascarar as falsificações de Goethe feitas pelos literatos burgueses para combater os traços filisteus de Goethe. No máximo, isso levaria a uma oposição proudhoniana – e não dialética – entre seus aspectos 'bons' e 'maus'"[16]. A vida e a obra do escritor alemão não devem ser vistas como uma totalidade harmoniosa, mas como uma unidade de forças contraditórias que não podem ser separadas cirurgicamente. A filiação marxiana dessa abordagem é perceptível: em termos parecidos aos empregados por Lukács, Marx se opôs à tentativa dos neo-hegelianos de esquerda de estabelecer uma distinção entre um Hegel *esotérico*, que, lido "corretamente", seria um ateu e revolucionário, e outro *exotérico*, que teria concordado com os poderes políticos de seu tempo; a filosofia hegeliana é uma *unidade de contradições*. Essa aproximação entre a interpretação marxiana de Hegel e a caracterização lukacsiana de Goethe ajuda a entender por que as afinidades entre esses dois expoentes centrais do período clássico da cultura alemã são destacadas por Lukács: ambos representam, junto com os economistas políticos ingleses, o mais alto grau de consciência alcançado dentro dos limites da cosmovisão burguesa.

II

Uma vez traçado esse percurso, seria oportuno se perguntar o que há de particular e distintivo nos ensaios contidos em *Goethe e seu tempo*. Escritos entre 1934 e 1936, coincidem com uma virada nas posições de Lukács frente à cultura burguesa, marcada por uma reavaliação das relações entre ela e o fascismo em ascensão. Durante os primeiros anos daquela década, sob a influência da teoria do "social-fascismo" promovida pelo Comintern, Lukács havia compreendido o fascismo como um fruto *necessário* da sociedade burguesa,

---

[15] M. Vedda, "Goethe: o falsificado pelo fascismo e o autêntico", *Margem Esquerda*, n. 12, 2008, p. 106-16.

[16] G. Lukács, "Was ist uns heute Goethe", em A. Klein, *Georg Lukács in Berlin. Literaturtheorie und Literaturpolitik der Jahre 1930/1932* (Berlim/Weimar, Aufbau, 1990), p. 424.

o que o levou a derivar uma oposição maniqueísta entre o mundo burguês e o mundo comunista. O filósofo que, em "Teses de Blum", citava Lênin para argumentar que "não existe nenhuma muralha da China entre a revolução burguesa e a revolução do proletariado"[17], passou a se mostrar obstinado a erguer essa muralha. Em meados da década, e junto com a consolidação das políticas de frente popular antifascista, as posições se alteraram substancialmente. Uma expressão dessa mudança é o esforço, em grande parte inspirado no jovem Marx, de resgatar algumas das categorias mais importantes promovidas pela burguesia em seu estágio ascendente – razão, democracia, progresso – como herança a ser assumida pela filosofia e pela ideologia socialistas, marcando uma oposição em relação à orientação barbaramente irracionalista, despótica e reacionária da ditadura fascista. Os ensaios deste livro, bem como os de *Balzac e o realismo francês* (com exceção do último, dedicado a Zola)[18], são marcos importantes nessa mudança de orientação. Também o são O *romance histórico** (1936-1937) e O *jovem Hegel***[19] – os dois empreendimentos mais ambiciosos realizados por Lukács durante o período fascista. Antecipando as teses da segunda grande monografia sobre o fascismo, o manuscrito *Como a Alemanha se tornou o centro da ideologia reacionária?* (1941-1942), que coincide em vários aspectos com o prefácio de 1947, todas essas publicações se dirigem a momentos e figuras marcantes do passado burguês como uma tentativa incisiva de, parcialmente, resgatá-las e apropriá-las pela cultura socialista, rechaçando os esforços de apropriação dos impulsionadores da política cultural nazista. As marcas explícitas dessa estratégia aparecem nos diferentes ensaios do volume.

Uma particularidade do livro, já sugerida no título, é a decisão de colocar os diversos autores numa relação com *seu tempo* e, mais especificamente, com as condições políticas e sociais, de um modo mais intenso e complexo que em estudos anteriores e outros contemporâneos. Se, em alguns casos, a ênfase

---

[17] Idem, "Tesis de Blum", em *Táctica y ética. Escritos políticos (1919-1929)* (trad. Miguel Vedda, Buenos Aires, Herramienta, 2014), p. 276.

[18] O ensaio sobre Zola é de 1940. Os demais foram escritos entre 1934 e 1935; ou seja, na mesma época que os de *Goethe e seu tempo*. O livro apareceu pela primeira vez em húngaro, em 1945.

* Trad. Rubens Enderle, São Paulo, Boitempo, 2011. (N. E.)

** Trad. Nélio Schneider, São Paulo, Boitempo, 2018. (N. E.)

[19] Lukács concluiu em 1938 a escrita do livro, que foi publicado no início de 1948.

sobre essa relação parece excessiva, ela teria de ser justificada como resposta à obstinação de muitos outros críticos em apagar essa conexão. É assim, por exemplo, quando Lukács argumenta que a diferença entre a etapa jovem e madura de Goethe e Schiller não se explica por questões psicológicas ou formais, mas a partir de um ponto de inflexão entre dois períodos do desenvolvimento da sociedade burguesa. Ou quando diz que a "fuga" de Goethe para a Itália não se deve a uma crise sentimental, mas ao fracasso das tentativas de introduzir reformas econômicas e políticas em Weimar sobre bases ilustradas. Ou quando explica que a amizade entre Goethe e Schiller não se baseava exclusivamente na simpatia pessoal ou no gosto estético, mas, sobretudo, em uma "fraternidade política", na formação de um bloco no campo político-cultural. O objetivo central do programa classicista era liquidar os restos feudais, afirmando as expectativas da França em 1789, mas sem realizar uma revolução, partindo de uma confluência – utópica – entre certos setores progressistas da aristocracia e da burguesia alemãs. Nessa mesma linha, move-se a afronta lukacsiana aos críticos fascistas que escondem a tragédia sócio-histórica da vida e da obra de Hölderlin, a fim de torná-lo um ilustre predecessor do Terceiro Reich.

Não menos importante é a atenção que Lukács dedica à *historicidade* das obras literárias e críticas. Cesare Cases escreveu que O *romance histórico* é "um dos maiores produtos do pensamento histórico de nosso tempo"[20] e que, desde Hegel, "não havia sido possível ler páginas em que a historicidade das categorias estéticas emergisse com tanta evidência"[21]. Algo semelhante pode ser dito de *Goethe e seu tempo*; e poderíamos condensar nossas convicções em uma tese: as análises lukacsianas, nesta e em outras ocasiões, são mais incisivas e provocativas quanto mais consequente é sua perspectiva historicista e quanto menos são orientadas para a busca de princípios universais. É sugestivo que, em relação a alguns dos escritores examinados, ele questione o abandono da consideração histórica em favor de um ponto de vista generalizante e abstrato. Por exemplo, quando atribui a Schiller e Hegel o erro comum de passar imediatamente das categorias históricas às filosóficas universais ou quando se opõe ao autor de *A educação estética do homem* por derivar, partindo das especificidades do trabalho sob o capitalismo, um juízo condenatório sobre o trabalho em geral, como se fosse uma práxis hostil à cultura. De acordo com o imperativo

---

[20] C. Cases, "Il romanzo storico", em *Su Lukács* (Turim, Einaudi, 1985), p. 18.

[21] Ibidem, p. 20 e seg.

marxista elementar de *sempre historicizar*, Lukács explica como as diferenças entre a estética schilleriana e a de Hegel respondem menos a discrepâncias pessoais que a divergências entre duas fases evolutivas do humanismo burguês: o período do Termidor e Napoleão e o período após a queda deste último. Ou destaca que a posição relativamente diferente de *Wilhelm Meister* e do Hegel da *Estética* em relação à prosa da era capitalista remete a dois momentos distintos no desenvolvimento da sociedade burguesa. Uma evidência do caráter dialético – e, portanto, não linear, não mecanicista – da abordagem de Lukács é a forma como ele justifica a função norteadora que a Alemanha teve, nos planos filosófico e estético, durante o período clássico, apesar das condições de penúria econômica e política. Em termos concretos, a mesma situação de extrema *misère* que impossibilitou uma transformação prática favoreceu a gênese da dialética, na medida em que, distante do desenvolvimento vivido pela sociedade burguesa em países como Inglaterra e França, mas profundamente interessado nele, Hegel pôde acessar uma visão cuja complexidade e amplitude superam a de intelectuais dos países mais avançados, que se encontravam compreensivelmente mais apegados à superfície da modernidade capitalista. Algo semelhante ocorre no plano estético, como mostra Lukács a respeito das reações "realistas" de Goethe e Schiller à Revolução Francesa: enquanto na França a representação literária das grandes comoções revolucionárias começa somente após o fim do período – logo depois da queda de Napoleão –, e na Inglaterra ainda mais tarde, na atrasada Alemanha a repercussão é quase imediata. Expressa-se na consolidação de *elites* intelectuais que, no plano literário, produziram obras que acompanham o processo de preparação para a Revolução de 1789 (*Os sofrimentos do jovem Werther*, *Os bandoleiros*) ou elaboram suas derivações (*Wilhelm Meister*, *Fausto II*). O outro lado dessa capacidade de abstrair o essencial de toda uma era é, nos planos filosófico e estético, *o idealismo*; um idealismo que, no classicismo de Weimar, se manifesta na ilusão, compartilhada por Goethe e Schiller, de acreditar que os "males" do mundo moderno podem ser curados por meios artísticos.

A perspectiva historicista de Lukács se revela não menos produtiva ao examinar a evolução das formas estéticas – e, em especial, a da forma do romance, que tem interesse central em *Goethe e seu tempo*, à semelhança do que ocorre em *Balzac und der französische Realismus** [Balzac e o realismo francês]. Atento

---

* G. Lukács, *Balzac und der französische Realismus* (Berlim, Aufbau, 1951). (N. E.)

ao duplo caráter da obra literária como estrutura autônoma e fato social, Lukács explora as mutações formais dos romances sem perder de vista suas complexas e contraditórias conexões com o contexto social e ideológico contemporâneo. Assim, mostra em termos específicos como *Werther* não é apenas uma continuação da grande narrativa do Iluminismo – de Goldsmith, Richardson e Rousseau –, mas também um ponto de inflexão na história do gênero, o que permite identificá-lo como o primeiro precursor do romance problemático do século XIX; a configuração do pequeno mundo de Wahlheim já anuncia o dramatismo que Balzac mais tarde afirmaria como característica definidora do romance do século XIX. O estudo de *Wilhelm Meister* destaca as particularidades que diferenciam esse romance, por um lado, de Defoe e Lesage; por outro, de Balzac e Stendhal. Em termos historicamente mais concretos que em *A teoria do romance*, Lukács está em condições de explicar a singularidade absoluta de *Meister* no desenvolvimento do gênero, como produto de uma crise de mudança de época, de uma era de transição muito breve. Ele também indaga as razões que justificam as diferenças entre *Os anos de aprendizado* e o primeiro esboço desta obra, *A missão teatral de Wilhelm Meister*; em outras palavras, a passagem de um *romance de artista* para um *romance de educação*. O exame de *Hipérion ou o eremita na Grécia** revela a fisionomia específica desse romance em comparação com *Meister* de Goethe e *Heinrich von Ofterdingen* de Novalis, especialmente no que diz respeito às formas de configurar a "prosa" da modernidade. O resultado da experimentação artística de Hölderlin, assim como de suas convicções e suas experiências políticas e sociais, é a maior e mais objetiva epopeia do cidadão (*Citoyenepik*) que a era burguesa já produziu: um estilo épico-lírico único, que, dadas as coordenadas particulares em que foi gestado, não pôde ter sucessores. Ao confrontar a realidade prosaica, sem poetizá-la (como quer fazer Novalis) nem se reconciliar com ela (como propõe *Meister*), mas a confrontando com o modelo de *citoyen*, Hölderlin configura uma ação lírico-elegíaca, ao mesmo tempo *objetiva*: nunca um escritor da era burguesa foi capaz de representar os conflitos internos de modo tão pouco íntimo, tão pouco pessoal, tão imediatamente público, quanto o autor de *Hipérion*.

A atenção sobre os exemplares individuais não encerra a visão sobre as características estruturais do gênero. Retomando as abordagens de *A teoria do*

---

*   F. Hölderlin, *Hipérion ou o eremita da Grécia* (trad. Erlon José Paschoal, São Paulo, Nova Alexandria, 2003). (N. E.)

romance, mas também em coincidência com o artigo contemporâneo "O romance" (1934), escrito para a *Literaturnaja Enciklopedija* em Moscou, Lukács define o romance – enquanto "epopeia burguesa" (Hegel) – como a forma de configuração artística adequada a uma matéria e uma era essencialmente contraditórias. Isto é, uma forma cuja grandeza e cujos limites consistem em levar às últimas consequências a problemática que está em sua base. Com isso, Lukács relaciona a extrema dificuldade que o romance encontra, diferentemente da epopeia, para criar heróis positivos; *Dom Quixote*, de Cervantes, oferece uma sátira precisa sobre como a inviabilidade do heroísmo cavalheiresco em uma época prosaica e mesmo representações da resistência heroica de personagens burgueses às perseguições e às tentações dos representantes corruptos da aristocracia, como em *Pamela* de Richardson, só podem ser alcançadas por meio de uma intensa idealização, que viola o realismo inerente ao romance enquanto gênero.

Uma das teses contundentes do livro é que tanto o *Sturm und Drang* quanto o classicismo de Weimar representam uma continuação, não uma antítese, do Iluminismo europeu. Na época em que Lukács a formulou, com o nazismo instalado no poder e determinado a impor uma política cultural segundo a qual o Romantismo era uma característica tão substancial do "espírito" alemão e de seu *Sonderweg*[22] histórico quanto a apoliticidade e o irracionalismo, a tese não apenas era original, como tinha um viés polêmico. Enquanto isso, os estudos sobre o Sentimentalismo (*Empfindsamkeit*)[23], entendido como uma virada cultural *dentro* do Iluminismo, em resposta a uma primeira etapa de caráter basicamente racionalista, avançaram a tal ponto que não é mais necessário justificar que o Goethe de *Werther* e o de *As afinidades eletivas*, bem como o Schiller de *Os bandoleiros* e o de *Wallenstein*, são continuadores de um movimento cujos pioneiros foram autores como Rousseau e Diderot. Em meados da década de 1930, quando Lukács a enunciou, essa proposta era nova e polêmica. Isso pode ser visto logo no início do ensaio sobre *Werther*: Lukács tem consciência de que, ao afirmar que o romance de Goethe é uma das obras-primas do Iluminismo alemão, está confrontando uma germanística de orientação irracional e chauvinista – em alguns casos, como a de Hermann August Korff, diretamente identificada com o fascismo – que havia

---

[22] No léxico conservador alemão, o "caminho individual" que havia seguido a Alemanha, em oposição à via democrático-burguesa assumida por países como Inglaterra e França.

[23] Um marco significativo nessa reavaliação do sentimentalismo foi o livro G. Sauder, *Empfindsamkeit*, v. 1: *Voraussetzungen und Elemente* (Stuttgart, Metzler, 1974).

se empenhado em compreender o jovem Goethe e o jovem Schiller enquanto inimigos do Iluminismo e precursores *imediatos* do Romantismo (que surgiria na Alemanha apenas um quarto de século após a publicação de *Werther*). Esses comentários requerem alguns esclarecimentos: no âmbito cultural de língua alemã, é evidente que há uma separação entre o classicismo de Weimar e os vários romantismos – o de Iena, de Heidelberg, de Berlim, ou aquele encarnado por individualistas radicais, como Kleist. As condições de recepção da literatura alemã do período clássico na Espanha e na América Latina deram origem a um fenômeno singular: a partir da considerável influência exercida pelo ensaio *D'Allemagne* da madame de Staël (publicado em 1813), em que a estética e a cosmovisão românticas são propostas como chave mestra para entender *todo* o desenvolvimento político, intelectual, religioso e artístico alemão, difundiu-se, nos países de línguas românicas, a ideia de que Goethe e Schiller – que não apenas escreveram algumas das mais duras críticas ao movimento romântico, como desenvolveram uma poética substancialmente antagônica a ele – foram figuras proeminentes do Romantismo. Essa forma de leitura, que poderia ser curiosa para o contexto da Europa central (seria incomum encontrar uma história da literatura alemã publicada na Alemanha em que *Werther* ou *Fausto* aparecem classificados como obras românticas), marcou nossa recepção do classicismo de Weimar. Essas modalidades de recepção deveriam merecer menos uma crítica categórica que uma análise que destaque em que medida o "erro" filológico permitiu uma recepção produtiva; de maneira genericamente semelhante, o conhecimento insuficiente ou errôneo de Goethe sobre a arte grega favoreceu a escrita de *Ifigênia*, *Pandora* ou o terceiro ato do segundo *Fausto*. Afinal, o próprio Lukács investigou o efeito esteticamente frutífero dos mal-entendidos[24], e Marx argumentou, em carta a Lassalle datada de 22 de julho de 1861, que "toda realização de um período antigo adotada por um período posterior seria o passado mal-entendido", de modo que, por exemplo, as diferentes releituras da tragédia grega "interpretaram os gregos como correspondendo à própria necessidade artística"[25]. Em consonância com essas

---

[24] Ver, por exemplo, G. Lukács, "Para una teoría de la historia de la literatura", em *Acerca de la pobreza de espíritu y otros escritos de juventud* (orgs. María Belén Castano e Miguel Vedda, Buenos Aires, Gorla, 2015), p. 89-127. A categoria de mal-entendido (*Mißverständnis*) cumpre também um papel fundamental em *Heidelberger Philosophie der Kunst* (1912-1914).

[25] K. Marx e F. Engels, *Escritos sobre literatura* (trad. Fernanda Aren, Silvina Rotemberg e Miguel Vedda, Buenos Aires, Colihue, 2003), p. 229.

posições, Lukács dirá que todo grande escritor, quando se propõe a reelaborar o passado, põe em prática a conhecida máxima de Molière: *Je prends mon bien où je le trouve*[26]. Um ponto relevante ao enfrentar *Goethe e seu tempo* em perspectiva historicista é compreender as afinidades e as divergências entre o contexto em que Lukács escreveu seu livro e o ponto de vista particular a partir do qual o lemos hoje.

Isso concerne à crítica de Lukács ao Romantismo alemão. Um erro comum, ao abordar o tema, é considerar o Romantismo uma espécie de entidade a-histórica ou de ideia platônica, sem fazer justiça à enorme diversidade de expressões – linguísticas, culturais, geográficas, geracionais – que abrange nem às inúmeras formas em que foi interpretado ao longo do tempo. No caso de Lukács, seria possível reconstruir toda uma história de seus diálogos polêmicos com o Romantismo alemão; um diálogo com diversas inflexões, para além da posição predominantemente crítica. A crença de que o jovem Lukács era defensor do Romantismo e que mais tarde mudou de posição, após ingressar no comunismo, está difundida. Essa versão está muito longe da verdade: rigorosamente, Lukács *nunca* foi tão hostil ao Romantismo como no início. O ensaio sobre Novalis é uma dura e contundente crítica contra a filosofia romântica da vida, e *A alma e as formas* é a obra de um pensador convencido de que o neoclassicismo oferece a resposta mais adequada aos dilemas estéticos do início do século XX e propõe enunciar uma dramaturgia inspirada no classicismo de Racine, Alfieri e do contemporâneo Paul Ernst e hostil ao modelo shakespeariano, que não apenas inspirou Lessing e o *Sturm und Drang*, mas, sobretudo, o drama romântico. *A teoria do romance* propõe uma afinidade essencial entre o romance (*roman*) e o Romantismo (*Romantik*) para apresentar toda a era burguesa como uma época individualista cujo caráter decadente contrasta com a epopeia antiga (Homero) e medieval (Dante), assim como com a nova epopeia que parece brilhar na Rússia de Dostoiévski. Em carta a Leo Popper datada de 27 de outubro de 1909, Lukács, então com 24 anos, afirma: "Minha vida é, em grande medida, uma crítica aos românticos"[27]. E acrescenta: "Não é possível separar uma crítica da forma épica de uma crítica do Romantismo [...].

---

[26] Ver *Conversando com Lukács* (trad. Giseh Vianna Konder, Rio de Janeiro, Paz e Terra, 1969), p. 28 e 133. A citação de Molière poderia ser traduzida livremente como: "Pego o que preciso onde encontro".

[27] G. Lukács, *Selected correspondence 1902-1920* (trad. J. Marcus e Z. Tar, Nova York, Columbia University Press, 1986), p. 104.

Ó, não, não é fortuito que as palavras romance (*roman*) e Romantismo (*Romantik*) sejam etimologicamente relacionadas! O romance é a forma típica da era romântica… tanto na vida como na arte"[28]. Nesse contexto, podem ser consideradas as reflexões sobre o Romantismo presentes em *Goethe e seu tempo*, que não se reduzem a mero rechaço e que são mais matizadas que aquelas que apareciam em escritos anteriores. Assim como em *Balzac e o realismo francês*, Lukács destaca a atualidade inegável e a justificativa parcial da perspectiva romântica, que deve ser inevitavelmente levada em consideração na análise crítica da modernidade. Aqueles escritores que, no começo ou em meados do século XIX, se propunham moldar a própria época não podiam ser românticos no sentido escolar do termo – já que isso os teria impedido de compreender a direção em que a história avançava –, mas também não podiam deixar de tirar proveito da crítica romântica do capitalismo e sua cultura, sob o risco de se tornarem apologistas da sociedade burguesa. Todos eles "tiveram que se esforçar para fazer do Romantismo um fator superado de sua visão de mundo. E deve-se acrescentar que essa síntese não foi alcançada por nenhum dos grandes escritores daquele período inteiramente e sem contradições"; eles produziram suas obras "a partir das contradições da situação social e intelectual, que não puderam resolver objetivamente, mas que com coragem conduziram até o fim"[29]. De maneira similar, em *Goethe e seu tempo*, é dito que uma tendência entre os grandes escritores do período que vai de 1789 a 1848 é incorporar elementos românticos – enquanto resultados necessários das novas formas de vida – em seu método e sua concepção da literatura como fator a ser superado no triplo sentido hegeliano; quer dizer, como um fator a ser anulado, mas apenas na medida em que também é conservado e elevado a um nível superior. Em seus estudos sobre o realismo francês, Lukács argumenta que uma das razões da superioridade de Balzac sobre Stendhal é que este "rejeita conscientemente o Romantismo, desde o início. Em sua ideologia, ele é realmente um grande seguidor consciente da filosofia do Iluminismo"; ao mesmo tempo, "é notório o reconhecimento literário que Balzac, para além de todas as críticas, tributou a todos os românticos importantes, a começar por Chénier e Chateaubriand"[30].

---

[28] Idem.

[29] G. Lukács, "Balzac als Kritiker Stendhals", em *Balzac und der französische Realismus* cit., p. 69.

[30] Idem.

Em outras palavras, no contexto examinado, a incorporação de componentes românticos é um elemento necessário para a consolidação de uma grande arte realista; portanto, uma das razões que justificam a superioridade de Goethe sobre Schiller é que aquele era muito menos intransigente que este em sua rejeição das poéticas românticas.

Lukács detecta no escritor progressista Stendhal uma rejeição pessimista do presente que paradoxalmente o associa ao Romantismo. Só que a nostalgia do romancista francês não sente falta da Idade Média idealizada por Novalis ou Carlyle, mas, sim, do período "heroico" da classe burguesa, antes daquela cesura que, em sua opinião, teria produzido a Restauração. Tocamos aqui em uma dimensão não apenas existencial, mas também *metodológica* do pensamento de Lukács: para ele, o marco para a ação subjetiva está delimitado pelas possibilidades efetivamente presentes em dado contexto histórico. Toda tentativa de introduzir neste uma lógica externa só poderia levar à tragédia ou, na mais leve das circunstâncias (como ocorre com certos fenômenos tardios), cair no ridículo ou na ineficácia. Tanto a fuga quanto *a violência subjetivista* contra a história são alvos frequentes de críticas na obra de Lukács e, em parte, contêm uma autocrítica implícita do autor maduro e tardio sobre o próprio esquerdismo juvenil. O *pensamento ontológico* lukacsiano propõe, sob os rastros de Hegel e Marx, uma investigação das possibilidades latentes do objeto a fim de determinar o campo específico para a ação subjetiva. Daí os questionamentos não apenas a artistas, intelectuais e políticos conservadores que gostariam de voltar o relógio da história, mas também àqueles liberais ou mesmo marxistas que nos exortam a dar as costas ao presente, contrapondo-o a algum parâmetro positivo externo à história. Com base nisso, seria necessário interpretar os juízos de Lukács não apenas sobre românticos como Novalis e Schelling, mas também sobre a tradição jacobina, "fichtiana", que insiste em impor, de maneira idealista, esquemas normativos de caráter especulativo sobre uma realidade supostamente degradada. Por isso as críticas a Stendhal e Schiller, mas também a Ferdinand Lassale, que, apesar da suposta devoção a Hegel, manteve um *páthos* ético e um ativismo fichtiano que o fizeram recuar até mesmo para trás do autor da *Fenomenologia*; ou a Moses Hess, que promoveu uma dialética puramente intelectual e idealista em que um "retorno a Fichte" também deveria ser identificado[31].

---

[31] Ver especialmente o ensaio "Moses Hess y los problemas de la dialéctica idealista", em György Lukács, *Táctica y ética*, cit., p. 209-48.

Esse contexto permite uma compreensão mais completa do estudo de *Hipérion*. As reações ao ensaio geralmente variam da identificação sem reservas à indignação ofuscada – duas atitudes que costumam dificultar uma avaliação séria. O fundamental não é decidir se as considerações do crítico apontam para uma avaliação positiva ou negativa do autor alemão e seu romance – afinal, já vimos que Lukács celebra *Hipérion* como obra única na história do romance –, mas examinar a maneira como se articula a argumentação. Para entender melhor isso, a comparação com Hegel é produtiva: em seus escritos juvenis, sobretudo nos do período de Berna, o filósofo alemão celebra na Revolução Francesa e no modelo do *citoyen* uma ressurreição do espírito da antiga pólis grega, assim como uma interrupção do processo de decadência que se iniciou com o Império Romano. Aqui, a íntegra da história – uma vez que desapareceu o único modelo possível de sociedade justa e proba – é entendida como um processo de corrupção e erro que só poderia ser corrigido mediante a revitalização do ideal da pólis. A história não apresenta, então, uma dialética interna, e a verdade só poderia ser introduzida de fora, por meio da violência subjetivista promovida pelos jacobinos. Se os fatos históricos não estão de acordo com os princípios ético-políticos dos doutrinadores republicanos, *pior para os fatos*. A descoberta da dialética esteve, em Hegel, de mãos dadas com o reconhecimento de que, depois do Termidor, do fim do período revolucionário e do processo napoleônico, a Europa entrou em uma nova era, e o filósofo alemão resolveu construir sua filosofia baseada no exame das latências daquele tempo. A grande síntese que constitui a *Fenomenologia* é produto dessa viragem; por não ter revisado suas posições, Hegel teria permanecido apegado a um confronto dualista e, portanto, não dialético, entre as "más" condições históricas e materiais e um ideal atemporal que se contrapõe à verdade e à mentira. Quando Hegel decide fundar sua filosofia no conhecimento de que ocorreu uma viragem na história mundial, ele abre caminho para um *aprendizado da realidade* que teria permanecido bloqueado se ele tivesse insistido em *não* corrigir suas convicções subjetivas a partir da colisão com a realidade histórica. O conceito de *educação* perpassa os ensaios de *Goethe e seu tempo*. No estudo sobre *Os anos de aprendizado* diz-se que Goethe é considerado um seguidor consequente do Iluminismo na medida em que atribui uma importância extraordinária à direção consciente do desenvolvimento humano, à *educação*. E a atenção dada ao modelo do romance educacional (*Erziehungsroman*) – cujos protagonistas se veem obrigados, como Wilhelm Meister ou Henrique, o Verde, a rever exaustivamente todas as suas convicções a partir de um confronto com a vida social que faz colapsar suas ilusões anteriores – também ratifica um interesse na pedagogia e na formação que atravessa a obra marxista de Lukács e que tem alguns momentos particularmente marcantes, como o ensaio sobre Makarenko ou certos trechos da grande *Estética*. Em conexão com essa problemática, deve-se examinar essa vontade de *aprendizado da realidade* que Lukács destaca em duas das mais destacadas figuras da cultura burguesa: Goethe e Hegel. É dito nos *Escritos de Moscou*:

> Goethe e Hegel acreditam que a *totalidade* da realidade, tal como ela é, percorre o caminho da razão. Essa fé está unida, neles, a uma fome insaciável de realidade; ambos querem assimilar e conceber a realidade inteira, tal como ela é; querem aprender ininterruptamente com a realidade; estão profundamente convencidos de que a razão oculta no movimento do mundo externo está acima do pensamento individual até mesmo das personalidades mais brilhantes. Assim, eles conseguiram conceber o movimento concreto das contradições como um conteúdo unitário da natureza, da história e do pensamento.[32]

Deles se diferenciam aqueles escritores e pensadores jacobinos que se recusam a estabelecer mediações com as circunstâncias "más" do presente e, portanto, a aprender com elas, enfrentando com inabalável firmeza a pureza da ética jacobina. Assumir esta última posição na Alemanha do século XIX significava se autocondenar à solidão desesperada; o brilhante ensaísta Georg Forster conseguiu encontrar um espaço de ação após sua mudança para a França. Mesmo assim, permaneceu na história da literatura alemã como uma figura episódica, incapaz de se inserir de maneira eficaz nas tradições filosóficas ou literárias. O caso de Hölderlin é, para Lukács, mais árduo: ele jamais encontrou uma terra natal (*Heimat*), dentro ou fora da Alemanha, e as marcas desse desenraizamento podem ser rastreadas tanto na lírica quanto em *Hipérion* e *A morte de Empédocles*. De maneira mais geral, a rejeição de *toda* a cultura alemã como algo servil levou os jacobinos alemães, sobretudo os particularmente tardios, como Ludwig Börne, a um pessimismo extremo sobre o presente e a posições dogmáticas e até místicas (como revela tanto o desejo de Hölderlin de reformar o presente introduzindo uma nova religião quanto o

---

[32] Idem, "¿Marxismo o proudhonismo en la historia de la literatura?", em *Escritos de Moscú* (trad. Martín Koval e Miguel Vedda, Buenos Aires, Gorla, 2011), p. 148. O ensaio foi escrito em março/abril de 1940, mas foi publicado pela primeira vez em 1975, em húngaro.

crescente interesse do último Börne pela teologia mística de Lamennais). Se a linha geral da burguesia progressista europeia, apesar de rejeitar a dimensão plebeia da Revolução Francesa (Goethe, Hegel, Balzac), não foi apenas mais influente, mas também mais acertada, isso se deve em grande parte ao fato de ter assumido o desafio de investigar as possibilidades do presente, em vez de desviar o olhar dele com desencanto. Esse compromisso com o presente, além de toda oposição crítica, é o próprio núcleo do conceito lukacsiano de realismo; nas palavras do filósofo,

> o grande realista pode reagir negativamente no plano político, moral etc., diante de muitos fenômenos de sua época e da evolução histórica; mas, em certo sentido, está apaixonado pela realidade, sempre a considera com os olhos de um amante, mesmo que, eventualmente, se escandalize ou se indigne.[33]

Um tema importante do livro é a discussão – intensa naquela época – em torno do problema da *herança*; ou seja, sobre os modos como o marxismo deveria (ou não) assumir as tradições intelectuais, artísticas e culturais do passado como legado. O problema é sugerido em vários momentos por meio de uma análise da relação que a literatura alemã do período clássico estabeleceu com os modelos estéticos e políticos da Antiguidade. O assunto assume um papel importante no ensaio sobre *Hipérion*, mas é no estudo sobre a correspondência entre Goethe e Schiller e em "A teoria schilleriana da literatura moderna" que recebe um tratamento mais exaustivo. O que Lukács destaca é que, em seus momentos mais profundos e produtivos, a arte grega não foi para Goethe e Schiller uma norma fixa destinada a ser aplicada por toda a eternidade, mas um ponto de referência para resolver problemas do próprio presente. Desse modo, os escritores clássicos alemães poderiam ter dito, em face do legado da Antiguidade: *Je prends mon bien où je le trouve*. Lukács explica que, em Goethe e Schiller, a forma de reagir a essa questão se agrupou em torno de duas possibilidades principais. Uma era conformar, com base na poética antiga, um sistema de leis a-históricas que permitisse produzir uma arte clássica sob as condições problemáticas da modernidade; esta solução supunha certo afastamento do presente, assim como a procura por uma forma depurada que, com simplicidade, clareza e concisão, se opusesse ao caráter complexo e

---

[33] Idem, *"Was ist das Neue in der Kunst? (1939-1940?)"*, em F. Benseler e W. Jung (orgs.), *Lukács 2003: Jahrbuch der Internationalen Georg-Lukács-Gesellschaft* (Aisthesis, Bielefeld, 2003), p. 44.

incomensurável da vida moderna. A outra possibilidade consistia em examinar a poética antiga com o objetivo de extrair regras e procedimentos orientados a, sobretudo, expressar a peculiaridade da vida moderna – esse caminho leva à teoria do romance a configuração sem qualquer concessão de *toda* a vida moderna, incluindo suas qualidades mais problemáticas; supõe avançar na análise e no tratamento literário da problemática moderna levando-os até o fim. É compreensível que a segunda solução – preferida por Lukács – seja a adotada por Goethe em seus projetos literários mais ambiciosos; entre eles, *Wilhelm Meister* e *Fausto*.

Em um nível mais elevado, a questão é colocada em relação ao ponto de vista a partir do qual Lukács examina, neste livro, Goethe e seu tempo. Algo que este livro esclarece enfaticamente é que *não* é recomendável nem, no fundo, possível aplicar na Europa de meados da década de 1930 os mesmos métodos que Goethe e Schiller haviam usado. Com isso, voltamos à questão com que iniciamos este prefácio: uma razão concreta para se ocupar com o classicismo de Weimar, em tempos de escalada fascista, é mostrar a existência, na própria Alemanha, de tradições progressistas que impedem qualquer tentativa de interpretar o nazismo como um "destino" inevitável e que, ao mesmo tempo, apontam linhas de evolução no passado com as quais se poderia vincular um presente de luta e um futuro de emancipação. Uma motivação mais geral se refere a questões de método, assim como a atitudes práticas em relação às circunstâncias históricas com as quais temos de lidar. Como Walter Benjamin, Lukács pensa que um tempo essencialmente contraditório e, portanto, dialético, como é a modernidade, requer o procedimento que consiste em determinar nosso campo de pensamento e ação a partir de uma análise imanente das próprias condições históricas, não da imposição violenta sobre essas condições de alguns princípios ossificados. Esse foi o ensinamento que Lukács extraiu de Goethe e Hegel, bem como de Balzac e Marx, e que vai além das coordenadas particulares em que foi formulado. E é um ensinamento que passou a ter uma relevância particular em nosso tempo. Mais que isso: em nosso tempo, ante os espantos próprios da fase neoliberal do capitalismo, da crescente superficialidade da vulgata pós-moderna, dos processos de academização do conhecimento, da fragmentação das lutas contra o capital, não poucos marxistas optaram por virar as costas ao próprio tempo, cultivando o pessimismo sobre o presente e repetindo fórmulas esclerosadas que foram despojadas de toda especificidade histórica. Dessa forma, eles conseguiram se tornar expoentes típicos do "marxismo da nostalgia". *Hic Rhodus, hic salta*: a exortação de Marx no início de O *18 de brumário de Luís Bonaparte*** permanece válida como convite para atualizar a herança do pensamento e da arte emancipatória a partir de uma consideração das qualidades imanentes de nosso presente. Nesse sentido amplo e generoso, neste presente em que concluímos a redação desta apresentação, durante o segundo ano de uma praga que continua assolando a humanidade em nível global, podemos dizer que, assim como nos anos em que Lukács escreveu seus estudos sobre Goethe e seu tempo, ainda se *trata do realismo*.

Miguel Vedda

---

* K. Marx, O *18 de brumário de Luís Bonaparte* (trad. Nélio Schneider, São Paulo, Boitempo, 2011). (N. E.)

Prefácio

Os ensaios reunidos neste volume surgiram na década de 1930. Diante disso cabe a pergunta: justifica-se sua publicação nos tempos atuais? Quando se fala hoje da literatura ou cultura alemãs como questão a ser discutida, deparamo-nos muitas vezes com preconceitos daqueles que não querem mais ouvir falar de um exame ou de um reexame de tais questões. De modo geral, o problema da cultura alemã é levantado de maneira abstrata e, por isso mesmo, é resolvido de forma necessariamente abstrata, incorreta. Uma das respostas dadas constitui uma rejeição sumária de toda a cultura alemã. Tomado como profissão de fé antifascista, isso soa muito radical. Na realidade, esse radicalismo é mais do que duvidoso. O antigermanismo seria realmente garantia de antifascismo e até de um posicionamento contrário ao que é reacionário? Não encontramos nas fileiras dos políticos, escritores etc., antigermânicos reacionários confessos e até fascistas? O que se consegue rejeitando Nietzsche ou Spengler por serem os pais intelectuais do anti-humanismo alemão e, ao mesmo tempo, entusiasmando-se por Ortega y Gasset? De modo igualmente unilateral, a questão é formulada no polo oposto. Diz-se o seguinte: o desenvolvimento político das últimas décadas não deve influenciar de maneira nenhuma os nossos juízos filosóficos e literários; o fato de Hitler ter dominado a Alemanha por mais de uma década não muda nada no significado que a literatura alemã de Goethe até Rilke tem para nós.

Os dois extremos são abstratos. Nem a condenação global nem a separação dos fenômenos do solo social em que cresceram são capazes de responder à pergunta, nem podem trazer uma solução e nos dizer como devemos nos posicionar diante da cultura alemã passada e atual, e qual influência pode ter para o acerto de contas crítico com ela a renovação democrática e socialista da cultura do presente.

Tentemos aproximar-nos da formulação concreta da questão. Engels certa vez comparou o desenvolvimento alemão e o francês desde o início da liquidação do feudalismo até o surgimento da unidade nacional e da democracia burguesa. Ele chegou ao seguinte resultado: em toda época, os franceses encontraram uma solução progressista para todo problema histórico e os alemães, uma solução reacionária.

A data fatídica para a Alemanha é 1525, o ano da grande guerra camponesa alemã. Alexander von Humboldt já havia reconhecido que aquele foi o ponto de inflexão em que o desenvolvimento alemão tomou o rumo errado. Enquanto na França e na Inglaterra a derrota sofrida pelas grandes revoltas de camponeses não interrompeu a linha progressiva de desenvolvimento desses países, na Alemanha a derrota dos camponeses provocou uma catástrofe nacional, cujas consequências se fariam sentir por séculos.

No Ocidente (e na Rússia), as lutas de classes do feudalismo em dissolução fazem surgir a monarquia absolutista e ela dá o primeiro passo para a instauração da unidade nacional. Na Alemanha, todavia, o fracasso da guerra dos camponeses não produz uma democracia aristocrático-feudal, como, por exemplo, na Polônia, mas uma variedade da monarquia absolutista com traços bem específicos, puramente reacionária, antinacional: os pequenos principados alemães. A vitória e a consolidação desses principados significou a constituição e a perenização da dilaceração feudal da Alemanha como nação. A autonomia deles constituiu por séculos o principal impedimento para a unidade nacional alemã. Suas supostas autonomia e política autônoma converteram a Alemanha por muito tempo em objeto passivo da política externa europeia, em campo de batalha das guerras europeias. E, nesse ponto, deve ser enfatizado, em contraposição às lendas dos historiadores alemães, que, a partir dessa perspectiva, a Prússia era um pequeno principado alemão típico, ou seja, um obstáculo para a unidade nacional, porta de entrada da intervenção estrangeira. Internamente esse desenvolvimento significa que o surgimento da cultura burguesa se dá em ritmo lento; seu lugar é tomado por um semifeudalismo corrupto. Decerto não haverá necessidade de demonstrar em pormenores que tais condições sociais inibiram em todos os aspectos a formação de uma cultura nacional progressista.

Foi por isso que a Alemanha só muito tardiamente tomou o caminho do aburguesamento moderno, tanto em termos econômicos e políticos quanto em termos culturais. No Ocidente, já se travavam as primeiras grandes batalhas da luta de classes da classe trabalhadora em ascensão quando, em 1848, afloraram na Alemanha, pela primeira vez de forma concreta, os problemas da revolução burguesa. Mais exatamente – se excetuarmos a Itália –, somente na Alemanha a questão é formulada de maneira que o problema central da revolução burguesa consiste na unidade nacional *a ser criada*. A revolução inglesa do século XVII e a revolução francesa do século XVIII já se desenrolaram em um Estado amplamente formado, que, no entanto, recebeu sua forma definitiva na revolução e pela revolução; de modo correspondente, para as duas revoluções, a eliminação do feudalismo, sobretudo a libertação dos camponeses, ocupa o primeiro plano. É essa peculiaridade da revolução alemã que, em primeira linha, possibilita sua resolução pela metade reacionária de 1870.

A consequência de tudo isso é que, na Alemanha, o progresso social e o desenvolvimento nacional não se apoiaram reciprocamente e se impulsionaram, como na França, mas assumiram uma relação antagônica entre si. Por essa razão, a expansão do capitalismo não conseguiu produzir uma classe burguesa que reunisse as condições para assumir a liderança nacional. Mesmo depois que o capitalismo já se tornara a economia dominante, inclusive quando ele já estava em transição para o imperialismo, a condução política ainda permaneceu nas mãos dos "antigos poderes".

Na Alemanha, como em toda parte, o absolutismo dos pequenos Estados criou uma nobreza de cortesãos, funcionários e militares a partir da antiga nobreza feudal autônoma. A rebelião de Sickingen, precursora imediata da guerra camponesa, constituiu o último movimento autônomo da pequena nobreza feudal do estilo antigo. A partir daí, podemos observar – se abstrairmos as poucas e cada vez mais raras exceções – a burocratização, a nobreza tornando-se subserviente. Esse processo, no entanto, também se desenrola na França. Contudo, seu caráter social é diametralmente oposto ao do alemão. Na França (e na Inglaterra), a cultura burguesa influenciou de modo crescente a nobreza, inclusive sua parcela reacionária, de maneira que logo todo aquele que passa incólume por esse desenvolvimento passa a ser um mero excêntrico bizarro. Em contraposição, na Alemanha – em especial na Prússia, que ditaria o estilo do posterior *Reich* –, a ideologia *Junker* imprime seu cunho nas camadas determinantes da intelectualidade burguesa. Podemos perceber essa assimilação em todos os níveis, desde os hábitos de vida mais superficiais até a visão de mundo.

Esse processo explica toda a "mentalidade" neoalemã, para cuja análise obviamente não dispomos de espaço aqui. Apenas queremos chamar a atenção do leitor para alguns traços principais. Por exemplo, a falta de coragem cívica, constatada já por Bismarck como característica nacional e que inquestionavelmente constitui uma marca da nobreza cortesã e da nobreza do funcionalismo. Na mais estreita relação com isso encontram-se o medo de tomar uma decisão autônoma responsável e a concomitante brutalidade desumana e inescrupulosa praticada contra os de baixo (e dissimulada em relação aos de cima). A incapacidade da burguesia alemã com frequência constatada no campo da política deve ser igualmente atribuída a esse desenvolvimento. O burguês alemão quer uma "ordem", mas ele cria essa ordem a serviço de não importa quem e do quê; o servilismo, o bizantinismo e a mania por títulos cada vez mais vão se tornando características da burguesia alemã; elas mostram a falta quase completa de uma autoconsciência burguesa.

Após a fundação reacionária da unidade alemã, esse caráter retrógrado foi estilizado em termos ideológicos como se justamente essa Alemanha tivesse sido vocacionada para superar as contradições da democracia moderna em uma "unidade superior". Não é por acaso que o antidemocratismo como visão de mundo tomou forma em primeiríssimo lugar exatamente nessa Alemanha, que no período imperialista assumiu o papel de liderança na elaboração da ideologia reacionária.

Contudo, o aspecto decisivo é que o rápido ritmo de desenvolvimento do capitalismo tardio na Alemanha converteu o *Reich* em um dos principais Estados imperialistas. Mais precisamente, um Estado cujas possessões coloniais e esferas de interesse eram desproporcionais à força e às reivindicações de seu capitalismo. Esta é a razão de fundo pela qual a Alemanha tentou forçar, por meio de duas guerras mundiais, a nova repartição do mundo. O necessário fracasso das duas tentativas não é só consequência das relações concretas de poder, pois o agrupamento dessas relações de poder já é por si só consequência da tendência de desenvolvimento da política interna e externa alemã. Astúcia mesquinha e brutalidade inaudita em vez de previsão e energia, ardis tático-técnicos em vez de estratégia de visão ampla caracterizam a política alemã na paz e na guerra. Se, de acordo com Clausewitz, a guerra realmente é a continuação da política com outros meios, as duas guerras alemãs mostram uma imagem concentrada dos aspectos doentios e deformados do desenvolvimento alemão.

Está claro que é preciso fazer um acerto de contas radical na avaliação da cultura alemã. A questão é de que maneira esse acerto deverá ser feito. Nem a negação global nem a anistia geral são possibilidades de solução. É preciso compreender e aplicar de modo concreto a verdade simples de que o desenvolvimento cultural alemão foi resultante de um embate entre progresso e reação; e, na medida em que, na Alemanha, as tendências reacionárias se tornaram preponderantes no campo da cultura, o acerto de contas ideológico tem de começar por elas. Contudo, isso significa, ao mesmo tempo, que as tendências progressistas da vida alemã são aliadas de toda tendência de renovação da Europa, assim como toda cultura democrática em processo de renovação deverá considerar como inimigos os ideólogos reacionários do Ocidente. Um radicalismo realmente objetivo no acerto de contas com a reação alemã só poderá ser alcançado pela via da concretização histórica.

Desse modo, chegamos à formulação concreta de nossa questão: como nos posicionarmos em relação à cultura alemã? Ou, mais exatamente, para permanecer nos limites deste livro e não levantar perguntas que aqui não podem ser respondidas nem mesmo de maneira aproximada: como nos posicionarmos em relação ao tempo de Goethe? Há muito que essa pergunta paira como espectro na literatura, em especial na literatura anglo-saxônica desde a Primeira Guerra Mundial.

A palavra de ordem em voga é bem conhecida: Weimar *versus* Potsdam. Formular a tarefa já significa identificar sua tortuosidade. A cultura alemã não pode "recuar" para a Weimar de Goethe, do mesmo modo que a inglesa não pode retornar a Shakespeare, nem a francesa a Racine. A cultura de Weimar carrega tanto em sua grandeza como em suas limitações as cicatrizes da nação alemã econômica e socialmente atrasada, politicamente oprimida e esfacelada. Não é possível conceber uma resolução que transforme esse passado (esse passado desaparecido em definitivo) em um presente capaz de anular o desenvolvimento situado entre os dois momentos.

No entanto, há uma questão bem diferente: em que medida a cultura de Weimar pode indicar rumos para a germanidade do presente? Em que medida ela pode se converter em contrapeso cultural, em força contrária à prussianização do espírito alemão? Esta é a questão real. No entanto, também aqui nos deparamos com sérias dificuldades. Sobretudo seria ridículo "revelar" Goethe e Schiller para os alemães. Há mais de um século, toda a cultura alemã se desenvolve à sombra deles. O próprio fascismo só eliminou Börne e Heine da história da literatura alemã; Goethe e Schiller mantiveram sua posição central. Isso, porém, parece tornar toda a situação ainda mais problemática, pois, assim, à primeira vista, é como se Goethe e Schiller tivessem sua parcela de culpa no desenvolvimento equivocado das classes dominantes alemãs e até de todo o povo alemão, nos pecados cometidos pelos alemães contra a humanidade. E, de fato, encontram-se não só fascistas que, operando hábil ou grosseiramente com citações, modelaram, por exemplo, Hölderlin como um ancestral do fascismo, mas há também autores progressistas que – igualmente com a ajuda de citações isoladas tiradas do contexto, sobrevalorizadas ou distorcidas – impuseram a Goethe e a Schiller o ônus da cumplicidade com o desenvolvimento alemão reacionário e tortuoso, que faz deles precursores da reação alemã.

Nem valeria a pena fazer um comentário sequer sobre esses juízos manifestamente equivocados se não estivessem respaldados por um século de falsificação histórica sistemática, que distorceu por completo todo o período clássico da literatura alemã. Por conseguinte, faz-se necessário um conhecimento real da história, da literatura e da filosofia, uma investigação autônoma e imparcial, de modo que, por baixo das múltiplas camadas de tinta falsificadoras, volte a se tornar visível o original, tal e qual ele foi e é, a ponto de exercer hoje uma influência séria e progressista.

Em livro sobre Lessing, Mehring expôs o único ponto de vista correto, a partir do qual se deve examinar a literatura alemã do fim do século XVIII e início do século XIX: essa literatura é o trabalho ideológico de preparação da revolução democrático-burguesa na Alemanha. Somente se examinarmos todo o período de Lessing até Heine a partir desse ponto de vista conseguiremos vislumbrar onde se encontram nele as tendências realmente progressistas ou aquelas realmente reacionárias.

A formulação da questão por Mehring está correta, e ele também identificou – pelo menos em parte – o caminho certo a ser trilhado pela pesquisa: será preciso investigar as circunstâncias peculiares do desenvolvimento alemão, o atraso econômico, social e político do país, mas da perspectiva do contexto internacional amplo que determinou o desdobramento peculiar da literatura alemã, em termos tanto positivos quanto negativos. A grande Revolução Francesa, o período napoleônico, a Restauração e a Revolução de Julho são eventos que exerceram sobre o desenvolvimento cultural alemão uma influência quase tão profunda quanto a estrutura social interna da Alemanha. Todo escritor alemão significativo não só pisou o chão de seu desenvolvimento pátrio, mas foi, ao mesmo tempo, em maior ou menor grau, um contemporâneo elaborador e aperfeiçoador compreensivo, e o reflexo espiritual desses eventos mundiais.

Todavia, não o foi só dos próprios grandes eventos históricos, mas também o de sua preparação e de suas consequências. E, nesse ponto, já aflora – agora indo além do ponto de vista de Mehring – aquela noção de que o atraso econômico e social da Alemanha, justamente no que se refere ao desenvolvimento da literatura e da filosofia, não representou apenas uma desvantagem para os grandes poetas e pensadores, como também certas vantagens. A desvantagem é manifesta. Nem mesmo gigantes como Goethe e Hegel puderam se desvencilhar da atmosfera opressiva do filistinismo estreito que envolvia toda a literatura alemã clássica. À primeira vista, não parece tão claro por que a abordagem dos grandes problemas da época a partir do aspecto puramente ideológico, o que se encontra em relação muito estreita com essas circunstâncias mesquinhas e filistinas, também pôde ser significativamente vantajosa para a formulação ousada das questões e para a reflexão ousada até as últimas consequências das respostas encontradas para elas. Justamente porque, dessa maneira, os fundamentos e as consequências sociais de certas questões teóricas ou literárias não ficam visíveis de imediato na vida prática; surge para o espírito, para a concepção e para a exposição dessas questões um espaço de manobra considerável e relativamente ilimitado, que os contemporâneos das sociedades ocidentais mais desenvolvidas não tinham como conhecer.

Em suma: não é por acaso que a legalidade do movimento contraditório do desenvolvimento, os princípios centrais do método dialético tornam-se conscientes exatamente na Alemanha no período que vai de Lessing a Heine, que Goethe e Hegel elevam esse método – dentro dos limites do pensamento burguês – ao patamar máximo que pode alcançar. (Fiz um esboço do desenvolvimento literário e filosófico russo no livro *Der russische Realismus in der Weltliteratur* [O realismo russo na literatura mundial]. Demonstrei ali que os pensadores russos da década de 1850, Tchernichevski e Dobroliubov, foram figuras de transição entre a democracia revolucionária e a visão de mundo socialista.) Dessa situação resulta que um dos últimos períodos progressistas do pensamento burguês, uma de suas últimas revoluções intelectuais, sucedeu justamente na Alemanha do tempo de Goethe, e não é por acaso que esse desenvolvimento foi coroado pelos – igualmente alemães – Marx e Engels com o método mais avançado da filosofia, com a descoberta da dialética materialista.

É por isso que Lênin identifica a dialética hegeliana como uma das três fontes do marxismo.

Pôr esses nexos a descoberto extrapola o quadro deste prefácio, até porque este livro não tem a pretensão de fazer uma apresentação abrangente de todos os aspectos desse complexo de questões. Por isso, só tratarei pormenorizadamente das especificidades do desenvolvimento alemão do século XIX após ter publicado meus estudos sobre os realistas alemães desse período[1]. Aqui só poderei fazer um breve apanhado das questões decisivas, em torno das quais gira a falsificação reacionária da história da literatura clássica alemã, para que os leitores desta obra possam ver claramente o que representa a luta entre progresso e reação nessa etapa do desenvolvimento alemão.

A primeira questão decisiva é a relação com o movimento mundial do Iluminismo. Nesse ponto, a história reacionária da literatura tenta, por um lado, contrapor o desenvolvimento alemão ao desenvolvimento francês, atribuindo aos grandes ideólogos progressistas do renascimento nacional alemão um chauvinismo antifrancês; por outro lado, ela introduz sub-repticiamente na literatura alemã do fim do século XVIII uma ideologia obscurantista hostil ao Iluminismo. (A teoria do assim chamado pré-romantismo.) A primeira heresia foi refutada, no que diz respeito a Lessing, já por Mehring, quando ele mostrou a maneira como a crítica de Lessing a Corneille e Voltaire estava ligada à questão central daquela época, que era a libertação nacional da Alemanha (ligada à luta contra a pseudocultura das pequenas cortes alemãs que imitavam Versalhes) e quando afirmou que essa luta foi travada por Lessing não só sob o estandarte de Sófocles e Shakespeare, mas – e até em primeiro lugar – sob o de Diderot. Essa falsificação ainda vai além quando se fala do período do *Sturm und Drang* [Tempestade e Ímpeto]. Com o auxílio de algumas citações arrancadas do contexto dos escritos do jovem Goethe e de Schiller, bem como de Herder, deparamo-nos já com verdadeiras orgias do chauvinismo antifrancês por parte dos escritores alemães. Na verdade, Montesquieu, Diderot e Rousseau são os patronos espirituais também desse movimento, e o assim chamado antifrancesismo se volta aqui, de modo ainda mais patético, contra o sistema antinacional das pequenas cortes; só nesse contexto é possível compreender plenamente a defesa de Shakespeare diante de Voltaire. O papel que Voltaire desempenhou na formação intelectual do Goethe

---

[1] *Deutsche Realisten des 19. Jahrhunderts*, ver p. 187 e seg. [Esta é a única nota de rodapé incluída por György Lukács em todo o livro. Todas as seguintes são de autoria dos tradutores – N. E.]

maduro está comprovado por inúmeras passagens de seus escritos, de suas cartas e de seus diálogos, para não falar da relação entre o velho Goethe e a literatura francesa contemporânea (Mérimée, Hugo, Stendhal, Balzac).

A teoria da presumida oposição do *Sturm und Drang* ao Iluminismo tampouco resiste a um exame. A falsificação alemã oficial da história opera, por um lado, contrapondo a visão de mundo histórica que surge aqui ao pretenso a-historicismo do Iluminismo e, por outro lado, parte da confrontação mecânica entre razão e sentimento, chegando assim ao suposto irracionalismo da literatura alemã daquela época. Essa última tese não precisa ser refutada aqui. Limitamo-nos a apontar para o que foi exposto anteriormente em relação à gênese da dialética, pois o que se tornou moda designar de irracionalismo no Iluminismo alemão em geral é isto: uma investida na direção da dialética, uma tentativa de suplantar a lógica formal predominante até então. Nisso inquestionavelmente se expressa uma crise da tendência filosófica dominante do Iluminismo, a transição para um patamar superior do pensamento. Porém, essa também é uma tendência internacional do Iluminismo como um todo, embora, na Alemanha, como corrente que surgiu por último, assuma o papel de liderança. Engels mostra, por exemplo, em Diderot e Rousseau, tipos altamente desenvolvidos dessa tendência dialética.

A essa questão está estreitamente vinculada a do historicismo. O anti-historicismo do Iluminismo é uma lenda inventada pela reação romântica; é só pensar em fenômenos como Voltaire ou Gibbon para perceber a insustentabilidade dessa lenda. No entanto, ocorreu também nesse aspecto uma evolução por parte do Iluminismo alemão. O que se desenrola aqui, porém, não leva na direção do pseudo-historicismo romântico: por exemplo, a universalidade histórica de Herder é precursora da visão de mundo dialética de Hegel. Neste volume, o antagonismo presumido entre razão e sentimento é objeto de estudo do ensaio sobre *Werther*.

A partir disso tudo, pode-se ver claramente que o jovem Goethe é partícipe do processo universal de desenvolvimento do Iluminismo e, em seu âmbito, do Iluminismo alemão, o qual, por seu turno, é fenômeno colateral e companheiro de lutas daquele grande processo que prepara ideologicamente a Revolução Francesa. Portanto, a juventude de Goethe (e de Schiller) é um componente orgânico e importante de um movimento progressista de dimensões mundiais.

De qualquer modo, a figura do jovem Goethe é o ponto mais fraco da lenda reacionária sobre esse autor. Pois a revolta do jovem Goethe contra a ordem vigente, contra a Alemanha daquela época, é tão flagrante que nem mesmo a ciência literária oficial conseguiu negá-la por completo. Tanto mais abundante parece ter sido a colheita no desenvolvimento posterior de Goethe, no qual, considerando o afastamento da vida pública motivado pelo ódio à Revolução Francesa, a lenda converte o autor em uma das grandes figuras da moderna "filosofia da vida" de cunho irracionalista, um ancestral espiritual de Schopenhauer e Nietzsche, e, ademais, literariamente um dos fundadores do antirrealismo estilizante. Essa lenda histórica está tão disseminada e é tão influente que se pode observar seu efeito até mesmo em autores progressistas e antifascistas.

Para refutar todas essas lendas seria necessário escrever uma nova biografia de Goethe. Aqui temos de nos limitar – quase em estilo telegráfico – aos pontos mais importantes. Temos de ressaltar novamente os méritos de Mehring, por ter reconhecido que Goethe não fugiu para a Itália em virtude da decepção amorosa, não foi porque seu amor por Charlotte von Stein entrou em crise, mas porque sua tentativa de reforma social do principado de Weimar segundo os princípios do Iluminismo falhou diante da resistência da corte, da burocracia e de Carlos Augusto. (Investigações próprias, que não podem ser explanadas aqui, persuadiram-me não só de que Mehring estava completamente certo quanto à decepção de Goethe com a vida pública possível naquela época na Alemanha, como também de que a tentativa feita pelo autor e seu fracasso abrangem áreas que Mehring ainda não conhecia.) A posterior resignação de Goethe, o fato de ter se retirado da vida pública, tem suas raízes precisamente nisso, implicando, portanto, uma crítica avassaladora do atraso social da Alemanha daquela época. Essa resignação, desse modo, não envolve nenhuma negação dos princípios do Iluminismo nem de suas finalidades sociais, mas uma rejeição da Alemanha daquela época, com seus pequenos principados hostis ao progresso. Os leitores desta obra encontrarão aqui exposições concretas sobre a forma como Goethe tratou as grandes questões sociais de seu tempo. E, embora um livro de ensaios como este não possa, por sua natureza, proporcionar um quadro abrangente e completo dessas questões, espero que a maneira como Goethe realmente as formulou e a tendência principal das respostas dadas a elas possam se tornar visíveis.

A relação de Goethe com a Revolução Francesa encontra-se em conexão estreita com esse complexo de questões. A lenda parte aqui das primeiras reações de Goethe diante da Revolução Francesa, de suas – vamos dizê-lo francamente – comédias superficiais e de baixo nível; ela negligencia todos os seus posteriores posicionamentos mais maduros, cuja essência pode ser resumida assim: ele concorda resolutamente com todas as finalidades sociais da Revolução Francesa, ao passo que rejeita de modo igualmente resoluto os métodos plebeus de sua execução. Esta é uma das muitas questões em que seu caminho é paralelo ao de Hegel, seu grande contemporâneo mais jovem. Ambos entendem que a deflagração e a vitória da Revolução Francesa significam uma nova época para a cultura universal; ambos se esforçam, cada qual em seu campo de trabalho, por tirar da maneira mais completa possível todas as consequências dessa inflexão ideológica. O realismo do Goethe maduro é, pois, como o leitor depreenderá do nosso livro, um produto orgânico de sua concepção dos grandes acontecimentos desse tempo.

A relação de Goethe com Hegel (e já anteriormente com Schiller e Schelling) faz a ponte para os problemas da visão de mundo. No tempo do predomínio do neokantismo, era moda apelar para a postura não filosófica e até antifilosófica de Goethe. A partir do momento em que, no período imperialista, a assim chamada "filosofia da vida" tornou-se a corrente espiritual predominante da Alemanha, o renome filosófico de Goethe cresceu muito. Contudo, isso pouco adiantou para o conhecimento dos verdadeiros nexos. De Nietzsche a Spengler, Klages, Chamberlain e Rosenberg, passando por Gundolf, Goethe foi convertido de maneira reiterada em fundador da visão de mundo dominante, de cunho irracionalista, hostil ao desenvolvimento e ao progresso. Nos escritos publicados aqui, infelizmente não se ofereceu o ensejo para abordar esse problema mais detidamente.

É compreensível que o problema em torno de Goethe não estaria esgotado nem mesmo se meu livro desse uma resposta detalhada a todas essas questões. Para isso seria necessário escrever uma monografia específica sobre Goethe. Por muitos anos planejei fazer isso e até preparei o material; infelizmente, devido aos azares das circunstâncias da guerra, todo esse material se perdeu, de modo que, por ora, preciso desistir de concluir esse trabalho. Portanto, submeto estes estudos ao leitor com certa resignação.

Essa resignação se refere à caracterização do tempo de Goethe no mínimo com a mesma intensidade com que se refere à personalidade do próprio Goethe. Nesses escritos aparecem apenas os traços parciais das personalidades de Schiller e Hegel, e estou plenamente consciente de que mesmo um esboço do tempo de Goethe permanece mais do que fragmentário sem uma caracterização séria de Lessing e de Herder. Mesmo que Hölderlin não esteja ausente, em relação ao qual, como o leitor perceberá, foi necessário realizar um trabalho de destruição de lendas tão grande quanto em relação ao próprio Goethe, isso só é proveitoso na medida em que torna visível uma daquelas tendências que fizeram ouvir um eco muito mais radical da Revolução Francesa do que em Goethe e Hegel. A análise significa aqui, ao mesmo tempo, o desencobrimento das razões do trágico fracasso dessas tendências na Alemanha do tempo de Goethe.

Estas observações iniciais são sumamente esquemáticas. O próprio livro oferece um material bastante fragmentário. Ainda assim, espero conseguir deixar claro que estamos tratando de uma época progressista da cultura universal – em sua linha principal. Do mesmo modo que na Inglaterra e na França a preparação ideológica da revolução burguesa (de Hobbes a Helvetius) fundou a filosofia materialista, esta lançou o fundamento para o pensamento dialético moderno e, em paralelo a isso – justamente na criação poética de Goethe –, construiu uma ponte entre o grande realismo do século XVIII e o do século XIX. O pensamento e a arte da humanidade deram um passo gigantesco adiante.

Dito isso, creio que não é mais necessário fundamentar extensamente a importância e a atualidade dessas questões. Uma reorientação ideológica, cultural e literária é impossível sem uma nova investigação, uma nova avaliação das correntes da história mundial do passado, em especial do passado mais recente. Se quisermos combater a influência das correntes reacionárias alemãs dominantes até agora não com fraseologias, mas na realidade, é imprescindível tomar conhecimento das lutas culturais, ideológicas e literárias que produziram a literatura e a filosofia alemãs clássicas.

Budapeste, fevereiro de 1947.

Os sofrimentos do jovem Werther

O ano de publicação de *Werther*[1] – 1774 – constitui uma data importante, não só para a história da literatura alemã, mas também para a literatura mundial. A breve mas significativa hegemonia literária e filosófica da Alemanha, a substituição temporária da França na liderança ideológica nesses campos se evidenciou pela primeira vez com o sucesso mundial de *Werther*. No entanto, a literatura alemã já produzira obras de importância para a literatura mundial antes desta. É suficiente lembrar Winckelmann, Lessing e a obra *Götz von Berlichingen*[2] de Goethe. Porém, a repercussão extraordinariamente ampla e profunda de *Werther* em todo o mundo tornou evidente o papel de liderança do Iluminismo alemão.

O Iluminismo alemão? Nesse ponto, titubeia o leitor "escolado" nas lendas literárias da história burguesa e na sociologia vulgar dependente delas, pois se trata de um lugar-comum tanto da história burguesa da literatura quanto da sociologia vulgar que Iluminismo e *Sturm und Drang*, especialmente *Werther*, encontram-se em oposição excludente. Essa lenda literária tem início já com

---

[1] J. W. Goethe, *Die Leiden des jungen Werther* (Leipzig, Weygand'sche Buchhandlung, 1774, ed. rev. em 1787) [ed. bras.: *Os sofrimentos do jovem Werther*, trad. Marcelo Backes, Porto Alegre, L&PM, 2001].

[2] *Götz von Berlichingen da mão de ferro*. Peça teatral de 1773, que estreou em 12 de abril de 1774. Texto: *Götz von Berlichingen mit der eisernen Hand: ein Schauspiel* (Stuttgart, Reclam, 2002).

o famoso livro da autora romântica madame de Staël sobre a Alemanha[3]. Em seguida, ela é assumida também pelos historiadores da literatura burgueses progressistas e, por intermédio dos conhecidos escritos de Georg Brandes, penetra na sociologia vulgar pseudomarxista. É óbvio que historiadores da literatura burgueses do período imperialista, como Gundolf, Korff, Strich etc., fomentaram essa lenda com entusiasmo, porque ela é o meio ideológico mais eficaz de levantar uma muralha chinesa entre o Iluminismo e o Classicismo alemão, de rebaixar o Iluminismo em favor das tendências reacionárias posteriores do Romantismo.

Se lendas históricas como esta têm a necessidade ideológica mais profunda do ódio da burguesia reacionária contra o Iluminismo revolucionário, está claro que aqueles que as articulam não dão a mínima para os fatos manifestos da história, que para eles são totalmente indiferentes, já que suas lendas afrontam os fatos mais elementares. Esse é obviamente o caso da discussão sobre *Werther*, pois também a história burguesa da literatura é obrigada a reconhecer que Richardson e Rousseau são precursores literários dessa obra. No entanto, é sintomático do nível intelectual dos historiadores da literatura burgueses que a constatação do nexo literário entre Richardson, Rousseau e Goethe possa existir diretamente ao lado do enunciado da oposição diametral entre *Werther* e o Iluminismo.

Os reacionários mais inteligentes, todavia, intuem algo dessa contradição. Eles, contudo, querem solucionar essa questão fazendo com que já Rousseau se encontre em oposição excludente com o Iluminismo, fazendo dele um ancestral do Romantismo reacionário. Porém, essa "sabedoria" fracassa também em relação a Richardson. Richardson foi um iluminista burguês típico. Seu grande sucesso europeu se deu justamente entre a burguesia progressista; os precursores ideológicos do Iluminismo europeu, como Diderot e Lessing, foram os arautos entusiásticos de sua glória.

Ora, qual é o conteúdo ideológico dessa lenda histórica? Que necessidade ideológica da burguesia do século XIX ela deveria satisfazer? Esse conteúdo é extraordinariamente escasso e abstrato, por mais que algumas de suas exposições tenham sido maquiadas com fraseologias pomposas. Trata-se de que o Iluminismo supostamente teria levado em conta apenas o "intelecto". O *Sturm und Drang* alemão teria sido, em contraposição, uma revolta do

---

[3] Madame La Baronne de Staël Holstein, *D'Allemagne* (Paris, H. Nicolle, 1813).

"sentimento", do "caráter", do "impulso" contra a tirania do intelecto. Essa abstração pobre e vazia serve para glorificar as tendências irracionalistas da decadência burguesa e soterrar toda a tradição do período revolucionário do desenvolvimento burguês. No caso de historiadores da literatura liberais como Brandes, essa teoria ainda aparece de maneira eclética e complacente: pretende-se evidenciar a superioridade ideológica da burguesia do século XIX, que deixou de ser revolucionária, em relação à do período revolucionário afirmando que o desenvolvimento posterior seria "mais concreto", que ela também teria levado em conta o "caráter" etc. Já os abertamente reacionários se voltam sem qualquer ressalva contra o Iluminismo, difamando-o escancaradamente sem nenhum pudor.

Em que consistiu a essência do famigerado "intelecto" no Iluminismo? Claramente em uma crítica implacável da religião, da filosofia teologicamente contaminada, das instituições do absolutismo feudal, dos mandamentos religiosos feudais da moral etc. É fácil entender que essa luta implacável dos iluministas se tornou ideologicamente insuportável para a burguesia em vias de se tornar reacionária. No entanto, será que decorre daí que os iluministas que, como vanguarda ideológica da burguesia revolucionária, não reconheciam na ciência, na arte e na vida algo que resistia a um exame efetuado pelo intelecto humano, a uma confrontação com os fatos da vida, será que eles mostravam algum desprezo ou menosprezo pela vida sentimental humana? Acreditamos que a pergunta formulada com precisão já atesta com clareza o caráter abstrato e insustentável dessas construções reacionárias. Só do ponto de vista do legitimismo pós-revolucionário, para o qual toda tradição monarquista adquire uma acentuação sentimental e mendaz, no qual as tradições não populares do Iluminismo se fundem com essa sentimentalidade inverídica, só desse ponto de vista uma construção dessas parece plausível. Em oposição à história burguesa da literatura e à sociologia vulgar, que, por exemplo, derivam Chateaubriand de Rousseau e Goethe, Marx fala "desses escritores de belas letras que da maneira mais asquerosa possível unem o ceticismo e o voltairianismo refinados do século XVIII com o sentimentalismo e o romantismo refinados do século XIX"[4].

---

[4] Carta a Engels de 26 de outubro de 1854, em A. Bebel e E. Bernstein (orgs.), *Der Briefwechsel zwischen Friedrich Engels und Karl Marx*, v. 2 (Stuttgart, J. H. W. Dietz, 1921), p. 294.

No Iluminismo a questão já era completamente diferente. Quando – para escolher apenas um exemplo, já que nosso espaço é limitado demais para uma discussão ampla – Lessing combate a teoria e a práxis do trágico Corneille, de que ponto de vista ele o faz? Seu ponto de partida é justamente que a concepção do trágico em Corneille é inumana, de que Corneille não leva em consideração a alma humana, a vida sentimental humana, que ele, enredado nas convenções cortesãs e aristocráticas de seu tempo, oferece construções sem vida e puramente intelectuais. A grande luta teórico-literária de iluministas como Diderot e Lessing era contra as convenções da nobreza. Eles as combatiam em toda a linha, tanto sua frieza intelectual quanto sua antirracionalidade. Entre a luta de Lessing contra essa frieza da *tragédie classique* e sua proclamação dos direitos do intelecto, como na questão da religião, não subsiste nem a menor contradição, pois toda grande revolução sócio-histórica produz um novo homem. Nas lutas ideológicas, trata-se, portanto, da luta por esse novo homem concreto e contra o velho homem da ordem social detestada que está afundando. Na realidade, porém, jamais se trata (a não ser na fantasia apologética de ideólogos reacionários) da luta entre uma qualidade abstrata e isolada do homem contra outra qualidade isolada e abstrata (impulso contra intelecto).

É preciso primeiro destruir essas lendas históricas, essas contradições que nunca existiram na realidade, para liberar o caminho que leva ao conhecimento das reais contradições internas do Iluminismo. Estas constituem reflexos ideológicos das contradições da revolução burguesa, de seu conteúdo social e de suas forças motrizes, das contradições da gênese, do crescimento e do desdobramento da própria sociedade burguesa. E essas contradições naturalmente não estão dadas de modo rígido e definitivo na vida social mesma. Pelo contrário, elas emergem de maneira extraordinariamente desigual, correspondendo à desigualdade do desenvolvimento social, obtêm uma solução aparentemente satisfatória em determinado estágio do desenvolvimento, reaparecendo de forma intensificada em um estágio mais elevado do desenvolvimento subsequente. Aquelas polêmicas literárias entre os iluministas, aquelas críticas da beletrística do período iluminista feitas pelos próprios iluministas, de cuja deformação abstrativa a história reacionária da literatura extrai seus "argumentos", não passam, portanto, de imagens refletidas das contradições do próprio desenvolvimento social, lutas travadas por correntes específicas dentro do Iluminismo, lutas entre estágios específicos do Iluminismo.

Mehring foi o primeiro a destruir as lendas históricas reacionárias a respeito do caráter da luta de Lessing contra Voltaire. Ele demonstrou de maneira convincente que Lessing criticou, a partir de um estágio mais elevado do Iluminismo, os traços atrasados e os compromissos de Voltaire. Essa questão é particularmente interessante em relação a Rousseau, pois é nele que as facetas ideológicas da execução plebeia da revolução burguesa assomam pela primeira vez de modo predominante e, correspondendo à dialética interna desse movimento, muitas vezes estão mescladas com traços reacionários pequeno-burgueses; com frequência o conteúdo social da revolução passa para segundo plano diante desse plebeísmo obscuro. Portanto, os críticos de Rousseau entre os iluministas (Voltaire, d'Alembert etc., e também Lessing) têm toda a razão no que se refere a Rousseau quando insistem na pureza desse teor social, mas, nessa polêmica, frequentemente não se dão conta da valiosa novidade trazida por Rousseau, ou seja, seu plebeísmo, a elaboração dialética incipiente das contradições da sociedade burguesa. A criação beletrística de Rousseau está intimamente relacionada com essas suas tendências fundamentais. Por essa via, ele alça a exposição que Richardson fez da intimidade do cotidiano burguês e de seus conflitos a um estágio muito superior, tanto intelectual quanto literariamente. E, ao levantar frequentes protestos em relação a esse ponto e – em sintonia com Mendelssohn – defender Richardson contra Rousseau, Lessing deixou de ver traços essenciais do novo estágio mais elevado e mais contraditório do Iluminismo.

O trabalho de criação do jovem Goethe é *continuação* da linha rousseauniana, só que ao modo alemão, o que faz surgir uma série de novas contradições. A marca alemã específica está inseparavelmente vinculada ao atraso socioeconômico da Alemanha, à miséria alemã. Assim como é preciso apontar com firmeza para essa miséria alemã, com a mesma ênfase se deve advertir contra sua simplificação vulgarizadora. Obviamente falta a essa literatura alemã a clareza de objetivo sociopolítico e a solidez dos franceses, bem como o reflexo literário da sociedade burguesa desenvolvida, ricamente desdobrada, dos ingleses. Notoriamente essa literatura traz em si muitas marcas de nascença da mesquinhez da vida na Alemanha não desenvolvida e fragmentada. Em contrapartida, não se pode esquecer que, em nenhum lugar, as contradições do desenvolvimento burguês foram expressas com tanta paixão e plasticidade quanto justamente na literatura alemã do século XVIII. Pense-se no drama burguês. Embora tenha surgido na Inglaterra e na França, não chegou, nesses

48 | Goethe e seu tempo

países, nem em termos de conteúdo social nem em termos de forma artística, à altura já atingida em *Emília Galotti*[5] de Lessing ou especialmente em *Os bandoleiros*[6] e em *Intriga e amor*[7] do jovem Schiller.

O jovem Goethe de fato não é nenhum revolucionário, nem mesmo no sentido do jovem Schiller. Porém, em um sentido histórico amplo e profundo, a saber, no sentido da ligação íntima com os problemas fundamentais da revolução burguesa, as obras do jovem Goethe constituem uma culminância revolucionária do movimento do Iluminismo europeu, da preparação ideológica para a grande Revolução Francesa.

O ponto central de *Werther* é constituído pelo grande problema do humanismo revolucionário burguês, o problema do desenvolvimento livre e universal da personalidade humana. Feuerbach diz: "Nosso ideal não deve ser um ser castrado, incorpóreo, abstrato, nosso ideal deve ser o homem inteiro, real, universal, completo, bem-formado"[8]. Lênin, que insere essa frase em seus excertos filosóficos, diz a respeito disso que esse ideal é o "da democracia burguesa avançada ou o da democracia burguesa revolucionária"[9].

O caráter profundo e multifacetado da formulação do problema pelo jovem Goethe se deve a que ele discernia a oposição entre personalidade e sociedade burguesa não só em relação ao absolutismo semifeudal de pequeno formato da Alemanha de seu tempo, mas também em relação à sociedade burguesa em geral. Obviamente a luta do jovem Goethe se volta contra aquelas formas concretas de opressão e a atrofia da personalidade humana produzidas pela Alemanha de seus dias. Porém, a profundidade de sua concepção se mostra no fato de não se limitar a uma crítica dos meros sintomas, a uma exposição polêmica dos modos fenomênicos mais visíveis. Pelo contrário, ele figura a vida cotidiana de seu tempo com uma compreensão tão profunda das forças

---

[5] G. E. Lessing, *Emilia Galotti: ein Trauerspiel in fünf Aufzügen* (Berlim, Christian Friedrich Voss, 1772) [ed. bras.: *Emília Galotti*, trad. Fátima Saadi, São Paulo, Peixoto Neto, 2007].

[6] F. Schiller, *Die Räuber: ein Schauspiel* (Frankfurt/Leipzig, 1781) [ed. bras.: *Os bandoleiros*, trad. Marcelo Backes, Porto Alegre, L&PM, 2001].

[7] Idem, *Kabale und Amor: ein Trauerspiel in fünf Aufzügen* (Mannheim, In der Schwanischen Hofbuchhandlung, 1781) [ed. bras.: *Intriga e amor*, trad. Mario Luiz Frungillo, Curitiba, Editora UFPR, 2005].

[8] L. Feuerbach, "Vorlesungen über das Wesen der Religion", em *Ludwig Feuerbach's Sämtliche Werke*, v. 8 (Leipzig, Otto Wigand, 1851), p. 334 [28ª preleção].

[9] V. I. Lênin, Konspekt zu Feuerbachs "Vorlesungen über das Wesen der Religion", em *Werke*, v. 38 (Berlim, Dietz, 1964), p. 53-4.

motrizes, das contradições fundamentais, que a importância de sua crítica transcende em muito a de uma crítica das condições em que se encontra a Alemanha atrasada. A recepção entusiástica que *Werther* teve em toda a Europa mostra que as pessoas dos países mais desenvolvidos em termos capitalistas imediatamente foram forçadas a vivenciar o destino de Werther como: *tua res agitur* [é de ti que se trata].

A oposição entre personalidade e sociedade é entendida de modo muito amplo e complexo pelo jovem Goethe. Ele não se limita a evidenciar os inibidores diretamente sociais do desenvolvimento da personalidade. Claramente a eles é dedicada uma parte ampla e essencial de sua exposição. Goethe considera a estratificação feudal em estamentos, o isolamento feudal dos estamentos entre si, um obstáculo direto e essencial ao desenvolvimento da personalidade humana e, de modo correspondente, critica a ordem social por meio de uma sátira ácida.

Porém, ao mesmo tempo, ele vê que a sociedade burguesa, cujo evolver trouxe propriamente para o primeiro plano com toda essa veemência o problema do desenvolvimento da personalidade, ininterruptamente opõe obstáculos a ele. As mesmas leis, instituições etc. que servem a tal desenvolvimento no sentido classista estrito da burguesia, que produzem a liberdade do *laisser faire*, constituem simultaneamente os estranguladores impiedosos da personalidade que de fato se desenvolve. A divisão capitalista do trabalho, sobre cujo fundamento unicamente pode se dar aquele desenvolvimento das forças produtivas que constituem a base material da personalidade desenvolvida, simultaneamente submete a si o homem, fragmenta sua personalidade em uma especialização sem vida etc. Está claro que tinha de faltar ao jovem Goethe o entendimento econômico desses contextos. Tanto mais deve ser valorizada sua genialidade literária, com a qual ele foi capaz de expor com base em destinos humanos a real dialética desse desenvolvimento.

Ao tomar como ponto de partida o homem concreto, destinos humanos concretos, Goethe capta todos esses problemas com a complexidade e a mediaticidade concretas com que se mostram no destino pessoal dos homens singulares. Dado que ele figura seu herói como um homem extraordinariamente diferenciado e interiorizado, esses problemas se apresentam de modo tão complexo que chegam ao nível profundo da ideologia. Porém, o nexo é visível em toda parte e chega até a ser captado em toda parte de algum modo pela consciência do homem que age. Assim diz Werther, por exemplo, sobre a relação entre natureza e arte: "Só ela (a natureza) é infinitamente rica e só ela é que forma os grandes artistas. Pode-se dizer muito a favor das regras, mais ou menos tanto quanto se pode dizer para louvar as etiquetas da sociedade burguesa"[10]. O problema central permanece sempre o desenvolvimento unitário e abrangente da personalidade humana. Na exposição que fez de sua juventude em *Poesia e verdade*, o velho Goethe aborda de maneira extensa os princípios que fundamentam essa luta. Ele analisa o pensamento de Hamann, que, ao lado de Rousseau e Herder, foi quem mais fortemente influenciou seu desenvolvimento juvenil, e articula com palavras próprias aquele princípio básico, cuja realização foi a aspiração principal não só de sua juventude: "Tudo que o homem se propõe a realizar, quer seja produzido por ato ou palavra ou de qualquer outra maneira, tem de brotar da união de todas as forças; tudo que estiver isolado é passível de rejeição. Máxima magnífica, mas difícil de ser seguida"[11].

O conteúdo literário principal de *Werther* é a luta pela realização dessa máxima, uma luta contra obstáculos externos e internos a sua realização. Em termos estéticos, isso representa a luta contra as "regras" de que já ouvimos falar. Também neste ponto devemos cuidar para não operar com oposições rígidas, metafísicas. Werther e com ele o jovem Goethe são inimigos das "regras", mas a "ausência de regras" equivale para Werther a um grande e fervoroso realismo, significa a veneração de Homero, Klopstock, Goldsmith, Lessing.

Ainda mais enérgica e fervorosa é a rebelião contra as regras da ética. A linha básica do desenvolvimento burguês requer, em lugar dos privilégios estamentais e locais, sistemas legais unificados nacionais. Esse grande movimento histórico deve se refletir também na ética como anseio por leis unificadas de validade universal para a ação humana. No decorrer do desenvolvimento alemão posterior, essa tendência social ganha sua expressão filosófica na ética idealista de Kant e de Fichte, porém, já existe muito antes deles – na vida concreta, manifestando-se obviamente muitas vezes de modo filistino.

Entretanto, por mais necessário que esse desenvolvimento seja do ponto de vista histórico, o que ele produz é, ao mesmo tempo, um obstáculo ao desenvolvimento da personalidade. A ética no sentido de Kant-Fichte quer

---

[10] *Os sofrimentos do jovem Werther*, cit., p. 26.

[11] J. W. Goethe, "Aus meinem Leben: Dichtung und Wahrheit", em *Goethes Werke*, v. 9: *Autobiographische Schriften I* (14. ed., Munique, C. H. Beck, 2002), p. 514.

encontrar um sistema unificado de regras, um sistema de prescrições isento de contradições para uma sociedade movida pelo princípio básico da contradição mesma. O indivíduo que age nessa sociedade, que forçosamente reconhece, em termos gerais, em princípio, o sistema de regras, tem de entrar ininterruptamente em contradição com esses princípios no caso concreto. E isso não do modo como Kant imagina, ou seja, que só os impulsos do homem, baixos, egoístas, contradizem as elevadas máximas éticas. Pelo contrário, a contradição se origina, com bastante frequência e nos casos exclusivamente determinantes aqui, das melhores e mais nobres paixões dos homens. Só bem mais tarde a dialética hegeliana logrou – ainda que de modo idealista – apreender intelectualmente uma imagem mais ou menos adequada da interação contraditória entre paixão humana e desenvolvimento social.

Contudo, nem mesmo a melhor das apreensões intelectuais é capaz de suprimir uma contradição realmente existente na realidade mesma. E a geração do jovem Goethe, que experimentou profundamente essa contradição viva, mesmo que sua dialética não a tenha compreendido intelectualmente, arremete com furiosa paixão contra esse obstáculo ao livre desenvolvimento da personalidade.

O amigo de juventude de Goethe, Friedrich Heinrich Jacobi, foi quem talvez tenha conferido, em carta aberta a Fichte, a expressão mais clara a essa rebelião no campo da ética. Ele diz: "Sim, eu sou o ateísta e o ateu que [...] quer mentir como a Desdêmona moribunda mentiu, que quer mentir e enganar como Pílades ao se oferecer por Orestes, que quer assassinar como Timoleão, violar a lei e o juramento como Epaminondas, como Johann de Witt, decidir-se pelo suicídio como Otão, cometer o saque do templo como Davi – sim, colher espigas no sábado, pela simples razão de estar com fome e a lei ter sido feita por causa do homem e não o homem por causa da lei". E Jacobi chama essa rebelião de "a *lei de majestade* do homem, o selo de sua dignidade"[12].

Todos os problemas éticos de *Werther* se desenrolam sob o signo dessa rebelião, na qual, pela primeira vez na literatura mundial, aparecem, em uma exposição literária maior, as contradições internas do humanismo burguês revolucionário. Nesse romance, Goethe projeta a ação de modo extraordinariamente moderado. No entanto, ele escolhe, sem exceção, personagens e acontecimentos

---

[12] Carta de F. H. Jacobi de 3 de março de 1799 a Fichte, em *Jacobi an Fichte* (Hamburgo, Friedrich Perthes, 1799), p. 32-3.

que trazem à tona essas contradições entre paixão humana e legalidade social. Mais precisamente, sem exceção, paixões que, em si e por si sós, não contêm nada de vil, nada de associal ou antissocial, e leis que, em si e por si mesmas, não são rejeitadas como absurdas e inibidoras do desenvolvimento (como é o caso das divisões estamentais da sociedade feudal), mas que carregam em si apenas as limitações gerais de todas as leis da sociedade burguesa.

Com talento artístico admirável, Goethe retrata em poucos traços, em poucas cenas breves, o destino trágico do jovem servo apaixonado, em que o assassinato cometido contra sua amada e seu rival constitui o contraponto trágico do suicídio de Werther. Na sua já citada exposição do tempo de Werther, o velho Goethe ainda reconhece o caráter rebelde-revolucionário da reivindicação do direito moral ao suicídio. O fato de se reportar nesse ponto a Montesquieu é muito interessante e, por sua vez, muito instrutivo para a relação entre *Werther* e o Iluminismo. O próprio Werther tem em defesa desse direito outra fundamentação que soa ainda mais revolucionária. Muito antes de seu suicídio, bem antes de ter tomado essa decisão concretamente, ele tem uma conversa teórica sobre o suicídio com o noivo de sua amada, Alberto. Esse burguês tranquilo obviamente rejeita todo direito dessa espécie. Entre outras coisas, Werther explicita o seguinte: "Um povo que geme sob o jugo insuportável de um tirano, ousarei taxá-lo de fraco quando enfim se levanta e rompe os grilhões?"[13].

No jovem Goethe, essa luta trágica pela realização dos ideais humanistas está intimamente vinculada com o *caráter popular* de suas aspirações. Exatamente nesse sentido, o jovem Goethe dá continuidade às tendências rousseaunianas em oposição ao aristocratismo distinto de Voltaire, cujo legado se tornaria importante para o Goethe posterior, bastante decepcionado e resignado. A maneira mais clara de enunciar a linha cultural e literária de Rousseau é com as palavras de Marx sobre o jacobinismo: este é *"uma maneira plebeia* de lidar com *os inimigos da burguesia*, com o absolutismo, o feudalismo e o filistinismo"[14].

Repetimos: politicamente o jovem Goethe não era nenhum plebeu revolucionário, nem mesmo dentro do que era possível na Alemanha, nem sequer no sentido do jovem Schiller. No caso dele, portanto, a faceta plebeia não

---

[13] J. W. Goethe, *Os sofrimentos do jovem Werther*, p. 69.

[14] K. Marx, "Die Bourgeoisie und die Kontrerevolution", em *Marx-Engels-Werke*, v. 6 (Berlim, Dietz, 1961), p. 107.

aparece na forma política, mas como oposição entre os ideais revolucionários humanistas e a sociedade estamental do absolutismo feudal e o filistinismo. Todo o *Werther* é uma confissão ardente por aquele novo homem que surge no decorrer da preparação para a revolução burguesa, por aquela humanização, por aquele despertar da atividade universal do homem produzido pelo desenvolvimento da sociedade burguesa – e, ao mesmo tempo, condenado tragicamente à ruína. A formação desse novo homem acontece, assim, no contraste dramático ininterrupto com a sociedade estamental e o filistinismo. Reiteradamente essa nova cultura humana em surgimento é confrontada com a malformação, a esterilidade, a incultura dos "estamentos superiores" e com a vida enrijecida, mesquinha e egoísta dos filisteus. E cada uma dessas confrontações é uma indicação flamejante de que a apreensão real e viva da vida, o tratamento vivo dos seus problemas podem ser encontrados exclusivamente junto ao próprio povo. Todavia, não é só Werther que é confrontado, enquanto homem vivo, enquanto representante do novo, com o enrijecimento da aristocracia e do filistinismo, mas seguidamente também personagens do povo o são. Werther sempre é representante da vitalidade popular diante desse enrijecimento. E os elementos formativos inseridos de modo profuso no texto (alusões à pintura, a Homero, Ossian, Goldsmith etc.) movem-se sempre nesta direção: Homero e Ossian são para Werther e para o jovem Goethe grandes poetas populares, reflexos literários e expressões da vida produtiva, que está presente única e exclusivamente entre o povo trabalhador.

Com esse direcionamento, com esse conteúdo de sua criação, o jovem Goethe proclama os ideais revolucionários populares da revolução burguesa – embora pessoalmente não tenha sido nem plebeu nem revolucionário político. Seus contemporâneos reacionários identificaram de imediato essa tendência em *Werther* e a avaliaram de modo correspondente. O pastor ortodoxo Goeze, famigerado por sua polêmica com Lessing, escreve, por exemplo, que livros como *Werther* seriam mães de Ravaillac (o assassino de Henrique IV), de Damiens (autor do atentado contra Luís XV). E, algumas décadas mais tarde, um certo lorde Bristol atacou Goethe porque este teria causado a infelicidade de muitos homens com *Werther*. É bastante interessante observar como o velho Goethe, de resto tão refinado, cortês e reservado, responde a essa acusação com uma rude grosseria de lavar a alma e acusa o estupefato lorde de ter cometido todos os pecados das classes dominantes. Essas avaliações situam *Werther* no mesmo nível dos dramas juvenis francamente revolucionários de Schiller.

A respeito deles, o velho Goethe de igual modo conservou a manifestação extraordinariamente característica de um inimigo. Um príncipe alemão certa vez lhe disse que, se ele fosse o bom Deus e tivesse sabido que a criação do mundo teria acarretado também o surgimento de *Os bandoleiros* de Schiller, jamais teria criado o mundo.

Essas manifestações vindas do quartel inimigo circunscrevem a importância real dos grandes produtos do *Sturm und Drang* muito melhor do que as declarações apologéticas posteriores da história burguesa da literatura. A revolta humanista popular em *Werther* é uma das mais importantes manifestações revolucionárias da ideologia burguesa na fase de preparação para a Revolução Francesa. Seu sucesso mundial é o de uma obra revolucionária. Em *Werther* culminam as lutas do jovem Goethe pelo homem livre e universalmente desenvolvido, aquelas tendências que ele igualmente expressou em *Götz*[15], no fragmento de *Prometeu*[16], nos primeiros esboços de *Fausto*[17] etc.

Seria reduzir falsamente a importância de *Werther* enxergá-lo apenas como a criação de uma atmosfera sentimental passageira e exacerbada que o próprio Goethe teria suplantado com rapidez. É certo que, nem bem três anos depois de *Werther*, Goethe escreveu uma paródia petulante e engraçada do wertherismo, *Der Triumph der Empfindsamkeit* [O triunfo da sensibilidade][18]. A única coisa para a qual a história burguesa da literatura atenta é que ali Goethe caracteriza *Heloísa*[19] de Rousseau e seu próprio *Werther* como "sopa fundamental" da sentimentalidade. Porém, ela passa longe do fato de que Goethe zomba justamente da paródia cortês aristocrática do wertherismo, degenerada para o antinatural. O próprio Werther foge para a natureza e para o povo diante da deformação sem vida da sociedade aristocrática. Dos bastidores, o herói da paródia cria

---

[15]   J. W. Goethe, *Götz von Berlichingen mit der eisernen Hand*, cit.

[16]   "Prometheus: Dramatisches Fragment", em *Goethes Werke: Vollständige Ausgabe letzter Hand*, v. 2 (Stuttgart and Tübingen, J. G. Cotta'sche Buchhandlung, 1827), p. 76-8 [ed. bras.: "Prometeu: fragmento dramático, de Goethe", trad. Iaci Pinto Souto, *Cadernos de Literatura em Tradução*, São Paulo, v. 11, 2010, p. 203-41. Disponível em: https://www.revistas.usp.br/clt/article/download/ 49495/53579/, texto original e tradução em português].

[17]   F. Strehlke (org.), *Paralipomena zu Goethes Faust: Entwürfe, Skizzen, Vorarbeiten und Fragmente* (Stuttgart, Deutsche Verlagsanstalt, 1891).

[18]   J. W. Goethe, *Der Triumph der Empfindsamkeit: eine dramatische Grille*. Estreia em 30 de janeiro de 1778 em Weimar. Primeira impressão em *Schriften* (Leipzig, Göschen, 1787).

[19]   J. J. Rousseau, *Julie ou La Nouvelle Héloïse* (Amsterdã, Marc-Michel Rey, 1761) [ed. bras.: *Júlia ou A nova Heloísa*, trad. Fúlvia Maria Luiza Moretto, São Paulo/Campinas, Hucitec/ Ed. Unicamp, 1994].

para si uma natureza artificial, teme a natureza real, em sua sentimentalidade brincalhona nada tem a ver com as forças vivas do povo. Portanto, O *triunfo da sensibilidade* sublinha exatamente a linha popular básica de *Werther*, é uma paródia de sua repercussão involuntária entre os "eruditos", mas não de supostos "excessos" da própria obra.

O sucesso mundial de *Werther* é uma vitória literária da linha da revolução burguesa. A razão artística desse sucesso se deve a que a obra proporciona uma fusão artística das grandes tendências realistas do século XVIII. Artisticamente o jovem Goethe move a linha de Richardson-Rousseau muito acima de seus antecessores. Ele assume a temática deles: a exposição da intimidade sentimental da vida cotidiana burguesa para traçar dentro dessa intimidade os contornos do novo homem que surge em oposição à sociedade feudal. Porém, enquanto em Rousseau o mundo exterior, com exceção da paisagem, ainda se dissolve em estados de alma subjetivos, o jovem Goethe é, ao mesmo tempo, herdeiro do modo de figuração objetivamente claro do mundo exterior, do mundo da sociedade e da natureza; ele dá continuidade não só a Richardson e Rousseau, mas também a Fielding e Goldsmith.

De um ponto de vista técnico exterior, *Werther* é o ponto culminante das tendências subjetivistas da segunda metade do século XVIII. E esse subjetivismo não é nenhuma exterioridade no romance, mas a expressão artística adequada da revolta humanista. Entretanto, tudo o que ocorre no mundo de *Werther* é objetivado por Goethe com uma plasticidade e uma simplicidade inauditas, tal como nos grandes realistas. Unicamente no estado de ânimo de Werther, no fim, a nebulosidade de Ossian suprime a plasticidade clara de um Homero entendido em termos populares. Como criador, o jovem Goethe permanece, em toda a obra, um discípulo desse Homero.

Todavia, não é só nesse aspecto artístico que o grande romance da juventude de Goethe transcende seus antecessores. Ele também o faz quanto ao conteúdo. Como vimos, a obra não é apenas a proclamação dos ideais do humanismo revolucionário, mas é, ao mesmo tempo, também a figuração consumada da contradição trágica desses ideais. *Werther*, portanto, não é só um ponto culminante da grande literatura burguesa do século XVIII, mas simultaneamente também o primeiro grande precursor da grande literatura realista orientada a problemas do século XIX. Quando enxerga em Chateaubriand e seus adeptos o seguimento literário de *Werther*, a história burguesa da literatura menoscaba de maneira tendenciosa a importância deste. Não são os românticos reacionários, mas os grandes figuradores do ocaso trágico dos ideais humanistas no século XIX, Balzac e Stendhal, que dão continuidade às reais tendências de *Werther*.

O conflito de Werther, sua tragédia, já é a do humanismo burguês, já evidencia o antagonismo insolúvel entre o desenvolvimento livre e universal da personalidade e a própria sociedade burguesa. Esta naturalmente aparece em sua figura pré-revolucionária, alemã, semifeudal, absolutista de pequenos Estados. Porém, no conflito em si já se divisam claramente os contornos das oposições que mais tarde apareceriam com toda a nitidez. E é diante destes que Werther, em última análise, de fato sucumbe. No entanto, Goethe figura apenas esses contornos rutilantes da grande tragédia que mais tarde se tornaria manifesta. Por isso, ele consegue atrelar seu tema a uma moldura de tamanho tão acanhado, consegue se limitar tematicamente à exposição de um pequeno mundo quase idilicamente hermético *à la* Goldsmith e Fielding. Contudo, a figuração conferida a esse mundo exteriormente acanhado e hermético já está preenchida por aquele dramatismo interior que, segundo as observações de Balzac, perfaz o essencialmente novo do romance do século XIX.

Werther em geral é concebido como um romance de amor. Com razão: é um dos mais importantes romances de amor da literatura mundial. No entanto – como toda figuração poética realmente grande da tragédia do amor – também *Werther* oferece muito mais do que uma simples tragédia amorosa.

O jovem Goethe logra envolver organicamente nesse conflito amoroso todos os grandes problemas da luta pelo desenvolvimento da personalidade. A tragédia amorosa de Werther é uma explosão trágica de todas as paixões que, de resto, aparecem distribuídas pela vida, de modo particular, abstrato, mas aqui, no fogo da paixão amorosa, são fundidas em uma só massa abrasadora e reluzente.

Só podemos destacar aqui alguns dos momentos essenciais. Em primeiro lugar, Goethe converteu o amor de Werther por Carlota em uma expressão literariamente intensificada das tendências populares, antifeudais, da vida do herói. O próprio Goethe diz mais tarde que a relação de Werther com Carlota lhe transmite o cotidiano. Porém, mais importante ainda é a composição da própria obra. A primeira parte é dedicada à exposição do amor em surgimento de Werther. Quando enxerga o conflito insolúvel de seu amor, ele quer fugir para a vida prática, para a atividade, e aceita um posto de trabalho em uma embaixada. Apesar de seu talento ser reconhecido nesse lugar, essa tentativa falha devido às barreiras que a sociedade aristocrática ergue diante do burguês. Só depois que Werther falhara nesse posto ocorreu o trágico reencontro com Carlota.

Talvez não seja destituído de interesse mencionar que um dos maiores veneradores desse romance, Napoleão Bonaparte, que inclusive o levou com ele na expedição ao Egito, censurou diante de Goethe a inclusão do conflito social na tragédia amorosa. O velho Goethe comenta com sua ironia fina e cortês que o grande Napoleão até teria estudado *Werther* com muita atenção, mas que o teria feito como um juiz criminalista examina seus arquivos. A crítica de Napoleão evidentemente desconhece o caráter amplo e abrangente da questão de *Werther*. Naturalmente, a obra teria sido uma grande figuração típica do problema do período também como tragédia de amor. Todavia, as intenções de Goethe iam mais fundo. Ele mostra na figuração do amor apaixonado a contradição insolúvel entre desenvolvimento da personalidade e sociedade burguesa. E, para isso, foi preciso vivenciar esse conflito em todos os âmbitos da atividade humana. A crítica de Napoleão é uma rejeição – compreensível da parte dele – dessa validade geral do conflito trágico em *Werther*.

Passando por esse aparente desvio, a obra chega à catástrofe. Em relação a isso, é preciso apontar ainda para o fato de que Carlota volta a amar Werther e toma consciência desse amor pela explosão da paixão dele. Porém, é justamente isso que produz a catástrofe: Carlota é uma mulher burguesa que se apega instintivamente a seu casamento com um homem capaz e respeitado e recua assustada diante da própria paixão. Portanto, a tragédia de Werther não é só a tragédia da paixão amorosa infeliz, mas a figuração perfeita da contradição inerente ao casamento burguês: ele está baseado no amor individual, com ele surge historicamente o amor individual – mas sua existência socioeconômica está em contradição insolúvel com o amor individual.

Goethe sublinha os pontos altos sociais dessa tragédia de amor de modo tão nítido quanto discreto. Após um embate com a sociedade feudal da embaixada, Werther vai para o campo e lê aquele capítulo da *Odisseia* em que Ulisses retorna ao lar e tem uma conversa humana e amiga com o guardador de porcos[20]. E o último livro que lê, na noite do suicídio, é o ápice até então da literatura burguesa revolucionária, *Emilia Galotti*[21], de Lessing.

Os sofrimentos do jovem Werther é um dos maiores romances de amor da literatura mundial porque Goethe concentrou nessa tragédia de amor toda a vida de seu tempo com todos os seus conflitos.

---

[20]   Homero, *Odisseia*, canto 14.

[21]   G. E. Lessing, *Emilia Galotti*, cit.

58 | Goethe e seu tempo

Justamente por isso a importância de *Werther* transcende a descrição certeira de um período determinado e obtém uma repercussão que perdura muito além de seu tempo. Em um diálogo com Eckermann sobre as razões dessa repercussão, o velho Goethe diz o seguinte:

> O tão falado tempo de *Werther*, todavia, quando examinado mais de perto, não faz parte do curso da cultura mundial, mas do curso da vida de cada indivíduo que, com um senso livre e inato para o natural, tem de aprender a achar seu lugar e enquadrar-se nas formas limitadas de um mundo envelhecido. Felicidade impedida, atividade inibida, desejos não satisfeitos não são males de um tempo particular, mas de cada homem singular, e seria ruim se cada qual não tivesse alguma vez em sua vida uma época em que lhe sobreviesse *Werther* como se fosse escrito exclusivamente para ele.[22]

Goethe exagera aqui um pouco o caráter "atemporal" de *Werther*, omitindo que aquele conflito individual, no qual em sua concepção reside a importância de seu romance, é justamente o conflito entre personalidade e sociedade na sociedade burguesa. Porém, ele enfatiza exatamente por meio dessa unilateralidade a profunda universalidade de *Werther* para toda a existência da sociedade burguesa.

Quando o velho Goethe leu uma resenha a respeito dele na revista francesa *Globe*, na qual seu *Tasso*[23] foi chamado de "Werther intensificado", ele concordou entusiasticamente com essa caracterização. Com razão, pois o crítico francês traçou com muito acerto as linhas que ligam *Werther* ao século XIX, passando pela produção tardia de Goethe. Em *Tasso*, os problemas de *Werther* são intensificados, levados à culminância com mais energia, mas exatamente por causa disso o conflito é solucionado de maneira bem menos pura. Werther se despedaça na contradição entre personalidade humana e sociedade burguesa, mas sucumbe de modo puramente trágico, sem conspurcar sua alma com concessões à realidade perversa da sociedade burguesa.

A tragédia de *Tasso* inaugura a grande literatura romanesca do século XIX na medida em que, nela, a solução trágica do conflito é menos uma explosão heroica e mais uma asfixia em concessões. A linha de *Tasso* converte-se, então,

---

[22] Diálogo com Johann Peter Eckermann em 2 de janeiro de 1824, em J. P. Eckermann (org.), *Gespräche mit Goethe in den letzten Jahren seines Lebens*, v. 3 (Magdeburgo, Heinrichshofen'sche Buchhandlung, 1848), p. 39-40.

[23] *Torquato Tasso: ein Schauspiel* (Leipzig, Göschen, 1790). Estreia em 16 de fevereiro de 1807 [ed. port.: *Torquato Tasso*, trad. João Barrento, Lisboa, Relógio D'água, 1999].

em tema condutor do grande romance do século XIX de Balzac até nossos dias. A respeito de um grande número de personagens centrais desses romances se pode dizer – todavia não de modo esquemático e mecânico – que são um "Werther intensificado". Eles sucumbem diante do mesmo conflito que o de Werther, mas seu fim é menos heroico, mais desonroso, mais conspurcado com concessões, com capitulações. Werther se mata justamente porque não quer renunciar a nenhum de seus ideais revolucionários humanistas, porque não quer nem saber de fazer concessões nessas questões. O caráter retilíneo e íntegro de sua tragicidade confere a seu fim aquela beleza resplandecente que ainda hoje constitui o fascínio imarcescível desse livro.

Essa beleza não é só resultado da genialidade do jovem Goethe. Ela advém do fato de que *Werther* é um produto do período heroico pré-revolucionário do desenvolvimento burguês, ainda que seu herói sucumba diante de um conflito geral de toda a sociedade burguesa.

Do mesmo modo que os heróis da Revolução Francesa, imbuídos de ilusões heroicas historicamente necessárias, marcharam para a morte envoltos em uma aura heroica, também Werther sucumbiu de modo trágico na aurora das ilusões heroicas do humanismo anterior à Revolução Francesa.

De acordo com o relato concordante de seus biógrafos, Goethe logo superou o período do *Werther*. Isso é um fato incontestável. Inquestionável também é que o desenvolvimento posterior de Goethe ultrapassa em muitos aspectos o horizonte de *Werther*. Goethe vivenciou a desintegração das ilusões heroicas do período pré-revolucionário e, apesar disso, ateve-se de modo peculiar aos ideais humanistas, representando-os de maneira diferente, mais abrangente e mais rica em conflito com a sociedade burguesa.

Porém, sempre manteve ativo o senso para o que não podia ser perdido do que havia sido figurado em *Werther* em termos de conteúdo de vida. Não superou *Werther* naquele sentido vulgar imaginado pela maioria de seus biógrafos, a saber, como o cidadão que ficou mais sagaz tendo feito as pazes com a realidade e suplantado as "maluquices da juventude". Quando se propôs a redigir um novo prefácio para o romance, cinquenta anos depois de sua publicação, ele escreveu a comovente primeira parte da *Trilogia da paixão*. Nesse poema, ele expressa assim sua relação com o herói de sua juventude:

Escolhido para ficar fui eu, para ir foste tu
Partiste primeiro – mas não perdeste grande coisa.

Esse sentimento melancólico do Goethe velho e maduro mostra de modo claríssimo a dialética de sua suplantação de *Werther*. O desenvolvimento social ultrapassou a possibilidade da tragicidade pura e íntegra de Werther. O grande realista Goethe não contesta esse fato, visto que a apreensão profunda da essência da realidade sempre foi o fundamento de sua grande poesia. Entretanto, sente, ao mesmo tempo, o que ele, o que a humanidade perdeu com o desvanecimento daquelas ilusões heroicas. Ele sente que a beleza resplandecente de *Werther* designa um período do desenvolvimento da humanidade que jamais retornará, indica aquela aurora à qual se seguiu o nascer do sol da grande Revolução Francesa.

[1936]

Os anos de aprendizado
de Wilhelm Meister

O *Wilhelm Meister*[1], de Goethe, é o mais importante produto da transição da literatura romanesca do século XVIII para o século XIX. Ele porta os traços dos dois períodos de desenvolvimento do romance moderno, tanto em termos ideológicos quanto em termos artísticos. Como veremos, não é por acaso que sua redação data dos anos 1793-1795, período em que a crise revolucionária de transição entre as duas eras atingiu seu clímax na França.

No entanto, os primórdios desse romance remontam a um tempo bem anterior. A concepção e possivelmente também os primeiros ensaios de redação podem ser detectados já em 1777. Em 1785, os seis livros do romance *Wilhelm Meisters theatralische Sendung* [A missão teatral de Wilhelm Meister][2] já estavam prontos. Essa primeira versão, que por muito tempo esteve extraviada e só em 1910 foi descoberta por um feliz acaso, oferece a melhor maneira de aclarar em que momentos artísticos e ideológicos ganha expressão aquele novo caráter de transição de *Os anos de aprendizado*.

A primeira versão ainda foi concebida e composta bem no espírito do jovem Goethe. No centro dela está – assim como no de *Tasso*[3] – o problema da

---

[1] J. W. Goethe, *Wilhelm Meisters Lehrjahre: ein Roman*, 2 v. (Berlim, J. F. Unger, 1795) [ed. bras.: *Os anos de aprendizado de Wilhelm Meister*, trad. Nicolino Simone Neto, São Paulo, Ensaio, 1994].

[2] Idem, "Wilhelm Meisters theatralische Sendung", em *Poetische Werke*, v. 6 (Essen, Phaidon, 1999), p. 473-684.

[3] Idem, *Torquato Tasso: ein Schauspiel* (Leipzig, Göschen, 1790). Estreia em 16 de fevereiro de 1807 [ed. port.: *Torquato Tasso*, Lisboa, Relógio D'Água, 1999].

62 | Goethe e seu tempo

relação do poeta com o mundo burguês, um problema que ao mesmo tempo se estreita e aprofunda na rebelião de *Werther* no início do período de Weimar.

Em conformidade com isso, o problema do teatro e do drama domina inteiramente o primeiro esboço. O teatro representa aqui mais exatamente a libertação de uma alma poética da estreiteza prosaica e pobre do mundo burguês. Goethe diz sobre um de seus heróis: "Acaso o palco não haveria de ser uma panaceia para ele que, não importando o clima, com um teto sobre a cabeça, podia admirar comodamente o mundo como se estivesse protegido dentro de uma casca de noz, admirar como em um espelho seus sentimentos e feitos futuros, as figuras de seus amigos e irmãos, os heróis e as maravilhas altaneiras da natureza?"[4].

Na versão posterior, o problema se amplia para a relação entre a formação humanista da personalidade inteira e o mundo da sociedade burguesa. Quando, em *Os anos de aprendizado*, o protagonista toma a decisão definitiva de ir para o teatro, ele formula as perguntas assim: "De que adianta eu fabricar um bom ferro se meu interior está cheio de limalhas? De que me serve pôr ordem em um país se sempre estou em desacordo comigo mesmo?". E o motivo de sua decisão vem a ser sua anterior noção de que, sob as condições sociais dadas, o desdobramento pleno de suas capacidades humanas só lhe poderia ser possibilitado pelo teatro. Aqui, portanto, o teatro e a poesia dramática são apenas *meios* para o desdobramento livre e pleno da personalidade humana.

A essa concepção do teatro corresponde perfeitamente que *Os anos de aprendizado* vão além do teatro em sua ação, que para Wilhelm Meister o teatro não seja uma "missão", mas apenas um *ponto de passagem*. A exposição da vida teatral, que havia compreendido todo o conteúdo da primeira versão, passa a preencher apenas a primeira parte do romance e é encarada pelo Wilhelm mais experiente expressamente como perda do rumo, como desvio até a finalidade. A nova versão, desse modo, é ampliada em uma exposição de toda a sociedade. É certo dizer que também em *Werther* aparece a imagem da sociedade burguesa, mas isso só se dá no reflexo da subjetividade rebelde do herói. *A missão teatral* é bem mais objetiva em sua forma expositiva, mas sua concepção só permite a figuração daqueles poderes e tipos sociais que estão associados direta ou indiretamente com o teatro e o drama. O avanço de Goethe em termos tanto de conteúdo quanto de forma rumo à figuração objetiva de toda a sociedade burguesa só se efetua, portanto, em *Os anos de aprendizado*.

---

[4] J. W. Goethe, "Wilhelm Meisters theatralische Sendung", cit., livro 2, cap. 12.

Todavia, esse romance foi precedido pela breve epopeia *Raineke-Raposo*[5] (1793), uma pequena obra-prima, na qual Goethe oferece um quadro satírico abrangente da sociedade burguesa em formação.

Em consequência, o teatro é reduzido a um simples momento do todo. Goethe assume muita coisa da primeira versão: a maioria dos personagens, o esquema da ação, uma série de cenas individuais etc. Por um lado, porém, elimina do primeiro esboço com inescrupulosidade genuinamente artística tudo o que nele fora necessário apenas devido à importância central do teatro. (A encenação do drama escrito por Wilhelm Meister, toda a descrição detalhada de seu desenvolvimento literário, as controvérsias com o Classicismo francês etc.). Por outro lado, entretanto, muito do que na primeira versão tinha importância apenas episódica foi aprofundado e trazido vigorosamente para o primeiro plano, como, acima de tudo, a encenação de *Hamlet* e, em conexão com ela, o tratamento de toda a questão atinente a Shakespeare.

Desse modo, aparentemente a importância do teatro e do drama é sublinhada ainda mais, mas só aparentemente, pois para Goethe a questão relativa a Shakespeare passa a transcender muito a esfera do teatro. Para ele, Shakespeare é um grande educador que visou à humanidade e à personalidade plenamente desenvolvida, seus dramas são exemplos bem formados de como se efetuou o evolver da personalidade nos grandes períodos do humanismo e de como ele deveria se efetuar em seu tempo presente. A encenação de Shakespeare no palco daquele tempo é forçosamente um compromisso. O tempo todo Wilhelm Meister sente o quanto Shakespeare se eleva acima da moldura desse palco. Ele almeja, na medida do possível, salvar de alguma maneira o mais essencial de Shakespeare. Por conseguinte, em *Os anos de aprendizado*, o clímax das aspirações teatrais de Wilhelm Meister, a encenação de *Hamlet*, converte-se em nítida figuração do fato de que teatro e drama, e mesmo a poesia de modo geral, são só um lado, uma parte da grande abrangência do complexo de problemas da cultura, do desenvolvimento da personalidade e da humanidade.

Assim, sob todos os aspectos, o teatro é nele apenas ponto de passagem. A descrição propriamente dita da sociedade, a crítica à burguesia e à nobreza e a figuração da vida humanista exemplar só poderão ser desenvolvidas de fato após a suplantação do teatro enquanto caminho para a humanidade. Em *A missão*

---

[5]   Idem, "Reineke Fuchs", em *Neue Schriften* (Berlim, Unger, 1794) [ed. bras.: *Raineke-Raposo*, trad. Tatiana Belinky, São Paulo, Companhia das Letras, 1998].

teatral toda descrição da sociedade ainda tinha o teatro como referência. Ali a crítica à estreiteza da vida burguesa foi feita na perspectiva das aspirações poéticas de Wilhelm, a nobreza considerada do ponto de vista do mecenato etc. Em Os *anos de aprendizado*, em contraposição, quando Wilhelm descreve com amargura suas decepções com o teatro, Jarno o admoesta com estas palavras: "Pois saiba, meu amigo, [...] o que me descreveu não foi o teatro, mas o mundo, e que eu poderia encontrar em todas as classes sociais personagens e ações suficientes para suas duras pinceladas"[6]. E esse modo de figuração obviamente não se refere só à segunda parte do romance, mas também à reelaboração da parte teatral. Dessa maneira, imediatamente após o lançamento de Os *anos de aprendizado*, o importante crítico Friedrich Schlegel escreveu sobre a cena do castelo:

> Ele (um ator) é saudado com mostras de amor exagerado por seu colega, o conde, com olhares indulgentes lançados por cima do imenso abismo da diferença de condição social; o barão não tem como ceder seu lugar para ninguém em termos de parvoíce intelectual nem a baronesa em termos de torpeza moral; a própria condessa constitui, quando muito, um ensejo atrativo para a mais bela justificação dos adereços; e esses nobres, descontada sua condição social, só poderiam mesmo ser preferidos aos atores por uma coisa: eles são mais consumadamente torpes.[7]

A realização dos ideais humanistas nesse romance comprova reiteradamente a necessidade de que, "tão logo se trate de algo puramente humano, rejeite o berço e a classe social em sua nulidade total e – tão fácil – sem perder uma palavra sequer sobre o assunto"[8] (Schiller). Em Os *anos de aprendizado*, a exposição e a crítica das diferentes classes e dos tipos que as representam sempre partem desse ponto de vista central. Por essa razão, a crítica à burguesia não é apenas a crítica à tacanhice e à estreiteza especificamente alemãs, mas, ao mesmo tempo, também à divisão capitalista do trabalho, à exagerada especialização dos homens, à dilaceração do homem por essa divisão do trabalho. O cidadão, diz Wilhelm Meister, não pode ser uma pessoa pública:

---

6   Idem, Os *anos de aprendizado de Wilhelm Meister*, cit., livro VII, cap. 3.

7   F. Schlegel, "Charakteristik des Wilhelm Meister", em A. W. Schlegel e F. Schlegel, *Charackteristiken und Kritiken* (Königsberg, Friedrich Nicolovius, 1801), p. 152.

8   Carta de Schiller a Goethe de 5 de julho de 1796, em *Briefwechsel zwischen Schiller und Goethe in den Jahren 1794 bis 1805: Zweiter Teil vom Jahre 1796*, v. 1/2 (Stuttgart/Tübingen, Cotta, 1828), p. 104 [ed. bras.: Goethe e Schiller, *Correspondência*, trad. Claudia Cavalcanti, São Paulo, Hedra, 2010, p. 83].

Um burguês pode adquirir méritos e desenvolver seu espírito a mais não poder, mas sua personalidade se perde, apresente-se ele como quiser. [...] Não lhe cabe perguntar: 'Que és tu?', e sim: 'Que tens tu? Que juízo, que conhecimento, que aptidão, que fortuna?' [...] ele deve desenvolver algumas faculdades para tornar-se útil, e já se presume que não há em sua natureza nenhuma harmonia, nem poderia haver, porque ele, para se fazer útil de um determinado modo, deve descuidar de todo o resto.[9]

Sob esse ponto de vista humanista, é levada a cabo por Goethe, em *Os anos de aprendizado*, a "glorificação da nobreza" que a historiografia burguesa da literatura gosta tanto de ressaltar. É certo que, nas mesmas reflexões de onde acabamos de citar algumas frases, Wilhelm Meister fala extensamente sobre o quanto o modo de vida da nobreza remove do caminho os obstáculos à formação livre e plena da personalidade, dos quais ele se queixa na vida burguesa. No entanto, ele usa isso exclusivamente como trampolim; a nobreza tem valor aos olhos de Goethe como condição favorável para tal formação da personalidade. E até Wilhelm Meister – de Goethe então nem se fala – vê claramente que de modo nenhum é forçoso que desse trampolim parta um salto, que essas condições de maneira nenhuma se transformam por si sós em realidade.

Pelo contrário. A crítica humanista da sociedade volta-se não só contra a divisão capitalista do trabalho, mas também contra o estreitamento, a deformação do ente humano [*menschlichen Wesen*] por sua fixação unilateral no ser [*Sein*] e na consciência da condição social. Ouvimos o juízo de Friedrich Schlegel sobre os nobres "glorificados" desse romance. O próprio Wilhelm Meister fala, imediatamente após a cena do castelo, da seguinte maneira sobre a nobreza:

Aquele a quem os bens herdados têm proporcionado uma existência perfeitamente fácil [...] está em geral habituado a considerar esses bens como o primeiro e o maior, e a não distinguir com tanta clareza o valor da humanidade, que a natureza dotou de maneira tão bela. A atitude dos grandes para com os pequenos, e mesmo entre eles, é mensurada pelas qualidades exteriores; estas permitem a cada um fazer valer seu título, sua hierarquia, seus trajes e coches, só não seus méritos.[10]

Na segunda parte do romance, a sociedade nobre oferece de modo incontestável uma imagem essencialmente diferente. Em especial em Lotário e Natália,

---

[9] J. W. Goethe, *Os anos de aprendizado de Wilhelm Meister*, cit., livro V, cap. 3.

[10] Ibidem, livro IV, cap. 2, modif. [Sempre que houver alterações na tradução citada, visando a uma formulação mais precisa, foi introduzida a anotação "modif." após a referência – N. E.]

Goethe dá corpo à realização dos ideais humanistas. E, justamente por isso, esses personagens resultaram bem mais pálidos do que os mais problemáticos. Porém, Goethe mostra, no curso da vida de Lotário, de modo extraordinariamente claro, como ele imagina o aproveitamento das possibilidades oferecidas pelo nascimento nobre e por uma fortuna herdada visando ao desenvolvimento universal da personalidade. Lotário viajou pelo mundo, mas, ao mesmo tempo, lutou na América ao lado de Washington na guerra de independência; assim que tomou posse de seus bens, colocou como finalidade a liquidação voluntária dos privilégios feudais. E, na segunda metade do romance, a ação igualmente é conduzida do começo ao fim nessa direção. O romance termina em uma série de casamentos que, do ponto de vista da sociedade estamental, constituem, sem exceção, "mesalianças", isto é, casamentos de nobres com burgueses. Logo, Schiller tem razão ao vislumbrar aqui a prova da "nulidade" da condição social à luz dos ideais humanistas.

Porém, a reelaboração da primeira versão não exibe só esse mundo completamente novo da nobreza que se tornou humanista e da burguesia que se amalgamou com ela, mas também intervém na primeira parte, na parte teatral. Na primeira versão, Filine é uma personagem secundária não muito importante. Na segunda versão, ela tampouco recebe um grande papel em termos de extensão, mas sua figura é extraordinariamente aprofundada. Ela é a única figura do romance que possui humanidade espontânea e natural e harmonia humana. Goethe dota sua imagem, em virtude de um profundo realismo, com todos os traços da perspicácia, da desenvoltura e da capacidade de adaptação plebeias. Contudo, em Filine, essa sagacidade despreocupada está sempre associada a um instinto humano natural e seguro: ela nunca se entrega, jamais se acanha nem se desalinha em todas as suas leviandades. E é muito interessante ver que Goethe põe justamente na boca de Filine o seu mais profundo sentimento vital, seu modo de comportar-se em relação à natureza e ao homem, o *"amor dei intellectualis* [amor intelectual por Deus]" assumido de Spinoza e humanizado. Quando Wilhelm, ferido e salvo por Filine, quer mandá-la embora devido a escrúpulos morais, ela ri dele e diz: "És um tolo e nunca serás sagaz. Sei melhor que tu o que te convém; ficarei e não arredarei pé daqui. Jamais contei com a gratidão dos homens, tampouco com a tua, pois. E, se te quero bem, o que podes fazer?"[11].

De modo muito parecido, só que com um colorido humano e artístico muito diferente, é aprofundada, em *Os anos de aprendizado*, a figura da

---

[11] Ibidem, livro IV, cap. 9.

velha Bárbara, a serva que facilitou a relação com Mariane, o primeiro amor de Wilhelm. Nas primeiras cenas, seus traços não simpáticos se destacam de modo muito mais nítido e drástico. Contudo, na cena em que ela comunica a Wilhelm a morte de Mariane, a acusação que faz contra a sociedade que força uma pessoa nascida pobre a praticar o pecado e a hipocrisia e depois a empurra para a ruína alça-se a uma grandiosidade realmente trágica.

A realização dos ideais humanistas nesse romance não só fornece o critério para a avaliação das classes singulares e de seus representantes, mas também se torna a força motriz e o critério da ação de todo o romance. Para Wilhelm Meister e vários outros personagens desse livro, tal realização dos ideais humanistas em suas vidas constitui a mola propulsora mais ou menos consciente de suas ações. Obviamente isso não pode se referir a todos os personagens do romance, nem mesmo à maioria deles. A maior parte deles age, como é natural, por motivos egoístas, buscando vantagens pessoais em um nível mais alto ou mais baixo. Porém, a maneira como o êxito ou o fracasso na consecução de tais finalidades são tratados no próprio romance sempre e em toda parte está em íntima relação com a realização dos ideais humanistas.

Goethe desfia aqui todo um emaranhado de biografias entrelaçadas umas nas outras. Ele descreve aquelas que, inocentes ou culpadas, naufragam de maneira trágica, figura homens cujas vidas se desfazem em nada, desenha personagens que apresentam um traço de sua personalidade calcificado até virar caricatura devido à especialização causada pela divisão capitalista do trabalho e têm o restante de sua humanidade completamente atrofiado; ele mostra a vida de outros, por sua vez, escoando-se em nulidades, em fragmentação sem valor, desprovida daquele centro que mantém a coesão e que consiste em uma atividade que se origina do núcleo humano da personalidade e permanentemente põe o homem inteiro em movimento ao mesmo tempo. Ao fazer com que as biografias se entrelacem de acordo com esse critério, ao vislumbrar nisso e exclusivamente nisso o critério da condução exitosa da vida e ao tratar tudo o mais, cada sucesso, cada consecução de finalidades de vida conscientemente propostas, como trivialidade irrelevante (pense-se nas figuras de resto muito díspares de Werner e Serlo), Goethe confere em toda parte a essa sua visão de mundo uma expressão bem delineada, transposta para a ação viva.

Assim, com uma clareza e precisão difíceis de encontrar em algum escritor de qualquer outra obra da literatura mundial, Goethe coloca no centro desse romance o homem, ou seja, a realização e o desenvolvimento de sua personalidade. Obviamente essa visão de mundo não é propriedade pessoal do autor. Pelo contrário, ela dominou toda a literatura europeia desde a Renascença, constituiu o centro de toda a literatura do Iluminismo. Contudo, o traço específico do romance de Goethe se evidencia, por um lado, no fato de essa visão de mundo ser posta no centro com alto grau de consciência, reiteradamente sublinhada em termos filosóficos, de ambientação e de ação, de ser convertida em força motriz consciente de todo o mundo por ela figurado; e, por outro lado, essa peculiaridade consiste no fato de que Goethe nos apresenta algo apenas sonhado pela Renascença e pelo Iluminismo, algo que sempre permaneceu utópico para a sociedade burguesa, a saber, a realização da personalidade plenamente desenvolvida como um *devir real* de homens concretos sob circunstâncias concretas. As obras poéticas da Renascença e do Iluminismo figuram determinados homens que, sob circunstâncias especialmente favoráveis, atingem um desenvolvimento multifacetado de sua personalidade, uma harmonia de seu evolver humano, ou então apresentam essa utopia como utopia, tendo clara consciência disso. (A abadia de Theleme em Rabelais.[12])

A figuração desse desfecho positivo das finalidades humanas da revolução burguesa na forma de uma obra concreta é, portanto, o novo, o específico no romance de Goethe. Desse modo, é deslocado para o primeiro plano tanto o lado ativo da realização desse ideal quanto seu caráter social. Segundo a visão de Goethe, a personalidade humana só pode se desenvolver agindo. Porém, agir significa sempre uma interação ativa dos homens dentro da sociedade. Goethe, o realista lúcido, obviamente não pode ter nenhuma dúvida de que a sociedade burguesa diante de seus olhos, em especial a Alemanha miserável e subdesenvolvida de seus dias, de modo nenhum se move na direção da realização social desses ideais. É impossível que a sociabilidade da atividade humanista cresça organicamente a partir da concepção realista da sociedade burguesa; ela não pode, portanto, ser um produto organicamente espontâneo de seu automovimento nem mesmo na figuração realista dessa sociedade. Por outro lado, Goethe sente com uma clareza e profundidade – poucos foram aqueles que as tiveram antes e depois dele – que esses ideais, não obstante, são produtos necessários desse movimento social. Por mais estranho e hostil que seja o comportamento da sociedade burguesa real para com esses ideais

---

[12] F. Rabelais, *Gargântua e Pantagruel* (Belo Horizonte, Itatiaia, 2009), livro I, cap. 52 a 58.

na vida cotidiana, eles cresceram do chão desse movimento social; são a coisa mais valiosa produzida por esse desenvolvimento do ponto de vista cultural.

Em conformidade com essa base contraditória de sua concepção de sociedade, Goethe passa a figurar uma espécie de "ilha" dentro da sociedade burguesa. Entretanto, seria superficial ver nisso apenas uma fuga. A figuração de um ideal como o do humanismo, que na sociedade burguesa necessariamente permanece utópico, tem em essência certo caráter de fuga, pois nenhum realista consegue coadunar essa realização com a figuração realista do *curso normal* dos eventos na sociedade burguesa. Porém, a "ilha" de Goethe é um grupo de homens ativos, atuantes na sociedade. A biografia de cada um deles emerge com realismo autêntico e verdadeiro de bases e pressupostos sociais reais. Nem mesmo o fato de esses homens se encontrarem e se unirem pode ser chamado de não realista. A estilização feita por Goethe consiste tão somente na existência dessa junção de formas fixas bem determinadas – que todavia volta a ser revogada ironicamente –, em que ele tenta apresentar essa "ilha" como uma sociedade dentro da sociedade, como um embrião da transformação gradativa de toda a sociedade burguesa. Algo semelhante ocorreria, mais tarde, quando o grande socialista utópico Fourier alimentou o sonho de que, no momento em que seu fabuloso milionário lhe permitisse a fundação de um falanstério, isso forçosamente levaria à disseminação de seu socialismo por toda a terra.

A atuação convincente da "ilha" formada por Goethe só pode ser alcançada com o curso do desenvolvimento do homem. A maestria do autor se evidencia no fato de fazer brotar todos os problemas do humanismo – tanto os positivos quanto os negativos –, das circunstâncias concretas da vida, das vivências concretas de homens bem determinados, no fato de que, no caso dele, esses ideais nunca aparecem em uma forma pronta, utópica, mas constantemente detêm funções psicológicas e de ação bem determinadas enquanto elementos do desenvolvimento continuado de determinados homens em certos pontos críticos de transição do seu devir.

Porém, esse tipo de figuração dos ideais humanistas de modo nenhum significa para Goethe uma supressão do elemento consciente. Pelo contrário, nesse aspecto, Goethe é um continuador consequente do Iluminismo; ele atribui importância extraordinária à condução consciente do desenvolvimento humano, à *educação*. O mecanismo complexo da torre, das cartas didáticas [*Lehrbriefe*] etc. serve justamente para sublinhar esse princípio educativo consciente. Com seus traços finos e discretos, com algumas cenas breves, dá a entender que o desenvolvimento de Wilhelm Meister foi supervisionado desde o início e conduzido de maneira bem determinada.

No entanto, essa educação é peculiar: ela visa a formar homens que desenvolvem todas as suas qualidades com livre espontaneidade. Goethe busca uma unidade de planejamento e acaso na vida humana, de condução consciente e espontaneidade livre em todas as atividades do homem. Por isso que, no romance, é pregada ininterruptamente a ojeriza ao "destino", a toda resignação fatalista. É por essa razão que, na obra, os educadores enfatizam incessantemente um desprezo pelos "mandamentos" morais. Os homens não devem obedecer de maneira servil a uma moral imposta, mas agir socialmente em virtude da autoatividade orgânica livre, coadunando o desenvolvimento multifacetado de sua individualidade com a felicidade e os interesses de seus semelhantes. A moral do *Wilhelm Meister* é uma grande polêmica – ainda que tácita – contra a teoria moral de Kant.

De acordo com isso, o centro dessas partes do romance é ocupado pelo ideal da "bela alma". Esse ideal emerge pela primeira vez expressamente no título do livro VI: "Confissões de uma bela alma". Porém, não tomaríamos ciência das intenções de Goethe, deixaríamos de ouvir a fina ironia de suas ênfases, se vislumbrássemos na canonisa que faz essas confissões o ideal goethiano da "bela alma". Em Goethe, a "bela alma" é uma união harmônica de consciência e espontaneidade, de atividade mundana e vida interior harmonicamente formada. A canonisa é um extremo subjetivista e puramente interior do que a maioria dos personagens da primeira parte, como o próprio Wilhelm Meister e como Aurélia, estão em busca. Essa busca subjetivista que se refugia na pura interioridade constitui ali o polo oposto – relativamente justificado – do praticismo vazio e fragmentado de Werner, de Laerte e até de Serlo. A inflexão na educação de Wilhelm Meister consiste justamente no distanciamento dessa pura interioridade, que Goethe condena como vazia e abstrata, como também faz mais tarde Hegel na *Fenomenologia do espírito*. No entanto, essa crítica à canonisa é feita por Goethe em tons muito sutis e delicados. O rumo da crítica goethiana, contudo, é apontado já pela posição dessa inserção na composição, pelo fato de as confissões serem apresentadas a Wilhelm por Aurélia como um espelho, na época da crise de seu desenvolvimento puramente interior, na época da ruína trágica. E, no fim das confissões, Goethe se torna um pouco mais claro: o abade, que corporifica o princípio educacional nesse romance, mantém os parentes da canonisa, Lotário, Natália e outros, afastados dela em sua infância e cuida para que eles não sejam expostos à influência dela. Esse caráter da "bela alma" real que suplanta os antagonismos entre interioridade e atividade só figura em personagens como Lotário e Natália, só naquilo que Wilhelm Meister aspira para si.

Porém, a polêmica que *Wilhelm Meister* figura não se volta só contra os dois falsos extremos designados antes; ela também anuncia uma luta pela superação das tendências românticas. A nova poesia da vida, a poesia do homem harmônico que se assenhora ativamente da vida, essa poesia desejada intempestivamente por Goethe já era ameaçada, como vimos, pela prosa do capitalismo. Pudemos observar o ideal goethiano de humanidade combatendo essa prosa. Todavia, Goethe condena não só essa prosa, mas, ao mesmo tempo, também a revolta cega contra ela. Segundo ele, a revolta cega, a falsa poesia do Romantismo, consiste, com precisão, na apatridia na vida burguesa. Essa apatridia necessariamente possui uma força poética sedutora, visto que corresponde com exatidão à revolta direta e espontânea contra a prosa da vida capitalista. Porém, nessa imediaticidade ela só é sedutora, mas não fecunda; não representa nenhuma superação da prosa, mas um passar ao largo dela, um displicente negligenciar de seus problemas propriamente ditos – o que permite que essa prosa continue a florir sem ser importunada. O romance inteiro é preenchido com a superação do romantismo infecundo. O anseio de Wilhelm pelo teatro é a primeira etapa dessa luta, o romantismo da religião nas "Confissões de uma bela alma" é a segunda. E todo o romance é permeado pelos personagens apátridas, romântico-poéticos de Mignon e do harpista como corporificações sumamente poéticas do Romantismo. Em carta a Goethe, Schiller percebe com fineza extraordinária as bases polêmicas desses personagens:

> Como é bem pensado quando o senhor deriva o praticamente sinistro, o terrivelmente patético do destino de Mignon e do harpista, do teoricamente sinistro, dos monstros da razão [...]. Apenas no seio da boba superstição são tramados esses destinos monstruosos, os quais perseguem Mignon e o tocador de harpas.[13]

A beleza romântica sedutora desses personagens é a causa pela qual a maioria dos autores românticos não percebeu a polêmica sutilmente acentuada e figurada

---

[13] Carta de Schiller a Goethe de 2 de julho de 1796, em *Briefwechsel zwischen Schiller und Goethe in den Jahren 1794 bis 1805*, cit., p. 80-1 [ed. bras.: Goethe e Schiller, *Correspondência*, cit., p. 72].

por Goethe, é a causa pela qual o *Wilhelm Meister* se tornou um modelo muito copiado de romances românticos. Só Novalis, o intelectualmente mais consequente dos autores da fase inicial do Romantismo, identificou com clareza essa tendência do romance de Goethe e, por essa razão, combateu-o com severidade. Citaremos apenas algumas das passagens mais características dessa polêmica:

> No fundo, é um livro funesto e bobo [...] sumamente iliterário no que se refere ao espírito, por mais poética que seja a narrativa [...]. A natureza econômica é a que verdadeiramente resta. [...] A poesia é o arlequim de toda a farsa. [...] O herói retarda a intrusão do evangelho da economia [...]. Wilhelm Meister é mais propriamente um Cândido voltado contra a poesia.[14]

Nessa polêmica acirrada, as tendências antirromânticas de Goethe são de longe mais bem compreendidas do que nas várias imitações entusiásticas de Mignon e do harpista.

Novalis tenta, então, de modo bastante consequente, superar poeticamente o *Wilhelm Meister*, isto é, escrever um romance no qual a poesia da vida obtém uma vitória real contra a prosa. Seu *Heinrich von Ofterdingen*[15] permaneceu fragmentário, porém, os esboços mostram com bastante clareza o que ele teria sido se completado: uma névoa colorida de misticismo mágico em que se teria extraviado todo vestígio de concepção realista da realidade, um percurso que leva da realidade já concebida de modo estilizado até a terra dos sonhos desprovidos de essência e forma.

É contra toda dissolução da realidade em sonhos, em representações ou ideais meramente subjetivos que se volta a luta do humanista Goethe. Também ele, a exemplo de todo grande escritor de romances, assume como tópico principal a luta dos ideais contra a realidade, sua imposição à realidade. Vimos que a inflexão decisiva na educação de Wilhelm Meister consiste justamente na renúncia a uma postura meramente interior, subjetiva em relação à realidade, que ele se empenha para chegar à compreensão da realidade objetiva, à atividade na realidade como ela é. *Os anos de aprendizado de Wilhelm Meister* é um *romance educacional*: seu conteúdo é a educação dos homens para a compreensão prática da realidade.

---

[14] Novalis [Friedrich von Hardenberg], "Fragmente und Studien 1799-1800" [fragmento n. 536], em Karl Robert Mandelkow (org.), *Goethe im Urteil seiner Kritiker*, tomo 1, (Munique, Beck, 1975), p. 175.

[15] Idem, *Heinrich von Ofterdingen* (Berlim, Reimer, 1802).

Esse ponto de vista, o da educação dos homens para a realidade, é deslocado para o centro da teoria do romance na geração seguinte pela *Estética* de Hegel. Este diz:

> Esse romanesco é a cavalaria que voltou a ser séria, que voltou a ter um conteúdo real. A contingência da existência exterior se transformou na ordem fixa e segura da sociedade e do Estado burgueses, de modo que a polícia, os tribunais, o exército, o governo do Estado passam a ocupar o lugar das finalidades quiméricas que o cavaleiro estipulava para si mesmo. Por essa via, modifica-se também o cavalheirismo dos heróis que atuam nos romances mais recentes. Com suas finalidades subjetivas do amor, da honra, da busca da honra, ou com seus ideais de melhoramento do mundo, eles se confrontam, na condição de indivíduos, com essa ordem e prosa vigentes da realidade que lhes oferece dificuldades de todos os lados.[16]

Em seguida, ele descreve extensamente o tipo dos conflitos que surgem e chega à seguinte conclusão:

> Porém, no mundo moderno, essas lutas não passam de anos de aprendizado, a educação do indivíduo para a realidade existente e, por essa via, adquirem seu verdadeiro sentido. Pois o fim desses anos de aprendizado consiste em que o sujeito se torne mais experiente, forme-se para enquadrar-se nas relações vigentes e na racionalidade delas, ingresse no encadeamento do mundo e nele adquira um ponto de vista adequado para si.[17]

A alusão de Hegel a esse romance de Goethe é clara. Suas discussões de fato também atingem o cerne da *formulação do problema* por Goethe. Contudo, elas provêm de uma fase diferente, bem mais desenvolvida da sociedade burguesa, de um estágio da luta entre poesia e prosa em que a vitória da prosa já estava definida e em que a concepção da realização dos ideais humanos tinha de mudar completamente. Portanto, é aos romances do grande Realismo burguês na primeira metade do século XIX – incluindo os romances tardios de Goethe, a saber, *As afinidades eletivas* e *Os anos de peregrinação de Wilhelm Meister* – que se aplica com total acerto essa determinação de Hegel a respeito do desfecho da luta entre poesia e prosa, entre ideal e realidade.

Porém, o romance *Os anos de aprendizado de Wilhelm Meister* ainda tem outra concepção do desfecho e do gênero dessa luta. O autor dessa obra

---

[16] G. W. F. Hegel, *Ästhetik*, v. 1 (Berlim, Aufbau, 1984), p. 567.

[17] Ibidem, p. 567 e seg.

74 | Goethe e seu tempo

acredita não só que os ideais do humanismo estão ancorados na dimensão mais profunda da natureza humana, mas também que sua realização na sociedade burguesa que acabara de nascer, no período da Revolução Francesa, era possível, embora o fosse apenas com dificuldade e gradativamente. O Goethe de *Os anos de aprendizado* até enxerga as contradições concretas entre os ideais do humanismo e da realidade da sociedade capitalista, mas não as encara como contradições que seriam de antemão hostis e antagônicas, fundamentalmente insolúveis.

Nesse ponto, evidencia-se o profundo impacto ideológico da Revolução Francesa sobre Goethe, assim como sobre todos os grandes vultos da filosofia e da poesia alemãs clássicas. O velho Hegel, o mesmo que disse as palavras que vimos há pouco sobre a vitória inevitável da prosa capitalista, diz o seguinte sobre o período da Revolução Francesa:

> Essa foi, portanto, uma aurora maravilhosa. Todos os seres pensantes comemoraram essa época. Uma sublime emoção reinou naquele tempo, um entusiasmo do espírito fez o mundo estremecer, como se tivesse acabado de se consumar a real reconciliação do divino com o mundo.[18]

E, na obra poética *Hermann e Doroteia*, escrita imediatamente após *Wilhelm Meister*, o próprio Goethe põe as seguintes palavras na boca de um homem calmo e ponderado:

> Pois quem há de negar que muito seu coração se alteou,
> Que seu peito mais livre pulsou com mais vigor,
> Quando o resplendor do novo sol começou a despontar,
> Quando se proclamou o direito humano comum a todos,
> A entusiástica liberdade e a louvável igualdade!
> Cada qual então esperou poder viver sua vida; pareceu
> Ter-se soltado o laço que prendia muitos países,
> Que seguravam com mão firme a ociosidade e o egoísmo.
> Naqueles dias angustiantes, os povos todos não olharam
> Para a capital do mundo, que já o era há tanto tempo
> E agora mais que nunca o glorioso nome merecia?[19]

---

[18] G. W. F. Hegel, *Vorlesungen über die Philosophie der Geschichte*, v. 13 (2. ed., Berlim, Aufbau, 1840), p. 535.

[19] J. W. Goethe, *Hermann und Dorothea* (Berlim, Grote, 1868), p. 66-7 [ed. bras.: *Hermann e Doroteia*, São Paulo, Flama, 1944].

Em *Wilhelm Meister*, a relação entre ideal de humanidade e realidade é determinada por essa crença. Para Goethe, no entanto, essa crença não se estende aos métodos plebeus da Revolução Francesa, que ele rejeita de modo brusco e intolerante. Contudo, isso não implica para ele a rejeição dos conteúdos sociais e humanos da revolução burguesa. Pelo contrário: exatamente naquele momento ficou mais forte que nunca em sua vida a crença na capacidade que a humanidade tem de regenerar-se por suas próprias forças, de livrar-se pelas próprias forças das algemas com que fora presa por um desenvolvimento social milenar. A ideia da educação presente em *Wilhelm Meister* é a descoberta daqueles métodos com os quais devem ser despertadas para a atividade fecunda, devem ser formadas para esse conhecimento da realidade, para esse confronto com a realidade, as forças latentes em cada homem singular que promovem tal desenvolvimento da personalidade.

O abade, o portador propriamente dito da ideia da educação no *Wilhelm Meister*, é quem com mais clareza articula essa concepção:

> Só todos os homens juntos compõem a humanidade; só todas as forças reunidas, o mundo. Estas estão com frequência em conflito entre si e, enquanto buscam destruir-se mutuamente, a natureza as mantém juntas e as reproduz [...]. Toda disposição é importante e deve ser desenvolvida [...]. Uma força domina a outra, mas nenhuma pode formar a outra: em cada disposição só se encontra subjacente a força para aperfeiçoá-la; poucos homens o entendem, mas apesar disso pretendem ensinar e agir.[20]

E o abade também tira de modo radical e coerente todas as conclusões práticas dessa sua concepção da essência do homem e da relação entre as paixões dos homens e sua capacidade de educar-se. Ele diz:

> Não é obrigação do educador de homens preservá-los do erro, mas sim orientar o errado; e mais, a sabedoria dos mestres está em deixar que o errado sorva de taças repletas seu erro. Quem só saboreia parcamente seu erro, nele se mantém por muito tempo, alegra-se dele como de uma felicidade rara; mas quem o esgota por completo, deve reconhecê-lo como erro, conquanto não seja demente.[21]

Essa concepção de que o livre desenvolvimento das paixões humanas – sob condução correta que não as violente – deve alcançar a harmonia da

---

[20] Idem, *Os anos de aprendizado de Wilhelm Meister*, cit., livro VIII, cap. 5, modif.

[21] Ibidem, livro VII, cap. 9, modif.

personalidade e a cooperação harmônica dos homens livres é uma das antigas ideias favoritas dos grandes pensadores desde a Renascença e o Iluminismo. O que pôde ser realizado dessa liberdade do desenvolvimento humano no capitalismo, ou seja, a libertação da atividade econômica das amarras da sociedade feudal, apareceu como realidade já alcançada nos países capitalistas desenvolvidos e obteve sua expressão intelectual racional nos sistemas econômicos dos fisiocratas e da economia clássica inglesa. Porém, justamente por meio da realização prática e da formulação teórica dessa parte dos ideais humanistas realizáveis, na sociedade burguesa aflora claramente sua contradição com o fundamento econômico-social, em cujo chão eles foram pensados. O conhecimento dessa contradição insolúvel preenche a literatura posterior do grande Realismo, as obras de Balzac e Stendhal, e é formulado esteticamente pelo Hegel tardio. As tentativas de superar ou anular essa contradição de modo puramente intelectual e, em conformidade com isso, de construir uma "harmonia da personalidade" como adaptação ao mundo da livre concorrência capitalista levam ao apologismo mendaz e ao academicismo vazio do século XIX.

Contudo, essas orientações do desenvolvimento não esgotam a possibilidade de posicionamento em relação a esse problema – pelo menos por um breve intervalo de tempo. Do chão do caráter contraditório que aflorava de modo cada vez mais nítido puderam brotar tentativas de *solução utópica* para esses problemas, que tinham uma noção mais ou menos clara de que o desenvolvimento harmônico aí exigido das paixões humanas rumo ao caráter da personalidade rica e em pleno evolver pressupõe uma nova ordem social, o socialismo. Fourier é o representante mais importante dessa orientação. Com grande veemência e tenacidade, ele repete constantemente que não pode haver nenhuma paixão humana que seja em si e por si só má e desonrosa. O que ocorre é que a sociedade até agora existente não teria sido capaz de produzir uma ação conjunta das paixões humanas em que cada paixão no homem e em sua convivência com outros homens chegue à harmonia. O socialismo tem para Fourier, acima de tudo, a tarefa de realizar essa harmonia.

Em Goethe, obviamente não existe nenhum socialismo utópico. Todas as tentativas de introduzi-lo em suas obras mediante interpretação, desde o tagarela raso Grün até nossos dias, necessariamente levaram a uma distorção de suas opiniões. Goethe chegou só até a vivência profunda dessa contradição e até as tentativas sempre renovadas de resolvê-la de maneira utópica no quadro da sociedade burguesa, isto é, a ressaltar, na figuração poética, os elementos e as tendências do desenvolvimento humano em que a vivência da realização dos ideais humanistas pareça possível nessa direção. O esplendor daquelas esperanças de renovação da humanidade que a Revolução Francesa desperta nos melhores entre os contemporâneos de Goethe produz em *Wilhelm Meister* o caráter social de sua realização, aquela "ilha" de homens proeminentes que põem esses ideais em prática em sua vida e cuja essência e conduta de vida pretensamente seriam um embrião do que está por vir.

A contradição que está na base dessa concepção não foi articulada com clareza em lugar nenhum de *Wilhelm Meister*, mas a vivência da contradição encontra-se na base da *figuração* de toda a segunda parte. Ela ganha expressão na *ironia* extraordinariamente sutil e profunda com que toda essa parte foi composta poeticamente. Goethe faz com que o ideal de humanidade seja concretizado mediante a ação educacional consciente e conjunta de um grupo de homens na referida "ilha". E, de acordo com as exposições feitas até aqui, ficou claro que tanto o conteúdo dessas aspirações quanto a esperança de sua realização fazem parte das convicções ideológicas mais profundas de Goethe. As teorias do abade citadas anteriormente são concepções do próprio Goethe que se encontram em íntima relação com toda a sua concepção da dialética, do movimento da natureza e da sociedade. Ao mesmo tempo, porém, Goethe expõe essas mesmas convicções do abade à crítica irônica de pessoas tão importantes quanto Natália e Jarno. E não é nenhum acaso que, por um lado, faça da orientação educacional de Wilhelm (e outros) pela Sociedade da Torre o mais importante fator da ação, mas, por outro lado, faça com que a mesma orientação, a questão das cartas didáticas etc. seja tratada como coisa pela metade, como algo que a sociedade outrora via com seriedade, uma seriedade que ela havia deixado para trás.

Com essa ironia, portanto, Goethe sublinha o caráter real-irreal, vivenciado-utópico da realização dos ideais de humanidade. Ele tem clareza – pelo menos vivencialmente – de não estar descrevendo ali a realidade mesma. Todavia, tem a certeza vivencial profunda de estar criando uma síntese das melhores tendências da humanidade, que reiteradamente foram atuantes em exemplares proeminentes do gênero. Sua estilização consiste no fato de concentrar todas essas tendências na pequena sociedade da segunda parte, confrontando essa realidade concentrada, na condição de utopia, com o restante da sociedade burguesa. No entanto, como uma utopia em que cada um dos elementos humanos *realmente* brotou da sociedade de seu tempo. A ironia só serve para reconduzir ao nível da realidade esse caráter estilizado da concentração positiva de tais elementos e tendências. Desse modo, a "glorificação da nobreza" em *Wilhelm Meister* tem sua real razão de ser no fato de Goethe inserir em sua pintura muitos elementos da base econômica da vida da nobreza e muitas tendências culturais da nobreza humanista erudita.

Assim, *Wilhelm Meister* se situa ideologicamente na fronteira entre duas épocas: figura a crise trágica dos ideais burgueses de humanidade até o início de sua extrapolação – por ora utópica – do quadro da sociedade burguesa. O fato de Goethe ter pintado esse caráter de crise com as cores vívidas da perfeição artística, do contentamento ideológico esperançoso, foi, como vimos, reflexo da vivência da Revolução Francesa. Porém, essa explosão de cores não é capaz de encobrir o abismo trágico que se abre aqui para os melhores representantes da burguesia revolucionária. Tanto ideológica quanto artisticamente, *Wilhelm Meister* é produto de uma crise de transição, de um tempo muito breve de transição. Do mesmo modo que não pôde ter predecessores imediatos, tampouco pôde ter um real sucessor artístico. O grande Realismo da primeira metade do século XIX surge já após a conclusão do "período heroico", após o naufrágio das esperanças – contraditórias – vinculadas a esse período. Por conseguinte, a *Estética* de Schelling (surgida nos anos de 1804-1805)[22] avalia corretamente a importância singular dessa obra para o desenvolvimento do romance. Schelling inclusive chega ao ponto de reconhecer unicamente *Dom Quixote* e *Wilhelm Meister* como romances no sentido estético mais próprio e elevado – com certa dose de razão, dado que nesses dois romances duas grandes crises de transição da humanidade alcançaram sua expressão ideológica e artística máxima.

O estilo de *Wilhelm Meister* expressa muito claramente esse caráter de transição. Por um lado, ele está cheio de elementos do romance da época do Iluminismo. Chega a assumir não só desse romance, mas também da "epopeia artística" do período pós-renascentista, a dinâmica da ação mediante um "mecanismo artificial" (torre etc.). Com muita frequência, ele interliga os elementos de sua ação com os recursos cômodos e displicentes dos séculos XVII e XVIII, ou seja, com mal-entendidos que se esclarecem quando necessário (ascendência de Teresa), com encontros casuais usados sem cerimônia etc. Entretanto, justamente quando acompanhamos mais de perto o trabalho artístico de Goethe na reelaboração de *A missão teatral* em *Os anos de aprendizado*, vemos tendências

---

[22] F. W. J. von Schelling, "Philosophie der Kunst. Construktion der einzelnen Dichtarten", em *Sämmtliche Werke*, seção I, v. 5 (Stuttgart/Augsburg, Cotta, 1859), p. 639-45.

em ação que se tornariam determinantes mais tarde, no romance do século XIX. Trata-se, em primeira linha, da concentração da ação em cenas dramáticas, da ligação mais estreita de pessoas e acontecimentos que se aproxima mais do drama. (Uma tendência que posteriormente seria expressa em teoria e realizada na prática por Balzac como característica essencial do romance moderno em oposição ao dos séculos XVII a XVIII.) Quando se compara a introdução e o desenvolvimento de figuras como Filine e Mignon em *A missão teatral* e em *Os anos de aprendizado*, é possível ver com muita clareza essa tendência dramática de Goethe. E, na reelaboração, ela de modo nenhum é algo exterior. Por um lado, o pressuposto e a consequência disso é que Goethe passa a dar às figuras individuais uma forma interiormente mais movimentada e conflitiva do que antes, concedendo a seus caracteres um espaço de manobra interior mais amplo, de exaltações mais intensas. (Pense-se na cena final de Bárbara anteriormente esboçada.) Por outro lado, Goethe almeja uma elaboração concentrada do essencial, sendo que este se tornou mais complexo do que antes em todos os aspectos. Por essa razão, ele recorta as partes episódicas e vincula o que se conserva delas de modo mais rigoroso e mais variado com a ação principal. Os princípios dessa reelaboração podem ser acompanhados com exatidão nas conversas sobre *Hamlet*, especialmente no diálogo com Serlo, em que Wilhelm fala sobre a adaptação de *Hamlet* para o palco e dá sugestões para a redução daquilo que, na sua opinião, é episódico em termos de ação e figuras.

Em tudo isso, há uma forte aproximação aos princípios de composição do romance realista da primeira metade do século XIX, mas não passa de uma aproximação. Goethe quer figurar aqui caracteres e relações inter-humanas mais complexos do que fizeram os séculos XVII e XVIII e do que ele próprio pretendera fazer na primeira versão. Porém, em *Os anos de aprendizado*, essa complexidade ainda não tem nada do caráter analítico do romance realista posterior, bem menos inclusive do que em *As afinidades eletivas*, obra posterior de Goethe. O autor modela aqui suas pessoas e situações com um toque extraordinariamente leve e, não obstante, confere-lhes uma plasticidade e uma impressividade de efeito clássico. Dificilmente se encontrará na literatura mundial outra ocorrência de figuras como Filine ou Mignon, que com tão poucos traços, com recursos tão parcimoniosos, adquiriram tal grau de vitalidade exterior e psíquica. Goethe figura, a partir da vida desses personagens, apenas algumas breves cenas concentradas e marcantes, nas quais, contudo, aflora toda a riqueza desses caracteres exatamente em sua transformação.

E dado que todas as cenas são recheadas com uma ação interna e, por essa razão, sempre têm uma significação épica, elas sempre contêm uma quantidade maior de traços vívidos da figura e de suas relações com outros homens do que está conscientemente expresso nessas cenas. Por essa via, Goethe obtém grandes possibilidades de intensificação, que são produzidas com os recursos mais sutis, sem acentuação exagerada. Ele simplesmente faz com que a riqueza ali contida de modo latente aflore à consciência em uma inflexão dos eventos. Assim, por exemplo, Goethe menciona, depois que Filine e Friedrich haviam deixado a companhia teatral, que sua saída foi uma das causas que levou à decadência da associação. Até aquele momento nenhuma palavra fora dita sobre o fato de Filine ter sido um elemento de coesão da companhia, pois de modo geral ela de fato sempre tratara todos de forma brincalhona e leviana. No entanto, mediante o olhar retrospectivo, de repente fica claro para o leitor que justamente essa leveza e maleabilidade de Filine tiveram o referido efeito.

Nessa arte de descrever a coisa mais importante e psiquicamente mais complexa com toque suave, sensivelmente marcante e inesquecivelmente vívido, atingiu-se com *Wilhelm Meister* o ponto culminante na história da arte narrativa. Antes dele e em especial depois dele, a totalidade da sociedade foi representada com um realismo extensivamente mais englobante e que revolveu de maneira mais aguerrida suas camadas mais profundas. Nesse aspecto, não se pode comparar *Wilhelm Meister* nem com Lesage ou Defoe nem com Balzac ou Stendhal, pois Lesage parece árido, Balzac, confuso e desajeitado ao lado dessa consumação clássica da arte de escrever, ao lado dessa ágil esbelteza de composição, de caracterização.

Em suas cartas, Schiller repetidamente caracterizou com muita sensibilidade a peculiaridade estilística desse livro singular. Certa vez ele disse que esse livro age "calma e profundamente, clara e mesmo assim incompreensivelmente como na natureza"[23]. E não se trata nele em absoluto apenas de uma assim chamada "maestria" técnica da escrita. O alto nível cultural do modo de figuração de Goethe repousa, muito antes, sobre um alto nível cultural da própria vida, da conduta de vida, das relações dos homens. A exposição só pode ser tão delicada e elegante, tão plástica e clara, porque a concepção de homem e das relações humanas na vida mesma possui em Goethe uma cultura autêntica profundamente refletida

---

[23] Carta de Schiller a Goethe de 2 de julho de 1796, em *Briefwechsel zwischen Schiller und Goethe in den Jahren 1794 bis 1805*, cit., p. 79 [ed. bras.: Goethe e Schiller, *Correspondência*, cit., p. 71].

de sentimentos. Goethe não precisa lançar mão de recursos analíticos grosseiros nem pseudossutis para figurar conflitos humanos, mudanças dos sentimentos, das relações humanas etc. Schiller destaca corretamente também essa particularidade da condução da ação por Goethe. Ele diz o seguinte sobre as complexidades na relação entre Lotário, Teresa, Wilhelm e Natália no último livro:

> Eu não saberia dizer como essa relação equivocada poderia ter sido solucionada de maneira mais terna, delicada, nobre! Que cena teriam feito disso os Richardsons e todos os outros e como teriam sido indelicados na exumação de sentimentos delicados.[24]

Diante disso é preciso ponderar que, em termos de cultivo dos sentimentos, Richardson encontra-se bem acima do nível geral da literatura da segunda metade do século XIX e especialmente do período imperialista. A maestria de Goethe consiste em uma apreensão profunda dos traços mais essenciais dos homens, uma elaboração dos traços típicos comuns e dos traços individuais que os distinguem, uma sistematização refletida de modo coerente de afinidades, contrastes e nuanças, uma capacidade de converter em ação dinâmica e caracterizadora todos esses traços. Os homens desse romance estão agrupados quase exclusivamente em torno da luta pelo ideal do humanismo, em torno da questão dos dois falsos extremos, o do entusiasmo e o do praticismo. Observe-se, porém, que, começando com Lotário e Natália, que representam a superação dos falsos extremos, Goethe instala sua galeria de "praticistas", que vai de Jarno e Teresa até Werner e Melina. Nessa série, não há uma só pessoa que se assemelhe a outra e, ainda assim, uma não é diferenciada da outra mediante recursos analíticos intelectuais pedantes, e, ao mesmo tempo, sem comentários do poeta, ao natural, surge a hierarquia da relevância humana, da aproximação ao ideal humanista. Esse modo expositivo, cujo nível jamais voltou a ser alcançado pelo romance moderno, embora seus grandes representantes posteriores tenham sobrepujado Goethe em vários outros aspectos, constitui um legado imperdível para nós. Trata-se de um legado bem atual, pois justamente a figuração serena e harmônica e, ainda assim, sensivelmente marcante dos desenvolvimentos importantes em termos espirituais e psíquicos é uma das grandes tarefas que o Realismo socialista tem a cumprir.

[1936]

---

[24] Ibidem, p. 81-2 [p. 72, modif.].

A correspondência entre Schiller e Goethe[1]

Documentos de artistas importantes sobre sua prática e seus esforços teóricos para o aprofundamento dessa prática sempre são extraordinariamente significativos. Eles são importantes tanto para o desenvolvimento de nossa estética quanto para aproximar pedagogicamente o público leitor do acesso aos grandes problemas da arte. Da natureza do assunto decorre que essas manifestações diretas dos grandes artistas em cartas, conversas, diários etc. acabam sendo a melhor forma de estudar os problemas mais íntimos da prática artística. As questões mais importantes e teoricamente mais difíceis de compreender, como a do tratamento artístico da matéria imediata da vida, aparecem nelas de maneira concreta, vinculadas de modo vital com a prática. Podemos estudar as obras de arte em seu processo de nascimento, comparando os primeiros projetos e os estágios intermediários com as obras acabadas e, desse modo, acompanhar passo a passo o valor artístico da aclaração teórica e do melhoramento prático. Nesses documentos do processo de criação de artistas importantes jaz um tesouro ainda não prospectado de nossa herança crítica e teórico-literária. Uma grande quantidade de vulgarizações na concepção do problema artístico

---

[1] Goethe e Schiller, *Briefwechsel zwischen Schiller und Goethe: 1794-1805* (Leipzig, Spamer, 1798), 2 v. [ed. bras.: *Correspondência*, trad. Claudia Cavalcanti, São Paulo, Hedra, 2010]. A edição brasileira traz uma seleção de cartas, de modo que, quando não há menção do título em português nas citações, é porque o texto em questão não consta nela.

poderia ser evitada com um estudo mais profundo e minucioso da herança depositada nesses documentos.

Obviamente essa herança também precisa ser assimilada de modo crítico. Devemos abordar esses documentos como aprendizes, visando, de certa maneira, a auscultar experimentalmente os problemas do processo de criação e do método criativo por meio de seu estudo; igualmente certo é que os resultados desses documentos não podem ser aplicados diretamente à nossa teoria e prática. O desdém generalizado da era capitalista pelo desenvolvimento da arte produziu o preconceito muito difundido de que só os artistas podem dizer algo correto sobre a arte. Por trás desse preconceito está oculto um conhecimento verdadeiro, na medida em que os artistas importantes articulam e formulam os grandes problemas de seu período de desenvolvimento da arte com suma intimidade, a partir do vínculo estreitíssimo com a prática. No entanto, eles enunciam esses problemas em vinculação tão estreita com sua prática imediata que esses enunciados precisam primeiro ser submetidos a um exame detido para passarem de verdades de ateliê à condição de verdades universais da teoria da arte.

Essa investigação complementar, esse tratamento crítico deve acontecer na linha dupla do enfoque histórico e do enfoque estético-sistemático. Na prática artística imediata é quase impossível para o artista burguês, mesmo quando ele possui um elevado grau de consciência, ter uma visão realmente clara dos pressupostos históricos de suas problematizações. Ele recebe da vida atual um material determinado e de determinada natureza; nasce dentro de certa tradição de formulação das questões referentes à figuração artística. Ele tenta encontrar seu caminho dentro desse complexo – independentemente de sua relação com esse material e de essa tradição conformadora ser afirmativa ou negativa –, sem ter clareza real sobre as categorias sociais reais e decisivas que determinam ambos e, em muitos casos, sem sequer aspirar a tal clareza. E, no aspecto sistemático-estético, do caráter prático daquelas manifestações decorre que nelas raramente se percebe um esforço por introduzir uma separação conceitual entre os problemas técnicos da prática imediata e os problemas gerais da figuração artística. Pelo contrário, o aspecto atrativo e instrutivo de tais manifestações consiste inclusive no fato de os problemas de forma serem tratados em sua vinculação imediata com os problemas técnico-práticos. Contudo, para aprender de fato e de modo fecundo nesse ponto, quem analisa tem de aprender a destrinchar conceitualmente essa vinculação e ganhar tanto em termos históricos quanto sistemáticos uma distância crítica em relação às manifestações dos grandes artistas sobre a própria prática.

A correspondência entre Goethe e Schiller, um dos documentos mais importantes desse gênero, obviamente não constitui exceção a essa regra. Não obstante, ela é de certa maneira um documento singular, pois Goethe e Schiller não foram só os escritores mais significativos de seu período, mas se viam frente a frente também quanto à teoria da arte no ponto mais elevado de um desenvolvimento filosófico extraordinário, o desenvolvimento da dialética idealista na Alemanha, da filosofia e da teoria da arte de Kant até Hegel. As obras teóricas de Goethe e Schiller constituem uma das etapas mais importantes na via do desenvolvimento da filosofia e da estética alemãs que vai da dialética idealista subjetiva de Kant até a dialética idealista objetiva de Hegel.

A ligação profunda e íntima de teoria estética altamente desenvolvida com a abordagem profunda dos detalhes mais sutis da prática artística perfaz o aspecto singular dessa correspondência. Em sua cooperação teórico-prática, Goethe e Schiller não só criticam reciprocamente suas obras em surgimento e as já concluídas, mas, ao mesmo tempo, também se empenham por avançar até os princípios últimos da figuração artística, da peculiaridade e da distinção do gênero literário. Porém, justamente a elevada cultura filosófica que constitui o fundamento intelectual dessas aspirações de Goethe e de Schiller torna necessária uma elaboração histórica e crítica de seu legado, pois tal cultura filosófica é precisamente a da dialética idealista do período clássico da Alemanha com sua grandiosidade na formulação de problemas novos e significativos, mas, de maneira simultânea e inseparavelmente disso, com sua distorção idealista, que de modo idealista coloca esses problemas de cabeça para baixo.

A elaboração sistemático-crítica desses problemas só pode partir da análise histórica do período, no qual e em função de cujas demandas surgiram os esforços de Goethe e Schiller por uma grande arte e sua fundamentação teórica. A correspondência abrange os anos de 1794 até 1805. Portanto, o período criativo tardio de Schiller: seus escritos estéticos, suas baladas, seus dramas do *Wallenstein*[2] até o fragmento de *Demetrius*[3]; no caso de Goethe:

---

[2] F. Schiller, *Wallenstein: ein dramatisches Gedicht* (Berlim/Stuttgart, Cotta, 1800) [ed. port.: *Wallenstein: poema dramático*, Prior Velho, Campo das Letras, 2008].

[3] Idem, "Demetrius", em *Dramatischer Nachlass, Werke und Briefe in 12 Bänden*, v. 10 (Berlim, Suhrkamp, 2005).

Hermann e Doroteia[4], os diversos projetos de epopeias, as baladas, *Die natürliche Tochter* [A filha natural][5], a retomada do trabalho em *Fausto*[6] etc. Os historiadores burgueses da literatura costumam contrapor abruptamente esse período comum de criação de Goethe e de Schiller, dito "clássico", ao desenvolvimento realista da juventude. Em uma visão superficial, muita coisa parece favorecer tal contraposição, especialmente muitas manifestações dos próprios Goethe e Schiller. Apesar disso, essa contraposição abrupta não está correta. De fato, existe uma contradição entre o período de juventude e o desenvolvimento posterior desses autores. Porém, não é possível derivar essa contradição de motivos artístico-formais ou psicológico-subjetivos (imaturidade e maturidade etc., segundo a opinião dos historiadores burgueses da literatura). O que se representa aí é a contradição e, ao mesmo tempo, a conexão entre duas etapas do desenvolvimento histórico da classe burguesa. A juventude tanto de Goethe quanto de Schiller é o último ponto de culminância artístico do período pré-revolucionário do Iluminismo. Tanto sua prática de juventude quanto as teorias da arte que a acompanharam estão apoiadas sobre os ombros do Iluminismo anglo-francês do século XVIII. Elas formam a última síntese significativa do gênero específico do Realismo artístico do Iluminismo, do período de desenvolvimento da burguesia anterior à Revolução Francesa. Em contraposição, o assim chamado período clássico de Goethe e de Schiller é o primeiro ponto culminante do desenvolvimento artístico pós-revolucionário da burguesia, do período cujos maiores autores realistas são Balzac e Stendhal e que tem Heine como seu último representante de importância europeia. Em seus traços básicos, os anos que separam 1789 de 1848 devem ser avaliados como o período do grande Realismo, ainda que esse Realismo se distinga em traços essenciais daquele do período iluminista, ainda que esse Realismo também seja muito problemático em muitas de suas etapas (especialmente em Schiller) e com frequência se converta em seu oposto.

---

[4] J. W. Goethe, *Hermann und Dorothea* (Berlim, Grote, 1868) [ed. bras.: *Hermann e Doroteia*, São Paulo, Flama, 1944].

[5] Idem, *Die natürliche Tochter: Trauerspiel* (Tübingen, Taschenbuch auf das Jahr 1804).

[6] Idem, *Faust: eine Tragödie* (Tübingen, Cotta, 1808) [ed. bras. bilíngue: *Fausto: uma tragédia*, primeira parte, trad. Jenny Klabin Segall, São Paulo, Editora 34, 2007; "Faust: der Tragödie zweiter Theil in fünf Acten (1831)", em *Sämtliche Werke nach Epochen seines Schaffens*, v. 18.1: *Letzte Jahre: 1827-1832* (org. G. Henckmann e D. Hölscher-Lohmeyer, Munique, Hanser, 1997), p. 103-351 [ed. bras. bilíngue: *Fausto: uma tragédia*, segunda parte, trad. Jenny Klabin Segall, São Paulo, Editora 34, 2007].

A teoria e a prática da atuação conjunta de Goethe e de Schiller lançam a ponte entre a literatura do Iluminismo pré-revolucionário e o Realismo pós--revolucionário. A obra da vida de Goethe se reveste de importância especial como processo de crescimento vivo que começa na literatura do primeiro período e passa ao período seguinte. Veremos no decorrer da análise das visões de Goethe e de Schiller como uma série de importantes problemas referentes à criação dessa etapa pós-revolucionária já emerge neles e encontra uma solução sempre interessante e com frequência muito profunda.

A particularidade dessa fase do desenvolvimento de Goethe e de Schiller só pode mesmo ser compreendida a partir de sua base social. Para designá-la como fase pós-revolucionária é essencialmente determinante que o grande fato da irrupção da Revolução Francesa influenciou de modo decisivo seus problemas de forma e de conteúdo, pois sua peculiaridade consiste exatamente em seu início ter sido quase simultâneo com a Revolução Francesa e em ter acompanhado as diversas etapas do desenvolvimento de todo o período. Enquanto na própria França o grande reflexo literário das transformações revolucionárias só começou após o encerramento de todo o período, apenas depois da queda de Napoleão, enquanto inclusive a Inglaterra com sua indústria sumamente desenvolvida só mais tarde exibiria reações literárias importantes a esse período do desenvolvimento, foi na Alemanha econômica e politicamente atrasada que aquele acontecimento mundial provocou a mais rápida reação literária, que foi imediata e se deu em um nível artístico extraordinariamente elevado. Com certeza essa rápida reação tem íntima relação com o atraso da Alemanha. Ali, o atraso no desenvolvimento capitalista ainda não havia posto a revolução burguesa como fato político na ordem do dia. Contudo, o desenvolvimento capitalista havia avançado a ponto de produzir uma elite burguesa relativamente ampla que acompanhou ideologicamente o período de preparação da Revolução Francesa e que então teve de reagir literária e filosoficamente à sua maneira à passagem da preparação para a revolução. O atraso tanto econômico quanto político da Alemanha nessa desigualdade de desenvolvimento determinou toda a peculiaridade dessa reação e, desse modo, determinou também a peculiaridade do ponto de culminância literária dessas tendências no país, os problemas criativos e as soluções de Goethe e de Schiller. O traço decisivo de todas as reações alemãs à Revolução Francesa é seu caráter preponderantemente ideológico. A conversão da teoria em prática figura entre as ocorrências extremamente excepcionais (Georg Forster). Relacionado com isso está, por um lado, que as contradições no interior da própria classe revolucionária, no interior da burguesia, necessariamente estavam bem menos acirradas do que na França justamente na revolução e em decorrência da revolução.

Esse grau menor de acirramento das contradições de classes faz surgir no campo ideológico – com conteúdo muito modificado – tipos de problematizações e soluções similares às que foram possíveis na França somente no período pré-revolucionário: a saber, levantar as questões de um ponto de vista universalmente humano (isto é, do ponto de vista da classe burguesa como líder de todos os estratos sociais oprimidos pelo feudalismo). É óbvio que essa forma universalmente burguesa de formulação das questões e a forma sintética de sua resposta não excluem contradições bastante incisivas entre as diversas orientações no interior da classe burguesa. Essas contradições incisivas refletem as tendências existentes no nível objetivamente econômico no interior da classe burguesa que ainda não haviam amadurecido para a ação política. Dado que objetivamente o momento da ação política ainda não tinha chegado, elas são resolvidas no âmbito puramente ideológico. O caráter geral dessa situação não atua só no sentido de conferir às problematizações e às soluções esse caráter sintético universalmente burguês, mas, de maneira simultânea, determina também seu caráter idealista-utópico. A repercussão concreta dessa situação geral da burguesia alemã, de sua debilidade econômica e política enquanto já detinha o papel de liderança ideológica na sociedade, produz como tendência geral, precisamente nos estratos de liderança dos ideólogos burgueses, aquela orientação cujos representantes mais importantes viriam a ser Goethe e Schiller. Essa orientação tende para uma fusão das lideranças da burguesia e da nobreza com base no aburguesamento gradativo e paulatino da vida econômico-política na Alemanha, isto é, almeja determinados resultados sociais de 1789 sem revolução. Ela rejeita decididamente o método revolucionário, em especial a mobilização dos "plebeus", como diz Engels, para a consecução das metas da revolução burguesa. Ao mesmo tempo, porém, ela aprova os conteúdos econômicos e políticos de 1789, propaga gradativamente a liquidação evolutiva do feudalismo na Alemanha sob a liderança conjunta da parcela culturalmente mais desenvolvida da burguesia e da parcela da nobreza que está se aburguesando, que está liquidando o feudalismo de modo voluntário.

Esse posicionamento diante da Revolução Francesa, esse programa decorrente da rejeição do método revolucionário e da aceitação do conteúdo social da revolução, constitui o fundamento comum da cooperação entre Weimar e Iena, entre Goethe e Schiller, compõe a base socioideológica do "Classicismo" alemão, da primeira etapa do desenvolvimento literário europeu de 1789 até 1848. Essa base comum das concepções e das finalidades econômico-políticas fundantes constitui, em última análise, a chave para entender a amizade de Goethe e Schiller. Carregando nas tintas, pode-se dizer de forma um tanto paradoxal que se trata de uma amizade política, a formação de um bloco político no campo cultural-ideológico. Esse caráter explica, então, tanto a extraordinária profundidade e intimidade de sua cooperação, quanto, ao mesmo tempo, os limites de sua amizade, que os historiadores burgueses da literatura procuram escamotear ou explicar com hipóteses psicológicas "profundas".

No entanto, o velho Goethe deu pessoalmente sua parcela de contribuição para a formação dessas lendas da história da literatura. A exposição que ele faz dos embaraços da amizade com Schiller e do surgimento gradativo dessa amizade em seus *Anais*[7] padece do fato de ele contrastar apenas seu ponto de vista posterior à viagem à Itália com o ponto de vista do *Sturm und Drang* de Schiller, embora aquele Schiller com quem se encontrou naquela época em Weimar e Iena há muito já não era mais o poeta dos dramas *Os bandoleiros*[8] e *Intriga e amor*[9]. A tendência social comum de Goethe e Schiller já estava em ação anos antes de sua amizade, mas era preciso que na inteligência alemã se impusessem aquelas diferenciações produzidas pela Revolução Francesa para que essa tendência triunfasse sobre as diferenças pessoais existentes, que igualmente eram socialmente condicionadas.

Em seu livro de memórias *Minha campanha da França*[10], Goethe apresenta uma imagem ilustrativa dessas diferenciações, dessas bifurcações dos caminhos. Ele descreve sua visita em Mainz a Sömmering, Huber e Forster e relata que, enquanto estiveram juntos, evitou-se apreensivamente deixar escapar uma palavra que fosse sobre os acontecimentos atuais. "Não se falou de assuntos

---

[7] Idem, "Annalen oder Tag- und Jahreshefte", em *Werke, Ausgabe letzter Hand* (Stuttgart, Cotta, 1830).

[8] F. Schiller, *Die Räuber: ein Schauspiel* (Frankfurt/Leipzig, 1781) [ed. bras.: *Os bandoleiros*, trad. Marcelo Backes, Porto Alegre, L&PM, 2001].

[9] Idem, *Kabale und Amor: ein Trauerspiel in fünf Aufzügen* (Mannheim, In der Schwanischen Hofbuchhandlung, 1781) [ed. bras.: *Intriga e amor*, trad. Mario Luiz Frungillo, Curitiba, Editora UFPR, 2005].

[10] J. W. Goethe, *Aus meinem Leben, Zweiter Abteilung, Fünfter Band: Auch ich in der Champagne!* (Stuttgart/Tübingen, Cotta, 1822) [ed. bras. "Minha campanha da França", em *Memórias*, v. 2, trad. Osório Borba, Rio de Janeiro, José Olympio, 1947].

políticos; a sensação foi de que era preciso se poupar mutuamente disso: pois mesmo que eles não negassem inteiramente as intenções republicanas, eu a toda pressa sairia a campo com um exército para resolutamente pôr fim a essas mesmas intenções e seu efeito."

Porém, obviamente nenhuma diplomacia gentil no nível da relação pessoal era capaz de transpor as contradições objetivas existentes nem as escamotear duradouramente. Como se sabe, foi justamente nesse período que se desfez a antiga amizade que unia Goethe com Wieland e Herder; os resultados dessa visita em Mainz levaram a um rompimento brusco entre Schiller e seu amigo de juventude Huber etc.

Todavia, a desintegração da cooperação pessoal não aparece só na direção da dissidência para a esquerda, por influência da Revolução Francesa, de uma parte dos que até aquele momento haviam sido companheiros de jornada, mas também na direção oposta. Limito-me a apontar para os conflitos de Goethe com o conde Stolberg, com Schlosser etc. O próprio Goethe expressou muito claramente esse seu ponto de vista em carta a seu amigo Meyer. Trata-se ali – dois anos depois do início da amizade com Schiller – da aceitação de August Wilhelm Schlegel no círculo dos colaboradores de Goethe e Schiller. Goethe escreve: "Infelizmente já se percebe bem que ele pode ter alguma tendência democrática pela qual, então, de imediato alguns pontos de vista se distorcem e, o que é igualmente ruim, a visão de conjunto sobre certas coisas é impedida pela maneira aristocrática arraigada de conceber as coisas"[11]. E, em total concordância com as concepções aqui verbalizadas, ele saúda de modo muito objetivo e reservado, em carta a Fritz von Stein (filho de Charlotte von Stein), a amizade recente com Schiller como cooperação "em um tempo em que a política tediosa e o lamentável espírito partidarista desencarnado ameaçam cancelar todas as relações de amizade e destruir todas as conexões científicas"[12].

É óbvio que esses pontos político-sociais comuns de suas tendências não são capazes de anular por nenhum instante as profundas diferenças entre Goethe e Schiller e que, portanto, sua amizade sempre teve limites bem determinados.

---

[11] Carta de Goethe a Heinrich Meyer de 20 de maio de 1796, em F. W. Riemer (org.), *Briefe von und an Goethe: desgleichen Aphorismen und Brocardica* (Leipzig, Weidman'sche Buchhandlung, 1846), p. 32.

[12] Carta de Goethe a Friedrich von Stein de 28 de agosto de 1794, em J. J. H. Ebers e A. Kahlert (orgs.), *Briefe von Goethe und dessen Mutter an Friedrich Freiherrn von Stein...: nebst einigen Beilagen* (Leipzig, Weidman'sche Buchhandlung, 1846), p. 64-5.

Desde o início, Goethe representa um ponto de vista iluminista-humanista, essencialmente evolutivo. Seu realismo o ajuda a preservar essa visão de conjunto por todo o período da Revolução Francesa e adaptá-la ideologicamente às novas relações. Schiller é um revolucionário pequeno-burguês idealista, cujos humanismo revolucionário e invectiva ideológica contra a Alemanha feudal absolutista já malograram antes da Revolução Francesa. Das ruínas de seus ideais juvenis ele chega a uma postura em relação à Revolução Francesa em muitos aspectos similar à de Goethe, mas, apesar de todo o conteúdo comum, seu posicionamento continua a ter uma nuança pequeno-burguesa idealista, que transparece em toda parte, em todas as questões, desde os problemas mais importantes referentes à criação artística até os referentes à vida pessoal. Mehring não deixa de ter razão quando vê na maneira pequeno-burguesa mesquinha e moralizante como Schiller se comportou diante da companheira de Goethe, Christiane Vulpius, a razão do gradativo esfriamento das relações pessoais entre Goethe e Schiller.

Trata-se aqui, entretanto, mais de um sintoma dessa contradição do que da causa mesma. As diferentes manifestações de Goethe e de Schiller sobre sua relação pessoal (em Goethe mais *a posteriori*, por exemplo, nas conversas com Eckermann; em Schiller nas cartas simultâneas a Körner e Humboldt) mostram que essas diferenças estavam constantemente presentes em todos os campos e foram se aprofundando com o passar do tempo. A contradição já se mostra na conversa decisiva com que tem início sua amizade, sobre *A metamorfose das plantas*[13] de Goethe. Nessa ocasião, quando Schiller caracterizou o "fenômeno originário" de Goethe não como experiência, mas como simples ideia, ou seja, traduziu a dialética semimaterialista de Goethe para a concepção kantiana, uma grande diplomacia foi necessária de ambas as partes para que não houvesse já ali a ruptura. A mesma contradição atravessa todo seu método de criação. A caracterização que o Goethe posterior faz dos princípios do método de criação está quase sempre voltada contra Schiller – em geral inadmitidamente; contudo, não é raro que o ponto polêmico esteja expresso com clareza, por exemplo, quando, em *Epoche der forcierten Talente* [A época dos talentos forçados][14], Goethe situa Schiller dentro do Romantismo quanto a esse aspecto. Aduzimos

---

[13] J. W. Goethe, "Die Metamorphose der Pflanzen", em F. Schiller (org.), *Musen-Almanach für das Jahr 1799* (Neustrelitz, Michaelis, 1799) [ed. bras.: *A metamorfose das plantas*, 4. ed., São Paulo, Antroposófica, 2005].

[14] Idem, "Epoche der forcierten Talente", em W. Rehm (org.), *Goethe: Schriften zu Literatur und Theater*, v. 15 (Sutttgart, Cotta, 1837), p. 641-3.

apenas uma manifestação muito sintomática de Goethe em sua época tardia: "Há uma grande diferença entre o poeta buscar o particular no universal ou contemplar o universal já no particular. Daquela maneira surge a alegoria, na qual o particular é tido apenas como exemplo, como exemplo do universal; porém, a última maneira é propriamente a natureza da poesia; ela enuncia um particular sem pensar no universal ou apontar para ele. Ora, quem apreende esse particular de maneira viva obtém, ao mesmo tempo, o universal sem se dar conta disso ou só tardiamente" (*Máximas e reflexões*[15]).

No entanto, a contradição entre as visões de mundo e os problemas referentes à criação não constitui obstáculo à cooperação, e às vezes até a torna notavelmente fecunda para ambos. Isso tanto mais porque, por um lado, Schiller tinha muita clareza sobre a relação que havia entre a problemática de sua criação e o idealismo e sempre se empenhou em corrigi-la com o auxílio de Goethe. Extraordinariamente característico disso é o debate epistolar sobre a reelaboração da balada *Die Kraniche des Ibycus* [Os grous de Íbico][16] de Schiller, um debate em que Schiller fica sabendo, a partir da crítica de Goethe, os fatos ilustrativos mais simples, como que os grous voam em bandos, mas, ao mesmo tempo, faz uso poético desse conhecimento com admirável presteza e determinação em sua balada. Por outro lado, a despeito da rejeição geral dos traços idealistas da criação de Schiller, apesar de toda crítica a Schiller em pontos específicos, Goethe tem suma admiração pela energia com que ele, partindo de um material ilustrativo escasso, avança para o essencial e confere a este uma forma poeticamente expressiva. Assim, ele escreve a Schiller durante uma viagem pelo Reno que a observação das quedas-d'água havia confirmado perfeitamente a descrição que Schiller fizera na balada *Der Taucher* [O mergulhador][17]. Schiller responde a isso de modo bem característico: "Não pude estudar essa natureza a não ser em um moinho, mas o fato de ter estudado exatamente a descrição que Homero faz da Caríbdis talvez tenha me mantido perto da natureza"[18].

---

[15] Idem, "Maximen und Reflexionen, Aus Kunst und Altertum 1825", em *Berliner Ausgabe: Kunsttheoretische Schriften und Übersetzungen* (Berlim, Aufbau, 1960), v. 18, p. 511-6 [ed. bras.: *Máximas e reflexões*, Rio de Janeiro, Forense Universitária, 2003].

[16] F. Schiller, "Die Kraniche des Ibycus", em *Musen-Almanach für das Jahr 1798* (Neustrelitz, Michaelis, 1798).

[17] Idem, "Der Taucher", em *Musen-Almanach für das Jahr 1798*, cit.

[18] Carta de Schiller a Goethe de 6 de outubro de 1797, em *Briefwechsel zwischen Schiller und Goethe*, cit., p. 128.

Na própria correspondência, podemos diferenciar claramente dois períodos, cuja linha divisória passa mais ou menos pela mudança de residência de Schiller para Weimar (1800). O esfriamento se manifesta de modo especialmente intenso do lado de Goethe. É muito característico que, enquanto ele havia participado da gênese de *Wallenstein* com as mais vivazes críticas teóricas e práticas, suas críticas aos dramas posteriores de Schiller se restringem a cumprimentos breves e polidos, ao passo que Schiller, apesar de externar observações críticas sobre Goethe a amigos mais chegados, continua participando da gênese de *Fausto* com críticas entusiásticas.

Em resumo, podemos dizer, portanto, que o pertencimento sociopolítico determina o quadro da atuação conjunta de Goethe e Schiller. No centro dessa cooperação está a busca pela criação de *uma arte burguesa clássica*. As tentativas de aclarar os grandes problemas teóricos da arte encontram-se, sem exceção, a serviço dessa questão poético-prática. E por mais que Goethe e Schiller, como veremos a seguir, tenham usado a análise da arte grega e sua teoria para trazer à tona as leis universais da arte, as leis dos gêneros específicos, independentemente dos condicionamentos históricos, ambos tinham o tempo todo consciência de que a arte que eles almejavam era expressão daquela grande época que se iniciara com a Revolução Francesa.

Schiller expressou com toda clareza a posição da arte no tempo, a missão da arte dessa época, em seu *Prólogo a Wallenstein*.

> E agora diante do grave findar do século,
> No qual a realidade mesma se faz poesia...
> Em seu palco de sombras, a arte não só pode,
> Mas até deve se lançar a um voo mais alto,
> Caso não queira no palco da vida passar vergonha.[19]

A base comum dessa tendência em Goethe e Schiller é tanto mais notável por ter se iniciado antes da cooperação entre eles, já sob a influência da Revolução Francesa. Goethe havia concluído o essencial de seu *Wilhelm Meister*[20] já antes do início de sua relação mais próxima com Schiller, e exatamente *Wilhelm Meister* é o escrito mais programático de seu posicionamento descrito

---

[19] F. Schiller, *Wallenstein: ein dramatisches Gedicht*, cit., p. 6.

[20] J. W. Goethe, *Wilhelm Meisters Lehrjahre: ein Roman*, 2 v. (Berlim, J. F. Unger, 1795) [ed. bras.: *Os anos de aprendizado de Wilhelm Meister*, trad. Nicolino Simone Neto, São Paulo, Ensaio, 1994].

antes diante dos problemas sociais da época. A obra termina na propaganda entusiástica da capitalização da agricultura sob o desmonte voluntário dos resquícios feudais; termina na propaganda da fusão entre os representantes progressistas da nobreza e os da burguesia culta (três casamentos entre nobres e burgueses). No entanto, a primeira concepção de *Wilhelm Meister* é produto do período pré-revolucionário (1778 a 1785), mas o primeiro *Wilhelm Meister* trata só da discussão com a arte e o teatro; a ampla perspectiva social pertence exclusivamente à segunda versão. De igual modo, a epopeia cômica *Raineke-Raposo*[21], na qual Hegel vislumbra com razão uma grandiosa exposição satírica da sociedade burguesa, foi concluída antes da cooperação com Schiller. A redação simultânea das comédias bastante fracas contra as tendências plebeias da Revolução Francesa (*Die Aufgeregten* [Os exaltados][22], *Der Bürgergeneral* [O general burguês][23]) constitui o complemento necessário da linha política de Goethe já analisada por nós.

Todavia, a produção poética essencial do período posterior de Schiller se inicia só após a cooperação com Goethe, embora antes disso já tenham surgido alguns poemas (por exemplo, *Os deuses da Grécia*[24]), nos quais sua nova tendência está claramente expressa. Porém, a historiografia de Schiller já se encontra a serviço das tendências descritas por nós. Na introdução a *Geschichte des Abfalls der vereinigten Niederlande von der Spanischen Regierung* [História da separação dos Países Baixos da Espanha][25], é dito claramente que se pretende expor uma "revolução-modelo" de tipo burguês, uma revolução como deve ser. *Geschichte des dreißigjährigen Krieges* [A história da Guerra dos Trinta Anos][26] se ocupa de outro grande problema da revolução burguesa: a fragmentação feudal da unidade nacional da Alemanha e as tentativas de restaurá-la. E a discussão de Schiller com Kant, a série de seus escritos estéticos, é, como já

---

[21] J. W. Goethe, "Reineke Fuchs", em *Neue Schriften* (Berlim, Unger, 1794) [ed. bras.: *Raineke-Raposo*, trad. Tatiana Belinky, São Paulo, Companhia das Letras, 1998].

[22] Idem, *Die Aufgeregten* (Viena/Stuttgart, Krautfuß und Armbruster/J. G. Cotta, 1793).

[23] Idem, *Der Bürgergeneral* (Viena/Stuttgart, Krautfuß und Armbruster/J. G. Cotta, 1793).

[24] F. Schiller, "Die Götter Griechenlands", em *Der Teutsche Merkur*, Weimar, mar. 1788, p. 250-60 [ed. bras.: "Os deuses da Grécia", trad. Machado de Assis, em *Obras completas de Machado de Assis*, v. 2: *Falenas*, São Paulo, Nova Aguilar, 2015].

[25] Idem, *Geschichte des Abfalls der vereinigten Niederlande von der Spanischen Regierung* (Leipzig, Crusius, 1801), parte I, p. 1-22.

[26] Idem, *Geschichte des dreißigjährigen Krieges* (Stuttgart, Cotta, 1879).

reconheceu corretamente Mehring, uma discussão intelectual com os problemas da Revolução Francesa. A atividade teórico-estética de Schiller, como se sabe, também culmina, ainda que já no período da cooperação com Goethe, na teoria filosófica das peculiaridades específicas da arte moderna, da arte burguesa (sobre a *Poesia ingênua e sentimental*[27]).

Essas tendências se reforçam em ambos durante a atividade teórica e prática conjunta. Surgem revistas de publicação comuns com vistas à propaganda teórica, prática e polêmica de suas concepções: *Die Horen* [As horas], o *Musen--Almanach* [Almanaque das musas], os *Propyläen* [Propileus], os esforços por suprir o teatro de Weimar com *repertoire* e *ensemble* etc. A correspondência entre eles, especialmente a primeira parte dela, contém as discussões teóricas internas visando à atuação conjunta, ao empenho por uma arte burguesa clássica.

O *problema da forma* ocupa o primeiro plano dessas discussões. Por essa razão e também porque Goethe e Schiller constantemente buscaram o modelo e a base para a solução do problema da forma na arte grega, sua atuação conjunta em geral é designada com o termo "classicismo". Contudo, em seguida, veremos repetidamente que, no caso de Goethe e Schiller, de modo nenhum se trata da tentativa da imitação simples da Antiguidade; trata-se, antes, da investigação de suas leis formais e da aplicação dessas leis às matérias oferecidas aos poetas pelos tempos modernos. Esse passo para além da imitação simples da Antiguidade, do tratamento mecânico como modelo com base na imitação de exterioridades, já havia sido dado na Alemanha por Lessing. Porém, Goethe e Schiller vão muito além de Lessing (e Winckelmann) nessa maneira de tratar a Antiguidade. Aperfeiçoando a teoria de Hirt, eles elaboram a categoria do característico como marca essencial da arte antiga, sendo que, em contraposição a Hirt, almejam tornar o característico um simples elemento da beleza. Eles visam, portanto, a uma síntese dialética do característico com o conceito de beleza de Winckelmann-Lessing, com o conceito da puramente harmoniosa "simplicidade nobre e grandeza calma". (O enunciado mais claro dessas tentativas de síntese encontra-se no ensaio *Der Sammler und die Seinigen* [O colecionador e os seus][28] de Goethe.)

---

[27] Idem, "Über naive und sentimentalische Dichtung", em *Sämtliche Werke* (3. ed., Munique, Hanser, 1962) [ed. bras.: *Poesia ingênua e sentimental*, trad. Márcio Suzuki, São Paulo, Iluminuras, 1991].

[28] J. W. Goethe, "Der Sammler und die Seinigen", em *Berliner Ausgabe: Kunsttheoretische Schriften und Übersetzungen*, v. 19 (Berlim, Aufbau, 1972), p. 207-69.

96 | Goethe e seu tempo

A conexão entre essas aspirações e os problemas específicos do tempo presente é claramente identificada por Goethe e Schiller e repetidamente articulada. Em um ensaio muito interessante intitulado *Sansculotismo literário* (1795)[29], Goethe levanta a pergunta acerca de quem seria propriamente um escritor clássico e por que não poderia haver nenhum escritor clássico em sentido próprio na Alemanha. Ele diz:

> Quem considera um dever imperativo interligar determinados conceitos com as palavras de que se serve ao falar ou ao escrever muito raramente usará as expressões *'autor clássico'*, *'obra clássica'*. Quando e onde surge um autor clássico nacional? Quando ele encontra já dados, na história de sua nação, grandes eventos e suas consequências em feliz e significativa unidade; quando não sente falta de grandeza nas mentalidades de seus conterrâneos, profundidade em seus sentimentos, força e coerência em suas ações; quando ele próprio, imbuído de espírito nacional, sente-se capacitado por um gênio interior a simpatizar tanto com o passado quanto com o presente; quando encontra sua nação em um grau elevado de cultura, de modo que sua formação lhe é facilitada; quando tiver colecionado muitos materiais, quando vir diante de si ensaios completos ou apenas incompletos de seus predecessores e quando as circunstâncias exteriores e interiores coincidirem em tal quantidade e de tal maneira que ele não precise pagar grandes somas de dinheiro para aprender, de modo que seja capaz de, nos melhores anos de sua vida, visualizar, organizar e executar em sentido único uma grande obra.

E Goethe também vê com muita clareza que, para a produção dessas condições sociais do escritor clássico, é necessária a liquidação real do feudalismo, a implantação dos conteúdos sociais da revolução burguesa. Em consequência de sua linha política geral, todavia, ele expressa essa noção só de forma negativa e, não obstante, de maneira muito clara. Diz: "Não queremos desejar as revoluções que poderiam preparar obras clássicas na Alemanha"[30].

A necessidade de levantar e resolver os problemas da arte clássica a partir do aspecto formal já está condicionada por essa concepção que Goethe e Schiller têm da situação sociopolítica e de suas tarefas. Porém, essa necessidade tem razões ainda mais profundas, ainda que igualmente de cunho histórico-social. Ao darem continuidade a determinadas tendências sociocríticas do Iluminismo, Goethe e Schiller têm uma noção clara do efeito desfavorável do desenvolvimento do

---

[29] Idem, "Literarischer Sansculottismus", em *Berliner Ausgabe: Kunsttheoretische Schriften und Übersetzungen*, v. 17 (Berlim, Aufbau, 1970), p. 320-6.

[30] Ibidem, p. 321.

capitalismo sobre o desenvolvimento da arte. (Pensemos na análise que Schiller faz dos efeitos desfavoráveis da divisão capitalista do trabalho nas cartas sobre a educação estética[31].) A divisão do trabalho rompe a interação direta entre arte e sociedade, destruindo, desse modo, o efeito produtivo das demandas do público, das condições gerais da capacidade receptiva, da preparação social dos materiais poéticos, da determinação social imediata dos gêneros etc. O escritor que não quiser se deixar levar pelas tendências burguesas imediatistas que destroem e desagregam a forma, assume por sua conta a questão da figuração, sendo forçado mesmo a nadar contra a correnteza em todos os problemas formais essenciais. Goethe escreve a Schiller sobre essa situação do poeta moderno:

> Infelizmente nós, modernos, de vez em quando também nascemos poetas e perambulamos atormentados por todo o gênero sem saber ao certo onde realmente estamos, pois as determinações específicas, se não me engano, deveriam na verdade vir de fora e a ocasião deve determinar o talento. Por que fazemos tão raramente uma epigrama no sentido grego? Porque vemos muito poucas coisas que a mereçam. Por que o épico dá certo tão raramente? Porque não temos ouvintes. E por que é tão grande a ambição por trabalhos teatrais? Porque entre nós o drama é o único tipo literário estimulante, de cuja prática se pode esperar um certo prazer momentâneo.[32]

Essa situação social, essa falta da "determinação de fora" exigida por Goethe leva, segundo Goethe e Schiller, ao surgimento da turvação geral dos problemas da forma, à claudicação da arte entre um realismo empírico rastejante e uma ficção especulativa [*Phantastik*] idealista amaneirada, à confusão geral dos gêneros, à mistura geral dos gêneros na literatura e na arte modernas. Schiller escreve a Goethe sobre essas questões:

> Aproveito a ocasião para perguntar-lhe se a tendência para *a poesia na arte*, própria de tantos artistas talentosos mais novos, não se explicaria pelo fato de, em um tempo como o nosso, não haver passagem para o estético senão através do poético e consequentemente todos os artistas que utilizam o espírito – justamente porque só foram despertados por um sentimento poético – só mostram, também nas artes plásticas, uma imaginação poética. O mal não seria tão grande se o espírito poético

---

[31] F. Schiller, "Über die ästhetische Erziehung des Menschen: in einer Reihe von Briefen", em *Schillers Sämtliche Werke in zwölf Bänden*, v. 12 (Stuttgart, Cotta, 1860), p. 1-118 [ed. bras.: *A educação estética do homem numa série de cartas*, trad. Roberto Schwarz e Márcio Suzuki, 4. ed., São Paulo, Iluminuras, 2002].

[32] Carta de Goethe a Schiller de 27 de dezembro de 1797, em *Briefwechsel zwischen Schiller und Goethe*, cit., p. 166 [ed. bras.: *Correspondência*, cit., p. 168].

em nossa época não fosse especificado, infelizmente, de uma maneira tão desfavorável para a formação artística. Mas como também a poesia já se desviou tanto do seu conceito genérico (através do qual, e somente por isso, ela está em contato com as artes representativas), ela de fato não é uma boa condutora rumo à arte, e pode exercer sobre o artista quando muito uma influência negativa (pela elevação acima da natureza vil), mas de forma alguma positiva e ativa (pela determinação do objeto).[33]

Essa situação leva ao surgimento, segundo a concepção de Schiller, da dupla falsa tendência da arte mais recente: por um lado, a de ficar presa à realidade imediata, empírica, sem avançar até as determinações essenciais do objeto a ser representado e, por outro lado, a do transcender idealista da realidade sensível.

A mesma situação leva ao surgimento da constante confusão dos gêneros. Em carta a Schiller, Goethe diz:

> Com isso bem pude notar como vem a ocorrer que nós, modernos, estejamos tão inclinados a misturar os gêneros, que não chegamos nem mesmo a ter condições de diferenciá-los entre si... Contra essas tendências ridículas, bárbaras, de mau gosto, o artista deveria lutar com todas as suas forças, separar obra de arte de obra de arte com círculos mágicos impenetráveis, conservar cada uma de suas características e particularidades assim como fizeram os antigos, que por isso mesmo se tornaram os artistas que foram; mas quem pode separar seu barco das ondas, sobre as quais ele flutua? Contra corrente e vento percorrem-se tão somente pequenos trajetos.[34]

E Goethe detalha aqui o modo como toda a arte moderna toma o rumo da pintura, toda a literatura moderna toma o rumo do drama e, por essa via, desintegra e destrói as formas da arte plástica e do gênero épico.

É muito plausível constatar nessas manifestações o classicismo de Goethe e de Schiller e, sem dúvida, existem em tais tendências determinados elementos do classicismo. Porém, seria uma vulgarização grosseira das concepções de arte de Goethe e de Schiller vislumbrar em sua busca pela forma nada além de classicismo. Logo veremos que, em sua crítica a Stendhal, Balzac capta e aprova exatamente as mesmas tendências para o pictórico e o dramático como sinais específicos dos traços essenciais do romance moderno. Goethe e Schiller sem dúvida combateram essas tendências, mas isso não é suficiente para fazer

---

[33] Carta de Schiller a Goethe de 14 de setembro de 1797, em *Briefwechsel zwischen Schiller und Goethe*, cit, p. 144 [ed. bras.: *Correspondência*, cit., p. 149, modif.].

[34] Carta de Goethe a Schiller de 23 de dezembro de 1797, em *Briefwechsel zwischen Schiller und Goethe*, cit., p. 161-2 [ed. bras.: *Correspondência*, cit., p. 161-2].

deles "classicistas". Stendhal também era muito crítico a essas tendências – exatamente no que se refere a Balzac.

O transcender das tendências classicistas já se expressa no fato de, aos olhos de Goethe e de Schiller, os gêneros não serem formações isoladas umas das outras de modo mecânico e rígido, mas, concomitantemente com a rigorosa separação dos gêneros entre si, serem sempre pensados em suas conexões dialéticas. (Como veremos mais adiante, o fato de essa dialética ser idealista, especialmente em Schiller, provoca uma série de deformações na formulação do problema e na sua solução, mas não altera o transcender metodológico da separação estanque dos gêneros, própria do classicismo.) Mencionaremos apenas uma manifestação de Schiller a Goethe sobre a conexão dialética entre tragédia e epopeia:

> Acrescento ainda: surge daí um estimulante conflito da poesia como *gênero* com a *espécie* da mesma, que tanto na natureza quanto na arte é sempre muito espirituoso. A arte poética, como tal, transforma tudo em sensivelmente atual, e assim ela também obriga o autor épico a atualizar o acontecido, só que não se deve esquecer o caráter do ser-passado. A arte poética, como tal, transforma todo o presente em passado e afasta tudo o que está próximo (através da idealidade), e assim obriga o autor dramático a manter distante de nós a realidade que se introduz em nós individualmente e criar para a alma[35] uma liberdade poética contra o conteúdo. A tragédia, em seu conceito mais elevado, ambicionará sempre alcançar *o nível mais elevado* do caráter poético, e só por essa via se torna literatura. O poema épico, da mesma forma, ambicionará sempre *descer* ao drama e só com isso realizará por completo o conceito do gênero poético; o que faz de ambos obras poéticas é exatamente o que os aproxima. [...] Fazer com que essa atração recíproca não acabe em mistura ou confusão de limites é justamente a tarefa da arte, cujo ponto mais importante é sempre o de unir caráter com beleza, pureza com plenitude, unidade com totalidade.[36]

Em seguida, Schiller analisa *Hermann e Doroteia*[37] de Goethe como epopeia que tende para a tragédia e sua obra *Ifigênia*[38] como drama que tende para a epopeia.

---

[35] Correção de acordo com o original de Goethe e Schiller, que traz "*Gemüt* = alma" em vez de "*Charakter* = caráter".

[36] Carta de Schiller a Goethe de 26 de dezembro de 1797, em *Briefwechsel zwischen Schiller und Goethe*, cit., p. 165 [ed. bras.: *Correspondência*, cit., p. 166-7, modif.].

[37] J. W. Goethe, *Hermann und Dorothea*, cit. [ed. bras.: *Hermann e Doroteia*, cit.].

[38] Idem, "Iphigenie auf Tauris", em *Berliner Ausgabe*, v. 7, cit., p. 639-708 [ed. bras.: *Ifigênia em Táuride*, trad. Carlos Alberto Nunes, São Paulo, Peixoto Neto, 2016].

Essa interação dialética dos gêneros literários, esse seu enriquecimento recíproco, é uma marca típica da teoria e da prática literárias do período pós-revolucionário. Do ponto de vista da teoria dos gêneros pode-se até vislumbrar o núcleo da estética romântica na ênfase dada a esse fator, que é, ao mesmo tempo, um exagero dele. E, embora a maioria dos escritores e teóricos literários românticos não tivesse consciência disso, essa tendência provém justamente do caráter cada vez mais contraditório da vida burguesa moderna, do qual a pureza e a simplicidade da antiga forma clássica não mais davam conta.

A irresistibilidade do movimento romântico que inundou toda a literatura europeia nas primeiras décadas do século XIX se deve exatamente ao fato de ser um produto orgânico, necessário, da nova vida em processo de crescimento. No entanto, como já foi ressaltado, o romantismo promoveu a dialética da transição de uma forma para a outra até a dissolução delas, quase até a mistura e a aniquilação completa dos gêneros; desse modo, ele levou ao extremo a nova tendência das novas formas de vida em surgimento. A tendência comum dos escritores realmente grandes do período de 1789 a 1848 consiste, de modo preciso, em eles acolherem essa tendência romântica como um resultado necessário das novas formas de vida em seu método de criação e em sua teoria literária, ainda que apenas como momento a ser superado, bem como em tentarem criar a nova e grandiosa forma literária justamente mediante a superação das tendências românticas. A luta contra o Romantismo é, ao mesmo tempo, a luta para dominar literariamente as novas formas de vida.

Essa luta contra o Romantismo acontece na teoria e na prática de todos os literatos importantes desse período. No prefácio a *Comédia humana*[39], Balzac mostra com muita clareza a importância do romantismo de Walter Scott para seu processo criativo e aponta, ao mesmo tempo, que a ultrapassagem desse romantismo na direção de um grande realismo social só é possível mediante a intensificação e a superação dialética das tendências românticas. E, em sua crítica extraordinariamente importante da *A cartuxa de Parma*[40] de Stendhal, ele verbaliza com clareza que, ao lado do classicismo e do romantismo, há ainda uma terceira orientação da literatura que almeja uma síntese das duas orientações. Diz: "Não creio que seja possível pintar um quadro da sociedade

---

[39] H. de Balzac, *La Comédie humaine*, v. 1 (Paris, Houssiaux, 1874) [ed. bras.: *A comédia humana*, v. 1, trad. Vidal de Oliveira, 3. ed., São Paulo, Martins Fontes, 2012].

[40] Stendhal, *La chartreuse de Parme*, 2 v. (Paris, Ambroise Dupont, 1839) [ed. bras.: *A cartuxa de Parma*, trad. Vidal de Oliveira, São Paulo, Globo, 2004].

moderna com o método rigoroso da literatura dos séculos XVII e XVIII. A introdução do elemento dramático, da metáfora, da imagem, da descrição, do diálogo, parece-me indispensável na literatura moderna"[41].

É óbvio que essas tendências não podiam emergir em Goethe e em Schiller tão clara e conscientemente como mais tarde emergiu em Balzac ou Heine. O movimento literário romântico, enquanto grande corrente artística europeia, só teria início após sua atuação conjunta; Goethe e Schiller vivenciaram juntos apenas os primórdios do Romantismo alemão, as tentativas dos irmãos Schlegel de conferir uma formulação teórica à arte romântica, as primeiras obras de Tieck etc. Acresce-se a isso que Schiller, como se sabe, assumiu uma postura de total rejeição à teoria da literatura dos irmãos Schlegel. Tanto mais interessante é que, no que se refere à temática, essas tendências aparecem tanto em Goethe quanto em Schiller, e que o posterior problema fundamental da grande literatura europeia, a superação das tendências românticas e sua elevação à condição de momento de um grande nexo realista, já está presente neles antes do surgimento do romantismo enquanto orientação literária específica. (Compare-se especialmente o *Wilhelm Meister* e as análises e as críticas epistolares de Schiller a respeito disso.)

No entanto, a exemplo do que ocorreu com os grandes escritores posteriores desse período, essa superação não foi completamente bem-sucedida. Em especial na dramaturgia posterior de Schiller, na qual os motivos românticos estão nitidamente presentes antes que o Romantismo surgisse como grande corrente literária europeia, sua superação só foi exitosa em raríssimos casos. *A noiva de Messina*[42] permanece sendo o primeiro "drama de destino [*Schicksalsdrama*]", apesar de todas as tentativas de Schiller de lhe conferir uma necessidade antiga; *A donzela de Orléans*[43], por sua vez, mostra aquela dissolução romântica da unidade da forma dramática pelo ambiente típico da época, pela incidência

---

[41]   H. de Balzac, "Sur la Chartreuse de Parme", *Revue Parisienne*, Paris, 25 set. 1840: "Je ne crois pas la peinture de la société moderne possible par le procédé sévère de la littérature du XVIIe et du XVIIIe siècle. L'introduction de l'élément dramatique, de l'image, du tableau, de la description, du dialogue me paraît indispensable dans la littérature moderne".

[42]   F. Schiller, "Die Braut von Messina oder Die feindlichen Brüder: ein Trauerspiel mit Chören", em *Schillers Sämtliche Werke in zwölf Bänden*, v. 5, cit., p. 349 e seg. [ed. bras.: *A noiva de Messina*, trad. Gonçalves Dias, São Paulo, Cosac Naify, 2004].

[43]   Idem, "Die Jungfrau von Orleans: eine romantische Tragödie", em *Schillers Sämtliche Werke in zwölf Bänden*, v. 5, cit., p. 183 e seg. [ed. bras.: *A donzela de Orléans*, trad. Júlia Mello de Souza, texto completo disponível em http://www.institutoruthsalles.com.br/a-donzela--de-orleans/].

do lirismo maravilhado, como faz o drama romântico posterior de Tieck até Victor Hugo etc. Por sua tendência, todavia, a redução dos motivos românticos a um momento superado é a orientação predominante da teoria e da prática de Goethe e de Schiller. E essa orientação determina essencialmente seu posicionamento teórico em relação a todas as questões de estilo conectadas com a recepção e a superação dos motivos românticos, com o reconhecimento da vida presente como fator determinante do material e da forma da poesia. (O fato de o velho Goethe rejeitar bruscamente o Romantismo nada tem a ver com esse problema. Ele rejeitou o Romantismo alemão que havia se tornado reacionário e obscurantista, mas se interessou com vivacidade por Walter Scott, Victor Hugo, Manzoni etc. até o fim de sua vida.)

As aspirações poéticas de Goethe e de Schiller, bem como a luta teórica pela pureza da forma literária, movem-se, portanto, por uma linha contraditória dupla. Seu ponto de partida consiste, por um lado, na constatação deste fato: toda a arte moderna tem de ser imperfeita, problemática, por sua essência, a partir da situação histórica em que surgiu. Os grandes tratados sobre a teoria da arte resultantes da cooperação de ambos (*Der Sammler und die Seinigen* [O colecionador e os seus][44] de Goethe, *Poesia ingênua e sentimental*[45] de Schiller) fundamentam teoricamente essa constatação. E Goethe comenta seu ensaio em carta a Schiller da seguinte maneira:

> Todos os artistas mais modernos pertencem à classe da *imperfeição* e portanto recaem, de uma forma ou de outra, em rubricas separadas. (No seu ensaio, Goethe tenta sistematizar as imperfeições típicas dos artistas modernos. As designações citadas mais adiante são "rubricas" desse sistema. [Nota de G. L.]) [...] Então, se transformarmos Michelangelo em *fantasmista*, Correggio em *undulista*, Rafael em *caracterista*, estas rubricas adquirem uma profundidade enorme, à medida que se observam esses extraordinários homens em suas limitações e assim mesmo se os classifica como reis ou altos representantes de gêneros inteiros.[46]

Aqui Goethe foi além de Schiller em seu famoso ensaio ao enfatizar a problemática da arte moderna, pois ele pretende vislumbrar a problemática

---

[44]   J. W. Goethe, "Der Sammler und die Seinigen", cit.

[45]   F. Schiller, "Über naive und sentimentalische Dichtung", cit. [ed. bras.: *Poesia ingênua e sentimental*, cit.].

[46]   Carta de Goethe a Schiller de 22 de junho de 1799, em *Briefwechsel zwischen Schiller und Goethe*, v. 3, cit. [ed. bras.: *Correspondência*, cit., p. 208].

moderna também na Renascença, ainda que em um patamar bem elevado, ao passo que Schiller tratou Shakespeare como artista ingênuo, isto é, como artista equivalente e similar aos gregos em termos de estilo. Em contrapartida, Goethe e Schiller não consideram a Antiguidade como um modelo em princípio inatingível, nem a perfeição da arte antiga como algo *a priori* impossível para o artista moderno. Pelo contrário, o estudo da Antiguidade, a descoberta e a aplicação das leis artísticas da prática da Antiguidade devem servir para superar a problemática artística da Era Moderna por meio da consciência artística, da clareza completa sobre as leis da figuração artística.

Nisso ganha expressão nítida, todavia, ao mesmo tempo, o lado idealista dessa teoria da arte. Goethe e Schiller por vezes até têm vislumbres extraordinariamente profundos e claros da conexão entre o desenvolvimento social de seu presente e a problemática da arte moderna. No entanto, eles não estão em condições de conceber o problema da forma artística como produto – claro que não mecânico – do desenvolvimento social. A determinação social da forma artística de fato chega a desempenhar um papel importante em sua teoria da arte, mas, devido à postura filosófica idealista, eles não estão em condições de tirar de modo correto todas as consequências corretas das próprias noções profundas. Eles perdem o rumo no utopismo idealista, na ilusão de poder eliminar do mundo doenças do ser social por meio da cura da consciência artística, na ilusão de poder superar a problemática da arte moderna a partir do lado formal.

É nisso e não no recurso à Antiguidade que reside certo traço classicista da estética de Goethe e de Schiller. A investigação das leis artísticas da Antiguidade é uma tendência perfeitamente justificada e necessária, sem a qual a arte grande de fato dificilmente pode ser criada, sem a qual é impossível reconhecer as leis da forma da arte. Marx chamou os gregos de "crianças normais" do desenvolvimento da humanidade e encarou as grandes criações artísticas deles como "norma e até modelo inacessíveis". No entanto, em Marx essa norma vale só "em certo aspecto". Isto é, ele exige que as condições específicas que levam ao surgimento da matéria e da forma de um determinado período da arte sobre a base de seu ser social sejam investigadas de modo exato e concreto e que, portanto, sejam claramente identificadas as formas que são empregadas para determinado período do desenvolvimento da arte e o modo como podem ser empregadas. Diz: "A dificuldade consiste somente na formulação geral dessas contradições. Assim que se especificam, explicam-se"[47]. A postura idealista básica de Goethe e de Schiller impede-os de levar essa especificação a cabo de modo consequente.

No entanto, por trás dessa incapacidade de formular corretamente esse problema e de resolvê-lo oculta-se também uma necessidade social: a problemática necessária de toda a arte moderna. Marx fala que "a produção capitalista é hostil a certos setores da produção intelectual, como a arte e a poesia"[48]. Todos os artistas importantes modernos sentem essa hostilidade e a sentem tanto mais profundamente quanto mais avança a produção capitalista. Exatamente o período da Revolução Francesa e a Revolução Industrial na Inglaterra que simultaneamente avançou triunfante representam também nesse aspecto um corte profundo no desenvolvimento da arte e da teoria da arte burguesas modernas. O entusiasmo ingênuo com que os grandes realistas do século XVIII conquistaram a vida burguesa cotidiana para a poesia, com que eles criaram o tipo do romance moderno sem refletir muito sobre a forma, cessou e deu lugar a uma reflexão forçada sobre a problemática desse ser e da forma artística adequada a ele.

Essa reflexão se move em uma linha dupla, cujo caráter contraditório, muito raramente e apenas em certa medida, tornou-se consciente aos artistas e aos teóricos da arte, portanto jamais completamente. Trata-se, nesse caso, do entrelaçamento dos dois problemas a seguir. Ou se pretende derivar do estudo da Antiguidade o sistema da legalidade artística com ajuda da qual o artista pode expressar a *peculiaridade específica* da vida moderna e, assim, o estudo da Antiguidade serve para descobrir e elaborar as formas e as leis da forma do *período burguês moderno*. Ou então se pretende, por intermédio desse conhecimento, identificar um sistema de leis universais "atemporais" com cuja ajuda também no presente – apesar da problemática hostil à arte da vida atual – pode ser criada uma arte clássica e, desse modo, lograda a superação *da problemática de conteúdo social do presente burguês* com a ajuda da forma antiga criativamente renovada.

O primeiro caminho, mais coerentemente trilhado, entre os artistas modernos, por Balzac e tomado também por Goethe em *Wilhelm Meister* e *Fausto*, levou à teoria do romance moderno, à figuração impiedosa de toda a

---

[47] K. Marx e F. Engels, "Einleitung zur Kritik der politischen Ökonomie", em *Werke*, v. 13 (Berlim, Dietz, 1961), p. 640-1 [ed. bras.: *Contribuição à crítica da economia política*, trad. e introd. Florestan Fernandes, 2. ed., São Paulo, Expressão Popular, 2008, p. 270].

[48] K. Marx, *Teorias da mais-valia: história crítica do pensamento econômico*, v. 1 (trad. Reginaldo Sant'anna, Rio de Janeiro, Civilização Brasileira, 1980), p. 267.

problemática e a feiura nada artística da vida moderna, à superação artística dessa problemática justamente mediante o ato de trilhar esse caminho até o fim. Nesse processo, todavia, sempre haverá de permanecer uma profunda problemática artística; quem sentiu e expressou isso de maneira mais clara foi justamente Balzac. Suas novelas artísticas de confissão, sendo a mais nítida delas *Obra-prima ignorada*[49], atestam como o ato de trilhar de modo coerente até o fim esse caminho prescrito pelos princípios especificamente modernos da arte necessariamente leva a uma autodissolução, a uma aniquilação da forma artística.

O outro caminho leva necessariamente a certo distanciamento das questões mais profundas da vida moderna, a certa fuga dessa problemática; pois, se da matéria da vida moderna deve surgir uma estrutura com forma que contém a clareza do traçado das linhas, a simplicidade e a parcimônia da composição etc. próprias da Antiguidade, já a matéria precisa ser depurada dessa problemática que lhe é inerente e, desse modo, levada a uma certa distância das questões centrais da vida moderna. *Hermann e Doroteia* de Goethe é o produto típico desse segundo caminho, sem dúvida nenhuma aquela grande obra de Goethe em que mais próximo chegou artisticamente da simplicidade e da grandiosidade próprias da Antiguidade. Porém, ele só atingiu essa finalidade ao preço de reduzir a almejada epopeia a um idílio. Sem querer – e sem que ele e Schiller se dessem conta –, Goethe confirmou a visão profunda de Schiller em *Poesia ingênua e sentimental*[50], em que expôs e fundamentou a elegia, a sátira e o idílio como as formas típicas do sentimentalismo moderno. Apesar da forma antiga, *Hermann e Doroteia* é tão sentimental-problemática quanto *Wilhelm Meister*, só que de maneira diferente.

Essa confrontação de *Hermann e Doroteia* e *Wilhelm Meister* desempenha um importante papel na correspondência entre Goethe e Schiller. Ambos veem com clareza que *Wilhelm Meister* é a primeira grande tentativa de expor os problemas da moderna vida burguesa na Alemanha como totalidade em movimento, como panorama abrangente, que com essa obra surgiu o novo tipo de um grandioso romance moderno. Ambos reconhecem que a grandiosidade desse romance consiste justamente em figurar a totalidade desse problema em um amplo contexto épico,

---

[49] H. de Balzac, "Chef d'œuvre inconnu", *L'Artiste*, Paris, 1831 [ed. bras.: *Obra-prima ignorada*, trad. Osvaldo Fontes Filho e Leila de Aguiar Costa, São Paulo, FAP-Unifesp/Escuta, 2012].

[50] F. Schiller, "Über naive und sentimentalische Dichtung", cit. [ed. bras.: *Poesia ingênua e sentimental*, cit.].

que, de modo correspondente, *Wilhelm Meister* é um romance cuja forma tende ininterruptamente a alçar-se à grandiosidade de uma epopeia. Dessa maneira, eles identificaram uma característica essencial do romance moderno. Mais tarde, Hegel chamou esse romance de a "epopeia moderna". Porém, Goethe e Schiller não reconheceram nem podiam reconhecer que o malogro dessa tendência do romance a alçar-se à condição de epopeia é uma marca essencial e não um "erro" do romance. Só se pode falar de erro na medida em que se fala da problemática artística de toda a arte do período burguês, na medida em que se reconhece que o reflexo artístico adequado de uma matéria assim tão necessariamente contraditória só poderia ser uma forma contraditória em si mesma como o romance burguês, uma forma cuja grandiosidade e acabamento reside justamente no ato de levar até o fim a problemática que está em sua base.

Goethe e Schiller reconheceram essa problemática da forma artística do romance também no elevado acabamento de *Wilhelm Meister*. E do mesmo modo eles viram claramente o fato formal, a saber, a tendência a alçar-se à condição de epopeia e o malogro dessa tendência. Todavia, por estarem unilateralmente presos ao ideal da epopeia antiga, avaliaram de maneira equivocada esse conhecimento correto, ou seja, como "erro" em *Wilhelm Meister*. Certa vez Goethe falou, aborrecido, de *Wilhelm Meister* como "pseudoepopeia"[51]. E, em carta na qual sintetiza sua impressão geral definitiva sobre essa obra, Schiller enuncia de maneira muito clara a fundamentação dessa concepção unilateral. Ele escreveu:

> Há pouco também reli *Meister*, e ainda não me havia sido tão claro o que de fato significa a forma exterior. A forma de *Meister*, como em geral toda a forma de romance, simplesmente não é poética, ela reside totalmente no campo do entendimento, está à mercê de todas as exigências deste e participa também de todos os seus limites. Como, porém, foi um espírito autenticamente poético que se serviu dessa forma e nessa forma expressou as situações poéticas, surge então uma singular oscilação entre uma disposição prosaica e uma poética, para a qual eu não saberia dar o nome certo. Eu gostaria de dizer que falta a *Meister* (a saber, ao romance) certa ousadia poética, porque ele, como romance, quer sempre agradar ao entendimento – e por outro lado falta-lhe uma sobriedade efetiva (pela qual, de certa forma, manifesta uma demanda), porque fluiu de um espírito poético.[52]

---

[51] Carta de Goethe a Schiller de 27 de novembro de 1794, em *Briefwechsel zwischen Schiller und Goethe*, v. 1, cit.

[52] Carta de Schiller a Goethe de 20 de outubro de 1797, em *Briefwechsel zwischen Schiller und Goethe*, v. 2, cit., p. 135 [ed. bras.: *Correspondência*, cit., p. 153].

E confronta com essa problemática de *Wilhelm Meister* o perfeito acabamento de *Hermann e Doroteia*:

> Quem não sente que tudo isso em *Meister* torna *Hermann* tão encantador?! Àquele não falta nada, absolutamente nada de seu espírito, ele agarra o coração com todas as forças da arte poética e oferece um prazer em constante renovação, mas *Hermann* (e tão somente através de sua forma puramente poética) conduz-me a um mundo poético divino, já que *Meister* não me deixa sair totalmente do mundo real.[53]

É muito característico que Schiller derive esse contraste puramente da forma e não veja que, por trás da diferente figuração, em ambas as obras se ocultam diferentes posicionamentos diante da matéria da vida mesma; desse modo, ele distorce de maneira idealista a sua concepção de resto tão profunda da forma. Porém, igualmente característico é Goethe reagir a essa crítica expressando completa concordância. Ele escreveu:

> Alegro-me por saber que *Hermann* está em suas mãos e que ele se sustenta em pé. Entendo muito bem o que o senhor diz de *Meister*; é tudo verdade e ainda tem mais. Exatamente a sua imperfeição foi o que me deu mais trabalho. Uma forma pura ajuda e sustenta, enquanto uma forma impura atrapalha e se repuxa em toda parte. Entretanto, que ele seja o que é; não voltará a acontecer comigo tão facilmente de me equivocar no objeto e na forma, e ficamos no aguardo daquilo que o gênio há de nos proporcionar no outono da vida.[54]

Portanto, Goethe avalia aqui *Wilhelm Meister* como um "equívoco". Ambos se decidem sem hesitar por *Hermann e Doroteia* contra *Wilhelm Meister*, pela epopeia apequenada em idílio contra o grande romance moderno.

Se essa decisão de ambos tivesse sido levada a cabo de modo consequente em termos teóricos e práticos e tivesse permanecido assim, realmente se poderia falar de um classicismo de suas tendências comuns – embora também *Hermann e Doroteia*, por sua natureza, seja bem menos classicista do que Goethe e Schiller supunham nesse seu entusiasmo pela forma. E sempre que de fato almejou criar obras "autenticamente clássicas" a partir do conhecimento da forma da Antiguidade, Goethe fracassou. Ele era por demais um artista realista moderno para conseguir, com efeito, esquecer ou pôr de lado, uma vez que fosse, a matéria

---

53 Ibidem, p. 136; [p. 154, modif.]

54 Carta de Goethe a Schiller de 30 de outubro de 1797, em *Briefwechsel zwischen Schiller und Goethe*, v. 2, cit., p. 139.

atual da vida. *Hermann e Doroteia* deve sua existência e sua forma à Revolução Francesa tanto quanto o drama *Die natürliche Tochter*[55], conscientemente conformado em uma orientação classicista. E não foi por acaso que aqueles planos de Goethe que surgiram quase puramente do conhecimento da forma e do entusiasmo pela forma (*Achilleïs* [Aquiles][56]) permaneceram fragmentários. Para Schiller essa tendência para a forma pura se tornou muito mais perigosa (*A noiva de Messina*[57]), embora também no caso dele não há como ignorar que a base de seus dramas posteriores reiteradamente foram os grandes problemas da época (questão da unidade nacional etc.). Porém, ver a tendência "classicista" de Goethe e de Schiller como um mero "erro" seria incorrer no extremo oposto, falso e a-histórico. Por trás dessa formulação contraditória da questão por Goethe e por Schiller, oculta-se mesmo o grande problema central da arte moderna do século XIX: a questão da superação artística da feiura, do caráter não artístico da vida burguesa. E, para entender de modo correto esse período do desenvolvimento da arte moderna – e a atuação conjunta de Goethe e de Schiller inaugura esse último grande impulso da arte burguesa e constitui, em muitos aspectos, seu ápice –, é preciso aquilatar corretamente as tendências realistas no "classicismo" de Goethe e de Schiller, apesar de certas tendências de fuga, de certas deformações idealistas nas soluções que apresentam para o problema.

Em Goethe, as questões estão bem mais abertas e claras do que em Schiller. Durante toda sua vida, Goethe foi um realista importante. No caso dele, a inflexão para a depuração classicista da matéria da vida evitou conscientemente as últimas contradições e os últimos conflitos trágicos com que a vida moderna o confrontou. Ele diz isso abertamente quando, em carta a Schiller, fala sobre sua incapacidade de escrever uma tragédia: "Não me conheço tão bem quanto necessário para saber se poderia escrever uma verdadeira tragédia, mas já me assusto diante da empreitada e estou quase convencido de que poderia me destruir somente com a simples tentativa"[58]. Goethe diz aqui, portanto, com muita clareza, que seu intento de desviar-se das consequências últimas do caráter contraditório da vida moderna de modo

---

[55]   J. W. Goethe, *Die natürliche Tochter*, cit.

[56]   Idem, "Achilleïs", em *Berliner Ausgabe*, v. 3 (Berlim, Aufbau, 1970), p. 651-72.

[57]   F. Schiller, "Die Braut von Messina oder Die feindlichen Brüder", cit.

[58]   Carta de Goethe a Schiller de 9 de dezembro de 1797, em *Briefwechsel zwischen Schiller und Goethe*, v. 2, cit., p. 154 [ed. bras.: *Correspondência*, cit., p. 160].

nenhum se deve a ponderações artísticas, a princípios formais. Estes são simples consequências de sua postura básica em relação à vida moderna e suas obras maiores surgiram justamente pelo fato de, em momentos decisivos, ter dominado esse seu instinto vital.

No caso de Schiller, a questão é mais complexa. Ele era um trágico nato, cujo elemento vital foi a contradição em sua culminância trágica. Assim, no caso dele, a propensão para o classicismo parece ter surgido puramente de ponderações formais. Mas as aparências enganam. Por um lado, essa tendência tem origem em seu posicionamento político diante dos problemas do período pós-revolucionário, em sua rejeição do método revolucionário de derrubada do feudalismo. Desse modo, é descartado de seu mundo material o problema trágico mais profundo de sua época e, quando se compara *Guilherme Tell*[59] com seus dramas juvenis, pode-se ver muito claramente as consequências formais dessa inflexão política. Em contrapartida, a formulação correta que Schiller faz da questão do domínio estilístico dos problemas da vida moderna é deformada por seu idealismo filosófico.

Goethe e Schiller constantemente travam uma luta justificada e correta contra o naturalismo fotográfico tacanho de seus contemporâneos. Porém, no caso do idealista filosófico Schiller, essa luta às vezes é deformada em uma confrontação antitética e excludente de "verdade" e "realidade". Na introdução a *A noiva de Messina*[60], ele diz o seguinte sobre a relação entre arte e realidade: a arte pode "ser mais verdadeira do que toda realidade e mais real do que todo fenômeno. Disso decorre automaticamente que o artista não consegue aproveitar nem um único elemento da realidade como ele o encontra, que sua obra tem de ser ideal em todas as suas partes, do mesmo modo que como todo precisa ter realidade e estar em conformidade com a natureza". Como idealista filosófico que encontrou o caminho que leva do idealismo subjetivo para o idealismo objetivo, Schiller não podia formular o transcender da reprodução tacanha da realidade imediata senão dissociando as determinações essenciais da vida, às quais a arte deve figurar, de toda conexão com a vida e concebendo-as como partes integrantes de um mundo ideal. Em Schiller, essa deformação geral dos problemas em forma de idealismo ainda se intensifica pelo fato de

---

[59] F. Schiller, "Wilhelm Tell: ein Schauspiel", em *Schillers Sämtliche Werke in zwölf Bänden*, v. 6, cit., p. 1 e seg. [ed. bras.: *Guilherme Tell*, trad. Silvio Meira, Rio de Janeiro, Serviço Nacional de Teatro, 1974].

[60] Idem, "Die Braut von Messina oder Die feindlichen Brüder", cit.

ele claudicar entre uma grandiosa concepção objetiva das contradições da vida histórica e um estreitamento moralizante desses problemas – filosoficamente entre um idealismo objetivo que faz dele um dos mais importantes predecessores de Hegel e simples seguimento, explicação e aplicação do idealismo subjetivo kantiano. Em consequência, sua prática artística é um reflexo bastante preciso de sua posição filosófica situada entre Kant e Hegel. Ao lado de quadros históricos monumentais, sinteticamente grandiosos, do tipo que a literatura dramática não conhecera desde Shakespeare, encontram-se deformações dos grandes nexos históricos em forma de moralização kantiana subjetiva tacanha. Pense-se, por exemplo, nos traços historicamente magnânimos com que foi projetada originalmente a rainha Elisabete em *Maria Stuart*[61] e no que foi feito dela na execução do projeto.

O problema fundamental de Goethe e de Schiller, que ainda se justifica apesar de todas essas deformações ideológicas, é, portanto, a concepção e a exposição das grandes contradições reais da vida moderna, o conhecimento de que se ater de modo tacanho e demasiado exato aos detalhes da vida cotidiana constitui um obstáculo para a figuração dos grandes problemas em sua figura pura. Igualmente justificado é seu conhecimento de que a vida burguesa moderna oferece, nesse tocante, uma matéria perigosamente contraditória para a arte. E faz isso em duplo sentido. É muito interessante observar que, apesar de suas tendências filosóficas idealistas, Schiller vê muito claramente esse perigo duplo – o pseudorrealismo tacanho e a estilização idealista vazia (retórica, ficção especulativa etc.) – e tem total clareza do perigo que a tendência do segundo tipo representa para sua criação. Ele tem receio de incorrer em certa aridez, por exemplo, ao trabalhar em *Wallenstein*. Essa aridez, escreve a Goethe,

> adveio de certo receio de recair em meu antigo estilo retórico e de um afã demasiado escrupuloso de permanecer bem próximo do objeto. [...] Por conseguinte, é bem mais forçoso do que em qualquer outra ocasião esperar um sentimento poético bastante puro quando se busca evitar com o mesmo cuidado ambos os desvios, o *prosaico* e o *retórico*.[62]

---

[61] Idem, "Maria Stuart: ein Trauerspiel", em *Schillers Sämtliche Werke in zwölf Bänden*, v. 5, cit., p. 1 e seg. [ed. bras.: *Maria Stuart*, trad. Manuel Bandeira, Rio de Janeiro, Civilização Brasileira, 1955].

[62] Carta de Schiller a Goethe de 2 de outubro de 1797, em *Briefwechsel zwischen Schiller und Goethe*, v. 2, cit., p. 125.

Goethe e Schiller buscam escapar dessas dificuldades, investigando as leis formais da arte da Antiguidade como leis da arte em geral. Entretanto, essa busca só na aparência é simplesmente pela forma. O conceito de forma com que Goethe e Schiller operam está intimamente vinculado com os problemas determinantes do conteúdo. A formulação da inter-relação dialética entre forma e conteúdo em Goethe e Schiller pode até com frequência ser deficiente ou estar deformada pelo idealismo, mas sua tendência básica vai no sentido de determinar a inter-relação dialética entre forma e conteúdo.

Em carta a Goethe, Schiller formula em dois pontos as aspirações de ambos. O primeiro ponto é a determinação do objeto artístico. "Por enquanto, parece-me que se poderia partir com grande vantagem do conceito da *determinação absoluta do objeto*. Ver-se-ia que todas as obras de arte malogradas por uma escolha inadequada do objeto sofrem de tal indeterminação e da arbitrariedade que resulta dela."[63] Essa determinação do problema do objeto artístico que, a partir desse período, Goethe acompanhou muitas vezes com precisão pedante, faz a transição para a concreção dos problemas específicos da forma, dos problemas dos gêneros. Schiller diz sobre isso, na sequência da observação citada:

> Ligada essa frase à outra, a de que a determinação do objeto deve acontecer todas as vezes através dos meios apropriados a um gênero artístico, que ela deve ser concluída dentro dos limites particulares de cada espécie de arte, então creio que se teria um critério certo para não ser conduzido erroneamente na escolha dos objetos.[64]

Percebe-se, portanto, que em Goethe e em Schiller também os problemas da forma são derivados em sentido estrito da constituição do objeto artístico.

Goethe e Schiller não aprendem dos gregos em primeira linha algumas peculiaridades formais (como fez, por exemplo, com frequência, o Classicismo francês do século XVII), mas a lei artística básica de que toda obra de arte deve expressar as determinações essenciais de seu objeto de maneira clara e necessária, de que a arte, por um lado, não pode se perder em detalhes que estão relacionados apenas remotamente ou nem estão relacionados com essas determinações essenciais e, por outro lado, deve expressar essas determinações de modo completo e dentro de seu contexto correto, de que toda falta de

---

[63] Carta de Schiller a Goethe de 14 de setembro de 1797, em *Briefwechsel zwischen Schiller und Goethe*, v. 2, cit., p. 115-6 [ed. bras.: *Correspondência*, cit., p. 151].

[64] Ibidem, p. 116 [p. 151].

clareza ou arbitrariedade subjetiva na figuração dessas determinações necessariamente será fatal para a arte.

O caráter específico dos gêneros individuais é derivado dessa lei básica. A peculiaridade dos objetos, da conexão de suas determinações essenciais, prescreve certas formas de expressão artística. Essas formas típicas da expressão artística são os gêneros. E é muito interessante observar, no decurso da correspondência, o entusiasmo e a profundidade com que Goethe e Schiller analisam cada matéria específica visando a constatar em que forma ela poderia obter o tipo máximo e até o único possível de sua expressão adequada. Em outro contexto, já apontamos para o fato de que a separação dos gêneros em Goethe e em Schiller é bastante precisa, mas de modo nenhum abrupta e mecânica. A crítica que Schiller faz às tragédias do classicista italiano Alfieri mostra que, para ambos, de modo nenhum é suficiente a simples elaboração abstrata dos fatores essenciais da matéria, mesmo que isso corresponda às leis do respectivo gênero; mostra ainda que eles conceberam essa elaboração das determinações essenciais no sentido grego e não no sentido classicista e, portanto, no sentido de um grandioso realismo e não de uma estilização abstrata. Schiller diz sobre Alfieri:

> Em todo caso tenho de lhe conceder um mérito, que, no entanto, já implica, ao mesmo tempo, uma reprimenda. Ele sabe bem como ajeitar o objeto para um uso poético e desperta o desejo de processá-lo: é uma prova de que ele próprio ainda não está satisfeito, mas também um sinal de que o desenredou exitosamente da prosa e da história.[65]

A teoria dos gêneros, que em Goethe e Schiller está vinculada com um estudo renovado e aprofundado da *Poética*[66] de Aristóteles, também parte desse problema central. Schiller formula sua simpatia por Aristóteles em um sentido perfeitamente atual, no sentido da sua luta contra o perigo duplo presente na arte moderna: "Aristóteles é um juiz verdadeiramente infernal para todos os que estão escravizados pela forma exterior ou não se importam com forma alguma"[67]. E ele elogia Aristóteles especialmente por vislumbrar na fábula, na interligação dos acontecimentos, o problema central de toda poesia. Ele então formula esse

---

[65] Carta de Schiller a Goethe de 26 de janeiro de 1803, em *Briefwechsel zwischen Schiller und Goethe*, v. 3, cit. [ed. bras.: *Correspondência*, cit., p. 160].

[66] Aristóteles, *Poética* (trad. Paulo Pinheiro, ed. bilíngue, São Paulo, Editora 34, 2015).

[67] Carta de Schiller a Goethe de 5 de maio de 1797, em *Briefwechsel zwischen Schiller und Goethe*, v. 2, cit., p. 44 [ed. bras.: *Correspondência*, cit., p. 130, modif.].

problema como resultado de seus estudos e de seu trabalho poético na matéria de *Wallenstein* nos seguintes termos:

> Quanto mais reflito sobre a minha própria atividade e sobre a forma com que os gregos tratavam a tragédia, mais acho que o ponto central reside na arte de inventar uma fábula poética. O autor moderno lida penosa e medrosamente com casualidades e detalhes e, como ambiciona aproximar-se bem da realidade, mune-se então de vazios e insignificâncias, correndo o perigo de perder a verdade mais profunda, onde de fato reside o elemento poético. Ele gostaria de imitar perfeitamente um caso verídico e não pensa que uma representação poética jamais pode coincidir com a realidade, justamente porque é absolutamente verdadeira.[68]

Em sua cooperação, Goethe e Schiller sempre trataram com todo rigor essa exigência decisivamente importante da figuração artística, o papel decisivo da fábula, da ação, na arte épica e na arte dramática; podemos depreender isso da crítica que Schiller escreveu a Goethe sobre seu projeto de epopeia *A caçada* (em idade avançada Goethe usou esse material para escrever sua *Novela*[69]):

> Espero pelo seu plano com ansiedade. Acho algo preocupante o fato de que Humboldt pensa da mesma forma que eu, apesar de não termos falado antes sobre o assunto. Ele acha que falta ao plano uma ação épica individual. Pelo que o senhor já falou sobre ele, também eu fico sempre esperando pela verdadeira ação; tudo o que me contou pareceu-me ser apenas o início e o campo para uma tal ação entre os personagens principais, e quando então pensei que essa ação deveria começar, o senhor havia terminado.[70]

Aqui está contida, ao mesmo tempo, uma crítica aniquiladora e hoje ainda atual daquele modo de figuração que se tornou predominante no período de declínio da burguesia, o qual pensava poder, mediante a exposição de um ambiente e a descrição de um acontecimento genérico usual nesse ambiente, contornar a invenção e a figuração de uma fábula individual real que expresse justamente nessa individualidade o problema típico desse material em suas determinações essenciais.

---

[68] Carta de Schiller a Goethe de 4 de abril de 1797, em *Briefwechsel zwischen Schiller und Goethe*, v. 2, cit., p. 23-4 [ed. bras.: *Correspondência*, cit., p. 115].

[69] J. W. Goethe, "Novelle", em *Berliner Ausgabe*, v. 12, cit., p. 407-32 [ed. bras.: *Novela*, Rio de Janeiro, 7 Letras, 2008]

[70] Carta de Schiller a Goethe de 25 de abril de 1797, em *Briefwechsel zwischen Schiller und Goethe*, v. 2, cit., p. 38 [ed. bras.: *Correspondência*, cit., p. 125].

114 | Goethe e seu tempo

Obviamente Goethe e Schiller não se contentaram com essa determinação fundamental do problema da figuração na literatura. A aspiração principal deles tinha em mira justamente desvelar, em meio a esses aspectos comuns, a profunda disparidade interna entre a arte épica e a arte dramática. Como síntese de uma discussão epistolar demorada e extraordinariamente interessante, Goethe escreveu seu tratado breve e rico em conteúdo *Sobre literatura épica e dramática*[71]. Nesse tratado, ele tenta formular as leis gerais da forma da arte épica e da arte dramática, ressaltando com energia tanto os aspectos comuns quanto aquilo que as diferencia.

> Tanto o autor épico quanto o dramático estão sujeitos às leis poéticas gerais, principalmente à lei da unidade e à lei do desdobramento; além disso, ambos lidam com objetos semelhantes e ambos podem precisar de toda sorte de motivos; sua grande diferença essencial, porém, baseia-se no fato de que o épico expõe os acontecimentos como *inteiramente passados* e o dramático os apresenta como *inteiramente presentes*.[72]

Desse modo, Goethe toca em uma das diferenças determinantes mais profundas entre arte épica e arte dramática. E ele ilustra essa contraposição com extraordinária plasticidade ao partir dos intérpretes personificados dos dois gêneros, do rapsodo e do mimo. (O fato de também em Goethe essas diferenças formais e a personificação se autonomizarem de modo idealista, o fato de a mimética e o rapsodo se descolarem um tanto da base social, não altera decisivamente o acerto essencial de sua confrontação.) Goethe concretiza essa contraposição no modo de conduzir a ação, ao sistematizar os motivos de condução da ação possíveis na poesia e ao separar os que são preponderantemente épicos ou dramáticos daqueles que poderiam ocorrer nos dois gêneros. Ora, é muito simples e plausível que a contraposição com o passado ou então com o presente tenha levado Goethe a ver os motivos progressivos que promovem a ação como os especificamente dramáticos e os motivos retrocessivos [*rückwärtsschreitenden*] que afastam a ação de sua finalidade como os preponderantemente épicos.

Ele chega a essa contraposição a partir do estudo dos poemas homéricos, especialmente da *Odisseia*, e é muito interessante verificar como é estreito

---

[71] J. W. Goethe e F. Schiller, "Über epische und dramatische Dichtung", em *Berliner Ausgabe*, v. 17, cit., p. 326 e seg. [ed. bras.: "Sobre literatura épica e dramática", em *Correspondência*, cit., p. 233-6].

[72] Ibidem, v. 17, p. 326 [p. 233].

o vínculo entre a concepção dessa contraposição com sua concepção do romance moderno, embora considere a forma do romance problemática e *Wilhelm Meister* apenas uma pseudoepopeia. Mediante a modificação de todas as circunstâncias sociais que produzem a contraposição entre epopeia antiga e romance moderno, o motivo retrocessivo adquire para o romance moderno uma importância bem diferente da que tinha para a epopeia antiga. A predominância desse motivo no romance moderno, no qual se trata da luta de indivíduos dentro da sociedade, é um reflexo exato de uma das questões centrais do romance burguês moderno: a impossibilidade de figurar um herói ativo-positivo. Na epopeia da Antiguidade, o motivo retrocessivo representava a dificuldade objetiva de cumprir um destino grandioso, universalmente nacional e social. (Pense-se sobretudo na *Ilíada*.) No romance burguês, esse motivo expressa a supremacia das circunstâncias sociais sobre o indivíduo, o efetivar-se da necessidade social através da cadeia das aparentes casualidades na vida do indivíduo. Schiller analisa de maneira muito interessante por que é impossível que Lotário, o personagem mais positivo em *Wilhelm Meister*, pudesse tornar-se o herói principal. É certo que ele vê principalmente as causas formais e psicológicas disso, mas por trás de seus argumentos oculta-se o sentimento correto de que seria impossível que um personagem concebido de modo inteiramente positivo pudesse se expressar, na vida burguesa, como centro de uma ação, por meio da ação, que justamente Wilhelm Meister, devido a suas fraquezas e indecisões, presta-se bem mais para ser o portador de uma ação que abrange a realidade toda, que inclui vivamente todos os seres humanos e todas as relações humanas essenciais.

Essa contraposição, à qual Goethe e Schiller dão as mais variadas formulações no decorrer da correspondência, é aplicada por eles a toda uma série dos problemas específicos mais importantes da arte épica e da arte dramática. Aqui não é possível nem mesmo mencionar alusivamente essas aplicações. Remetemos a apenas alguns exemplos muito característicos. Goethe acentua, por exemplo, a grande diferença entre a exposição na arte épica e na arte dramática. Ele diz:

> Assim, o poema épico tem a grande vantagem de que sua exposição, por mais longa que seja, não incomoda em absoluto o poeta; ele pode até mesmo trazê-la ao centro da obra, como ocorre na *Odisseia*, muito artificiosamente. Pois também esse movimento retrógrado é benéfico; mas justamente por isso, acho, a exposição dá muito trabalho ao autor dramático, porque lhe exige que avance sempre, e eu

Goethe e seu tempo

chamaria a melhor matéria dramática aquela em que a exposição já é uma parte do desenvolvimento.[73]

Schiller aplica, então, essas noções ininterruptamente à própria prática e à formulação teórica dessa prática. E, ao pensar esse problema da construção dramática até as últimas consequências, ele se aproxima cada vez mais daquela forma do drama analítico que mais tarde se tornaria extraordinariamente importante para o desenvolvimento da tragédia burguesa (especialmente em Hebbel e Ibsen). Ele escreve o seguinte sobre esse tema:

> Nos últimos dias esforcei-me para encontrar uma matéria para a tragédia que fosse do tipo de *Édipo Rei* e desse ao poeta as mesmas vantagens. Essas vantagens são imensuráveis, mesmo se só mencionar uma, a de que se pode tomar por base a mais bem montada ação, a qual contradiz inteiramente a forma trágica, à medida que essa ação já aconteceu e, portanto, recai para muito além da tragédia. Além disso, existe o fato de que o acontecido, enquanto irrevogável, é muito mais terrível pela sua própria natureza, e o medo de que algo *possa ter acontecido* ataca a alma de modo bem diferente que o medo de que algo possa acontecer. O *Édipo* é, por assim dizer, apenas uma análise trágica. Tudo já está ali e é apenas desenredado. Isso pode acontecer na mais simples ação e num espaço de tempo muito breve, embora os acontecimentos fossem bastante complicados e dependentes de circunstâncias.[74]

Aqui também se pode ver com muita nitidez o quanto o aprendizado advindo da Antiguidade, a investigação de suas legalidades artísticas, foi condicionado pelas necessidades específicas da arte moderna.

Especialmente interessantes são as observações de Goethe e de Schiller que, partindo desses pontos de vista, consideram quais fatores de um determinado material são apropriados para o tratamento poético de modo geral e para o tratamento épico ou então dramático em particular. Também nesse ponto a crítica de Goethe e de Schiller antecipa muitas tendências literárias falsas e não artísticas posteriores e preserva uma importância também para o presente. Cito só um exemplo. Goethe investiga – como base teórica para o seu *Aquiles* – a questão: "Se entre a morte de Heitor e a partida dos gregos da costa troiana está intrínseco um poema épico. Ou não?". Entre os resultados, o mais

---

[73] Carta de Goethe a Schiller de 22 de abril de 1797, em *Briefwechsel zwischen Schiller und Goethe*, v. 2, cit., p. 35 [ed. bras.: *Correspondência*, cit., p. 122-3].

[74] Carta de Schiller a Goethe de 2 de outubro de 1797, em *Briefwechsel zwischen Schiller und Goethe*, v. 2, cit., p. 126 [ed. bras.: *Correspondência*, cit., p. 152, modif.].

notável é este: "A própria invasão de Troia, como momento de realização de um grande destino, não é nem épica nem trágica e sempre só pode ser vista à distância para frente ou para trás em um tratamento épico verdadeiro. O tratamento retoricamente[75] sentimental de Virgílio não pode aqui ser levado em consideração"[76]. A tentativa de conferir forma a tais momentos de realização constitui uma das fraquezas e das faltas de estilo típicas da literatura burguesa posterior. (Pense-se em *Salammbô*[77] de Flaubert e em algumas coisas de Zola etc.)

Assim, em Goethe e em Schiller, a linha básica de investigação das leis da arte mediante o estudo da Antiguidade está sempre direcionada para uma teoria da arte especificamente moderna ou, pelo menos, vinculada de maneira íntima com os problemas da arte moderna, inclusive na qual, em termos formais e temáticos, parece prevalecer o maior dos contrastes. É certo que a teoria da arte de Goethe e de Schiller às vezes busca a superação da feiura específica e do caráter nada artístico específico da vida burguesa de modo um tanto formal, em uma tendência que se afasta do realismo, mas isso não suprime o fato fundamental. Em especial é preciso precaver-se de levar muito ao pé da letra as formulações frequentemente exageradas e incisivas dirigidas contra o realismo vulgar dos seus contemporâneos e derivar delas uma tendência para o antirrealismo completo, como fazem muitos intérpretes burgueses.

As observações formais bastante significativas de Goethe e de Schiller sobre as mudanças provocadas pela versificação de cenas prosaicas (ao trabalhar em *Wallenstein* ou então em *Fausto*) são o oposto do formalismo exatamente em sua grande concretude: elas evidenciam as mudanças de conteúdo e de estrutura ligadas à forma do verso e, em consequência, também contribuem para concretizar a teoria da expressão poética, a compreensão da interação entre conteúdo e forma. Podemos referir aqui apenas uma parte dessas observações muito significativas, mas elas são plenamente suficientes para mostrar que a busca da forma de alto nível em Goethe e em Schiller representou o exato oposto daquilo que predominou passageiramente na literatura por meio dos

---

[75] Correção de acordo com o original de Goethe e Schiller, que traz "*rhetorisch* = retoricamente" em vez de "*theoretisch* = teoricamente".

[76] Carta de Goethe a Schiller de 23 de dezembro de 1797, em *Briefwechsel zwischen Schiller und Goethe*, v. 2, cit., p. 163 [ed. bras.: *Correspondência*, cit., p. 164].

[77] G. Flaubert, *Salammbô* (Paris, Charpentier, 1911) [ed. port.: *Salammbô*, trad. Pedro Tamen, Lisboa, Relógio D'Água, 2007].

experimentos formalistas de nossa época e que em grande parte ainda hoje assombra as mentes. Schiller diz o seguinte sobre suas experiências ao reescrever em versos o *Wallenstein* originalmente composto em prosa:

> Jamais tive uma convicção tão firme quanto na minha atual atividade: de como exatamente se inter-relacionam, na poesia, matéria e forma, mesmo a exterior. Desde que transformo minha linguagem prosaica numa poético-rítmica, encontro-me sob uma jurisdição inteiramente diferente da de antes, e não posso mais me valer de muitos motivos que na realização prosaica pareciam estar bem acomodados; eles existiam tão somente para o entendimento doméstico habitual, cuja voz parece ser a prosa, mas o verso exige simplesmente relações com o poder da imaginação, e assim precisarei ser mais poético também em vários de meus motivos. Pelo menos de começo, dever-se-ia realmente esboçar em versos tudo o que precisa erguer-se acima do comum, pois o trivial em lugar nenhum ganha tanto destaque como quando é expresso em escrita versificada. [...] Na medida em que o ritmo trata todas as personagens e situações segundo *uma só* regra e as realiza *numa só* forma, apesar de sua diferença interior, ele ainda realiza, numa produção dramática, essa grandiosidade e importância que obriga o autor e seu leitor a demandar de tudo, por mais característico e diverso que seja, algo universal, puramente humano. Tudo deve reunir-se no conceito de gênero do poético, e a essa lei serve o ritmo, tanto como representante quanto como instrumento, pois ele compreende tudo sob sua regra[78]. Desse modo, ele forma a atmosfera para a criação poética, o aspecto mais rude fica para trás, e só o espiritual pode ser transportado por esse fino elemento.[79]

O ponto de vista decisivo na avaliação da tendência básica dessa teoria da arte tem de ser este: não obstante todos os elementos para afastar-se da vida atual, Goethe e Schiller experimentaram a feiura e o caráter nada artístico da vida moderna pela via do embate com a matéria aceita como inevitável, pela via da superação artística do caráter nada artístico da matéria, que eles, portanto, trilharam o mesmo caminho, pode-se até dizer que desbravaram aquele caminho tomado pelos importantes realistas da primeira metade do século XIX. A depuração de sua temática dos elementos demasiado atuais, muito próximos da realidade, nada de essencial muda nessa atualidade no sentido histórico amplo. No entanto, às vezes a temática é deslocada para uma

---

[78] Correção de acordo com o original de Goethe e Schiller, que traz "*Gesetz* = regra" em vez de "*Gegensatz* = antagonismo".

[79] Carta de Schiller a Goethe de 24 de novembro de 1797, em *Briefwechsel zwischen Schiller und Goethe*, v. 2, cit., p. 142-3 [ed. bras.: *Correspondência*, cit., p. 154-6].

distância tão etérea e abstrata que não só fica difícil ver o nexo com a atualidade da temática, mas ele também fica deformado em termos de conteúdo (*Die natürliche Tochter*). Porém, o nexo sempre está presente e o distanciamento da temática até a grande contradição social geral que, na concepção de Goethe e de Schiller, está em sua base, pode levar a um tratamento generosamente realista do tema atual. Assim, Goethe escreve palavras muito interessantes a seu amigo Meyer sobre *Wallenstein*, de Schiller. Ele elogia o fato de Schiller antecipar o "quartel de Wallenstein" como prólogo, no qual a massa do Exército, assim como o coro dos anciãos se apresentam com força e peso, porque no fim da parte principal "tudo depende de a *massa* não ficar mais ao lado dele assim que ele modifica a *fórmula* do serviço. É a história de Dumouriez, só que de maneira muito mais *arrebatadora* e, portanto, mais significativa para a arte"[80].

Assim, o caráter contraditório dialético da posição de Goethe e de Schiller não reside em um conflito exterior de Realismo de um lado e "Classicismo" de outro. Esse caráter contraditório dialético equivale muito antes à mais profunda contradição da grande arte burguesa, especialmente do período entre 1789 e 1848, constituindo a base de toda sua assim chamada prática classicista. Esse caráter contraditório ganha expressão tanto quando Goethe e Schiller levam coerentemente até as últimas consequências seu classicismo como também quando se tornam infiéis ao ideal formal clássico e com aparente inconsequência se voltam para uma temática da qual de modo nenhum se pode dar conta com os meios formais clássicos. Essa aparente inconsequência tem sua base profunda na essência do classicismo de Goethe e de Schiller. Já falamos sobre as tendências pré-românticas e românticas de Schiller e mencionamos agora apenas de passagem que, nesse período, ele flertou ininterruptamente com um tema que deveria representar a Paris desse período. Em Goethe essa tendência dupla obviamente pode ser vista com clareza ainda maior. De modo nenhum foi por acaso que, depois de uma longa pausa, ele retomou o trabalho em *Fausto*, na época exata de sua cooperação com Schiller. Não nos causa surpresa que tanto Goethe quanto Schiller constataram nesse trabalho, no estilo de *Fausto*, certa contradição com suas tendências clássicas. O essencial é que Goethe retomou justamente esse trabalho e que Schiller o saudou com entusiasmo e cooperou na teoria e na prática da aclaração dos problemas formais associados a ele.

---

[80] Carta de Goethe a Heinrich Meyer de 6 de junho de 1797, em F. W. Riemer (org.), *Briefe von und an Goethe: desgleichen Aphorismen und Brocardica* (Leipzig, Weidman'sche Buchhandlung, 1846), p. 53-4.

A aparente inconsequência teórica do ponto de vista da teoria clássica da arte ganha expressão muito nítida, por exemplo, quando ele escreve "que, quanto a essa composição bárbara, tentarei ficar mais cômodo e cogito chegar perto das exigências máximas mais do que as cumprir"[81]. Porém, suas explanações seguintes mostram como é profunda a relação entre essa "composição bárbara", justamente em sua legalidade, e as problemáticas fundamentais mais importantes da estética de Goethe e de Schiller. O fato de Goethe derivar as leis da forma aplicadas a *Fausto* de seus conhecimentos a respeito da arte épica e não dos conhecimentos que tinha do drama e da tragédia mostra que as palavras por nós citadas acerca da transição dialética de um gênero para outro em Goethe e em Schiller não eram uma brincadeira formalista de ideias, mas se originaram do conhecimento dos problemas específicos da arte moderna. Assim, Goethe escreve em conexão com a passagem anteriormente citada: "Farei com que as partes sejam elegantes e divertidas e provoquem alguma reflexão; quanto ao conjunto, que sempre permanecerá fragmento, a nova teoria do poema épico pode vir em meu auxílio"[82]. (A autonomia – relativa – das partes é, segundo a estética de Goethe e de Schiller, uma marca da arte épica em oposição à arte dramática.) Essas observações de Goethe finalizam uma crítica epistolar às partes até ali elaboradas de *Fausto*, na qual Schiller enfatiza que a elaboração do todo só pode acontecer no sentido de uma figuração da totalidade extensiva da vida moderna. Ao enfatizar o caráter épico da concepção global de *Fausto*, Goethe só tira as últimas consequências dessa constatação correta de Schiller sobre a temática de sua obra mais significativa.

A determinação de *Fausto* como "composição bárbara" aponta muito claramente para a posição contraditória de Goethe e de Schiller, por nós reiteradamente ressaltada, em relação à vida moderna como matéria da poesia. A personagem Helena da segunda parte da obra, cuja figuração Goethe empreendeu nesse período, talvez constitua a expressão mais plástica desse embate de Goethe e de Schiller com a vida burguesa moderna enquanto matéria. Na primeira rodada desse embate, isto é, na figuração grega de Helena em meio ao ambiente bárbaro-medieval-burguês de *Fausto*, Goethe vai muito além de sua matéria imediata na saga de *Fausto*, muito além de sua concepção juvenil original da obra. Portanto, é possível acompanhar aqui claramente o quanto

---

[81] Carta de Goethe a Schiller de 27 de junho de 1797, em *Briefwechsel zwischen Schiller und Goethe*, v. 2, cit., p. 63.

[82] Idem.

a "composição bárbara" de todo o *Fausto* está relacionada com a base social, própria do ser, e com o direcionamento básico objetivo do "classicismo" de Goethe e de Schiller, o quanto a aparente contradição que aflora aqui é apenas a forma fenomênica do caráter contraditório real, profundamente fundado na sociedade, de toda a posição de Goethe e de Schiller.

Goethe escreve o seguinte sobre a concepção da tragédia de Helena: "Agora, atrai-me tanto a beleza da condição de minha heroína, que me incomoda dever transformá-la em caricatura. De fato, não sinto pouca vontade de instituir uma verdadeira tragédia sobre o que já foi iniciado"[83]. A resposta de Schiller a essa carta expressa claramente o posicionamento de ambos sobre esse grande problema da arte moderna:

> Mas quando chegarem as belas figuras e situações, não se deixe incomodar com a ideia de que seria uma pena barbarizá-las. O caso poderia acontecer com frequência ainda maior na segunda parte e isso pode ser bom para calar de uma vez por todas sua consciência poética a respeito disso. O aspecto bárbaro do tratamento, que lhe é imposto pelo espírito do todo, não pode destruir o conteúdo mais elevado e abolir o belo, mas só especificá-lo de outra maneira e prepará-lo para um outro estado da alma. Justamente o aspecto mais elevado e distinto nos motivos dará à obra um encanto próprio e, nessa parte, Helena é um símbolo de todas as belas figuras que se perderão ali dentro. É uma vantagem muito significativa passar do puro ao impuro conscientemente, em vez de procurar no impuro um impulso para alçar-se ao puro, como é comum acontecer conosco, bárbaros restantes. Portanto, em seu *Fausto*, o senhor tem de afirmar em toda parte seu "*direito do Fausto*"[84].[85]

Esse franco reconhecimento por parte de Goethe e de Schiller da contradição que existe entre o trabalho na obra mais significativa de Goethe e sua concepção de arte conscientemente formulada e, ao mesmo tempo, o conhecimento de que não se trata aí de uma simples contradição entre teoria e prática iluminam da maneira mais clara possível a essência e o significado desses enunciados de Goethe e de Schiller sobre a teoria da arte. Trata-se do reflexo ideal do caráter contraditório homogêneo, não identificado pelos próprios Goethe e Schiller, de sua condição como grandes poetas que, no último período de crescimento da arte

---

[83] Carta de Goethe a Schiller de 12 de setembro de 1800, em *Briefwechsel zwischen Schiller und Goethe*, v. 3, cit. [ed. bras.: *Correspondência*, cit., p. 216].

[84] Trocadilho com a expressão alemã *Faustrecht*, que significa "lei do punho", "lei do mais forte".

[85] Carta de Schiller a Goethe de 13 de setembro de 1800, em *Briefwechsel zwischen Schiller und Goethe*, v. 3, cit. [ed. bras.: *Correspondência*, cit., p. 216-7].

burguesa, dilacerado pelas mais profundas contradições, aspiram ao máximo e o alcançam. Sua teoria e sua prática constroem a ponte entre o primeiro período de crescimento ingênuo — como se poderia dizer – da classe burguesa, que vai da Renascença ao Iluminismo, e o último período de crescimento, de 1789 a 1848, já conscientemente contraditório. A análise histórica das concepções de Goethe e de Schiller mostra com bastante clareza essa função mediadora entre os dois períodos. Goethe e Schiller assumem com plena consciência a herança de todo o crescimento burguês da Renascença até o Iluminismo e remodelam essa herança no sentido dos novos problemas do incipiente século XIX, do período posterior à Revolução Francesa. Eles são sempre, portanto, ao mesmo tempo, herdeiros e superadores do Iluminismo. Obviamente uma análise bem minuciosa de suas concepções mostraria que, em alguns pontos, eles foram vítimas de debilidades e preconceitos do período em grande parte já superado. (Por exemplo, em alguns métodos de composição de *Wilhelm Meister* e na avaliação positiva que Schiller fez desses métodos como "maquinaria épica".) Essa análise mostraria igualmente que, em vista do espírito combativo claro do Iluminismo, eles recuaram em alguns pontos. E um caráter contraditório semelhante pode ser observado em relação à sua maneira de levantar e resolver os problemas da nova época. As contradições da teoria da arte de ambos, que analisamos indicativamente com o auxílio de alguns grandes problemas, brotam dessa situação na virada de duas etapas de desenvolvimento da sociedade burguesa. Sem essa análise histórica das bases sociais do caráter contraditório de suas teorias da arte, estas de nenhum modo poderão ser reavivadas para o nosso tempo. Só quando tivermos identificado claramente o contexto histórico, a base social dessas concepções, quando deixarmos de compreender essas concepções isoladamente, mas as apreendermos como elementos de uma luta heroica de grandes artistas burgueses contra o caráter hostil à arte da sociedade capitalista, quando as tomarmos como um grande realismo, o conteúdo atual dessas concepções poderá tornar-se vivo para nós. Então o conteúdo intelectual da correspondência entre Schiller e Goethe não só será um documento histórico da maior importância sobre as concepções de arte de uma grande virada de época, mas também um legado essencial e atualmente significativo da teoria da arte, cujo tratamento crítico e histórico-sistemático enriquecerá e promoverá da maneira mais fecunda concebível nossos atuais esforços práticos e teóricos.

[1934]

A teoria schilleriana da literatura moderna

I

A teoria da literatura moderna, da fundamentação de suas particularidades e da razão de ser dessas particularidades, desenvolveu-se, desde o aparecimento da classe burguesa, sempre em estreita conexão com a teoria da Antiguidade. Seria preciso que o domínio da classe burguesa estivesse bem consolidado, que tivesse se tornado óbvio, para poder produzir uma teoria da literatura moderna sem esse paralelo histórico, puramente a partir das condições externas e internas do surgimento dessa literatura. Contudo, no momento em que as bases econômicas da sociedade burguesa se tornaram óbvias, a ideologia burguesa já estava ingressando no período da apologética: ela não dispunha mais de suficiente desenvoltura e intrepidez para investigar de modo cientificamente imparcial as possibilidades ideológicas e artísticas de sua literatura com base em uma análise crítica de seus pressupostos e suas condições sociais. O grande período da teoria burguesa da literatura, que chega a um término com a poderosa síntese histórico-mundial da história da literatura e da arte na *Estética*[1] de Hegel, baseia-se do começo ao fim na concepção da Antiguidade como o cânon da arte, como o modelo inacessível de toda arte e literatura.

---

[1]   G. W. F. Hegel, *Vorlesungen über die Ästhetik*, 3 v. (Berlim, Ducker und Humblot, 1842) [ed. bras.: *Cursos de estética I*, trad. Marco Aurélio Werle, 2. ed., São Paulo, Edusp, 2001].

Não pode ser nossa tarefa aqui enumerar as diferentes etapas, os diferentes métodos e resultados da comparação entre a literatura antiga e a moderna da época da Renascença até o idealismo alemão clássico.

Para determinar corretamente a posição histórica específica de Schiller nesse desenvolvimento, devemos restringir-nos, por um lado, a constatar que essas considerações teórico-literárias dos séculos XVI a XVIII eram, na maior parte, de caráter puramente empírico ou abstrato-técnico e raramente se alçavam ao nível de uma análise filosófico-histórica. Por outro lado, temos de enumerar em forma de síntese concisa e analisar pelo menos os motivos principais que constituíram a base social dessa confrontação teórico-literária.

Quanto a seus problemas imediatos de conteúdo e forma, a recente literatura burguesa assumiu mais a herança da Idade Média do que a da Antiguidade. Isso é compreensível, pois a classe burguesa moderna se desenvolveu economicamente a partir da burguesia citadina da Idade Média para mais tarde se converter na força que implodiu o sistema feudal. Inclusive onde os primeiros grandes representantes da literatura burguesa se encontram na mais acirrada luta ideológica contra o sistema feudal em declínio, onde eles desenvolvem a partir dessa luta formas completamente novas de figuração artística, essa nova literatura, por sua natureza, vincula-se às formas e aos conteúdos medievais, mesmo que com frequência o faça de uma forma irônico-satírica que solapa as antigas ideologias e seus modos de figuração artística (Ariosto, Rabelais, Cervantes). A novela moderna, o romance moderno, o drama moderno do tipo shakespeariano e a forma lírica moderna (Reim etc.) preservam um legado imensurável do mundo formal surgido na Idade Média. Obviamente há uma série de formas importantes (o drama classicista, a renovação da epopeia, a sátira, o poema didático, a ode etc.) que se originaram de uma recepção mais ou menos direta de modelos da Antiguidade. E é bem típico dos primeiros períodos da moderna teoria burguesa da literatura que ela leve em conta quase exclusivamente essas formas em suas análises e rejeite as demais como ausência bárbara de forma. (Confira o juízo sobre Shakespeare emitido ainda por Voltaire.) As novas formas especialmente características da literatura burguesa, sobretudo o romance, desenvolveram-se quase completamente à margem da teoria da literatura, sem serem levadas em consideração por ela.

No entanto, não se pode conceber o ideal da Antiguidade como estável nem sequer no aspecto artístico. No decorrer do desenvolvimento e do fortalecimento da classe burguesa, no curso de sua autonomização cada vez maior, de sua desvinculação do pacto com o reinado contra a nobreza feudal, transformam-se o conteúdo e a forma da Antiguidade posta como ideal. Em termos históricos: o ideal se desloca de modo crescente de Roma para a Grécia; o lugar de Sêneca passa a ser ocupado por Sófocles, o de Virgílio por Homero etc. Já esse deslocamento, que igualmente foi muito desigual e contraditório, que transcorreu em meio a fortes reveses, prova o quanto seria errônea uma esquematização do tipo sociológico-vulgar, ou seja, a associação de certas tendências tomadas em sentido formal com certos posicionamentos próprios de classe.

O modelo da Antiguidade foi o ideal político necessário da classe burguesa que lutava por sua autonomia e pelo poder do Estado. A pólis antiga cada vez mais se tornou o modelo político dos revolucionários burgueses, até que esse desenvolvimento chegou à consecução prática na Revolução Francesa. Uma consecução, todavia, que escancarou na prática a diferença entre sociedade antiga e moderna, que mostrou de modo vívido que a pólis antiga e o ideal do cidadão da pólis não puderam proporcionar nem o conteúdo nem a forma da revolução burguesa moderna, da sociedade burguesa moderna, mas foram simplesmente a fantasia – necessária –, a ilusão – necessária – de seu período heroico. Marx diz: "Robespierre, Saint-Just e seu partido sucumbiram por terem confundido a *antiga comunidade realista-democrática*, baseada na *escravidão real*, com o *moderno Estado representativo espiritualista-democrático*, que descansa sobre a *escravidão emancipada*, sobre a *sociedade burguesa*"[2]. A profunda necessidade social dessa ilusão heroica também se evidencia no fato de que, logo depois de seu primeiro fracasso diante da realidade burguesa do período napoleônico, ela voltou a alçar-se à condição de ideologia dominante do período, ainda que em outras formas e com conteúdo parcialmente (mas só parcialmente) modificado.

De modo perspicaz, Marx pôs a descoberto a base social dessa ilusão em sua análise fundamental da necessidade da cisão do consciente político-social burguês em *citoyen* [cidadão] e *bourgeois* [burguês]. Essa cisão é decorrência necessária da relação entre a sociedade burguesa moderna e seu Estado, entre o membro individual da sociedade burguesa e esse Estado e entre a base capitalista e sua superestrutura estatal. Marx diz o seguinte sobre essa relação:

---

[2] K. Marx e F. Engels, "Die heilige Familie oder Kritik der kritischen Kritik gegen Bruno Bauer und Kunsorten", em *Werke*, v. 2 (Berlim, Dietz, 1972), p. 129 [ed. bras.: *A sagrada família ou a crítica da* Crítica *crítica contra Bruno Bauer e consortes*, trad. Marcelo Backes, São Paulo, Boitempo, 2011, p. 141].

Onde o Estado político atingiu a sua verdadeira forma definitiva, o homem leva uma vida dupla não só mentalmente, na consciência, mas também na *realidade*, na vida concreta; ele leva uma vida celestial e uma vida terrena, a vida *na comunidade política*, na qual ele se considera um *ser comunitário*, e a vida *na sociedade burguesa*, na qual ele atua como *homem privado*, encara os demais homens como meios, degrada a si próprio à condição de meio e se torna um joguete na mão de poderes estranhos a ele. A relação entre o Estado político e a sociedade burguesa é tão espiritualista quanto a relação entre o céu e a terra. A oposição entre os dois é a mesma, e o Estado político a supera da mesma maneira que a religião supera a limitação do mundo profano, isto é, sendo igualmente forçado a reconhecê-la, produzi-la e deixar-se dominar por ela. Na sua realidade *mais imediata*, na sociedade burguesa, o homem é um ser profano. Nesta, onde constitui para si mesmo e para outros um indivíduo real, ele é um fenômeno *inverídico*. No Estado, em contrapartida, no qual o homem equivale a um ser genérico, ele é o membro imaginário de uma soberania fictícia, tendo sido privado de sua vida individual real e preenchido com uma universalidade irreal.[3]

Concomitantemente, porém, decorre dessa mesma relação que, em conformidade com sua existência, *citoyen* e *bourgeois* acabam formando uma unidade indivisível, pois a "cisão" se efetua sempre dentro de um só e do mesmo indivíduo. E, nessa unidade, conforme a existência, o *bourgeois* sempre tem a supremacia, embora, em conformidade com a consciência, a "cisão" seja necessária e nela surja uma liderança imaginária – ilusória ou fingida – por parte do *citoyen*.

A divisão social do trabalho no capitalismo reproduz essa contradição em nível cada vez mais elevado, visto que especializa as áreas específicas da atividade social de modo cada vez mais enérgico, concedendo-lhes cada vez mais intensamente uma autonomia relativa e, no decorrer desse desenvolvimento, alça o Estado cada vez mais à região espiritualista de uma "universalidade" que se contrapõe aos interesses particulares dos *bourgeois* individuais. Essa ilusão de independência do Estado em relação à sociedade burguesa, do predomínio do interesse universal imaginário em relação aos reais interesses particulares dos *bourgeois* constitui, portanto, um produto tão necessário da divisão social do trabalho no capitalismo quanto a conexão de fato entre ambos, quanto o predomínio de fato do desenvolvimento econômico real sobre todas

---

[3] Idem, "Zur Judenfrage", em *Werke*, v. 1 (Berlim, Dietz, 1976), p. 354-5 [ed. bras.: *Sobre a questão judaica*, trad. Nélio Schneider, São Paulo, Boitempo, 2010, p. 40-1].

as ilusões que o acompanham. Obviamente nesse ponto não se pode reduzir de maneira mecânica a um mesmo denominador toda ilusão nem toda consciência falsa. As ilusões heroicas da burguesia combativa dos séculos XVII e XVIII são algo bem diferente das dissimulações apologéticas das contradições da sociedade burguesa desenvolvida que já afloram nitidamente.

O recurso à pólis antiga, a análise de suas experiências visando à construção da própria teoria política de Estado, é um movimento decididamente progressista no período da burguesia em ascensão. Por trás da ilusão dupla de que uma realização da democracia da pólis seria possível como tarefa revolucionária futura e que o cumprimento das exigências revolucionárias da classe burguesa poderia levar à superação das contradições reais que estão na base de sua existência econômica situa-se justamente a luta implacável e heroica dos melhores líderes ideológicos do período revolucionário da burguesia. Nesse caso, portanto, o recurso a um passado distante constitui um utopismo progressista, bem em oposição ao posterior recurso romântico à Idade Média como ideal, em cuja base de fato se encontra o desejo – dos representantes sinceros dessa orientação – de resolver as contradições da sociedade capitalista mediante a recondução econômica desta a um estágio em que as contradições ainda não existiam.

II

Se a teoria político-social da Antiguidade enquanto modelo e exemplo estiver baseada em uma ilusão, a teoria literária que surgiu em conexão com essa mesma luta de classes e se conecta diretamente a essa concepção política deve ser uma ilusão elevada à segunda potência. Porém, essa ilusão duplicada não impede que, nessa teoria, apesar de tudo, os grandes problemas atuais do desenvolvimento burguês sejam explicitados de modo amplo e sincero no nível mais alto do desenvolvimento da literatura. A luta humanista contra a degradação do homem causada pela divisão capitalista do trabalho encontra exatamente no campo artístico-literário um modelo mais claro na literatura e na arte gregas, que de fato eram expressão de uma sociedade que – para seus cidadãos livres, que são os únicos que entravam em cogitação ali – ainda se encontrava aquém dessa estrutura social. Ela podia se tornar, assim, exemplo e modelo para uma aspiração que inscreveu em suas bandeiras o lema da restauração da integridade do homem. De maneira correspondente, desempenhou um papel importante nesse desenvolvimento o fato de Homero e os trágicos gregos terem tomado o lugar dos exemplos artísticos do desenvolvimento tardio de Roma, porque, na literatura anterior e na literatura clássica da Antiguidade, figuravam uma sociedade e os problemas de uma sociedade em que ainda sobreviviam alguns resquícios da sociedade gentílica. Quando poetas e teóricos do século XVIII falaram de natureza, da conformidade da vida humana com a natureza, quando eles combateram a falta de naturalidade e a degeneração de seu presente, sempre pairou diante de seus olhos não um estado natural bárbaro, mas justamente esse período do desenvolvimento da humanidade.

O ideal antigo significa, portanto, enquanto ideal da figuração literária, a superação do antagonismo entre estilização abstrata e um naturalismo que se apega de modo servil à realidade imediata. Não é por acaso que esse antagonismo surge na literatura burguesa e de maneira nenhuma por razões puramente literárias ou artísticas. Pelo contrário, esse antagonismo é constantemente produzido e reproduzido pelas contradições da sociedade capitalista. Ou melhor, quanto mais desenvolvida for a sociedade capitalista tanto mais desenvolvidos serão os dois polos, tanto a estilização cada vez mais abstrata, cada vez mais pobre em conteúdo, quanto o naturalismo que se apega de maneira cada vez mais servil à superfície imediata, que se torna cada vez mais fotográfico.

A contradição básica da sociedade capitalista, aquela entre produção social e apropriação privada, torna cada vez menos transparentes para os escritores burgueses as reais forças motrizes de seu ser social: na superfície se tornam visíveis acontecimentos e destinos puramente pessoais, privados no nível imediato, e aquelas forças sociais que interferem nesses destinos privados e que, em última análise, os determinam, assumem para os observadores burgueses uma figura cada vez mais abstrata, enigmática. E, à medida que a economia capitalista se expande, a superestrutura (especialmente o Estado) vai assumindo formas cada vez mais etéreas, elevadas em relação à vida real dos indivíduos, o lado *citoyen* do homem burguês vai se tornando cada vez mais uma abstração vazia de conteúdo. Em contrapartida, paralelamente o *bourgeois* aparece cada vez mais como "mônada" isolada e, quanto menos a realidade social objetiva corresponde a essa aparência, tanto mais diretamente essa aparência se mostra na referida forma. As tendências apologéticas da ideologia burguesa obviamente fazem uso dessas contradições para seus fins, visando ao encobrimento das contradições do capitalismo, e influenciam também ideólogos do tipo que quer abordar com honestidade – subjetiva – os problemas da vida. Portanto, dado que é cada vez mais difícil para a consciência burguesa apreender a interconexão de fato existente entre o fenômeno e o ser da vida social em sua interação viva (e consequentemente: figurá-la), o processo artístico de criação da literatura burguesa forçosamente se polariza cada vez mais segundo esses dois falsos extremos.

Na época do Iluminismo, esse antagonismo já existia, mas de início só de maneira embrionária. Os falsos extremos já existiam literariamente, mas ainda estavam agindo forças muito vigorosas no sentido contrário. Ainda existia a coragem para o desvelamento implacável das contradições sociais. Tanto mais porque as ilusões heroicas do período de preparação da Revolução Francesa e as da própria Revolução consistiram exatamente na autoilusão – historicamente justificada e fecunda – de que levar a cabo a revolução burguesa superaria as contradições que já foram percebidas, explicitadas e configuradas com nitidez pelos grandes pensadores e poetas dessa época.

Na segunda metade do século XVIII, multiplicaram-se as vozes críticas que vislumbravam na teoria e na prática da arte grega o exemplo de um realismo novo e amplo que reproduz a essência das coisas. Lessing travou o combate contra a idealização abstrata do drama, sobretudo de Corneille e de Voltaire, fazendo-o, é certo, em nome de Shakespeare, mas baseando-se na argumentação de que as reais exigências da poesia antiga, da *Poética* de Aristóteles, foram cumpridas conforme seu espírito por Shakespeare (a exemplo de Sófocles), ao passo que o cumprimento conforme a letra pelos classicistas franceses resulta em uma caricatura abstrata. Herder e o jovem Goethe viram especialmente em Homero o ideal de uma poesia verdadeira, realista e, ao mesmo tempo, ampla, monumental e popular, em oposição ao literatismo em parte abstrato, em parte tacanho, do presente artisticamente degenerado e decaído.

A veneração crescente do realismo da Antiguidade de modo nenhum se restringe ao campo do esteticamente formal, mas se amplia de maneira constante para o estabelecimento de um contraste entre a imparcialidade moral grandiosamente ingênua dos gregos e as convenções vazias e extrapoladas, hipócritas e exageradas da sociedade burguesa. Ferguson proporciona uma contraposição extraordinariamente interessante e instrutiva desse tipo, que temos de citar por extenso aqui por causa de sua influência mais do que provável sobre Schiller.

> Nosso sistema de guerra não se diferencia daquele dos gregos mais do que os personagens favoritos dos nossos romances antigos se diferenciavam dos da *Ilíada* e de qualquer poema antigo. O herói da fábula grega, dotado de força, coragem e habilidade superiores, faz uso de toda vantagem que tem sobre o inimigo para

matá-lo enquanto se mantém em segurança. [...] Homero, que dentre todos os poetas era o que mais entendia de exibir as emoções de uma intensa afeição, raramente tenta provocar comiseração. Heitor tomba sem piedade e seu cadáver é insultado por todo grego.[4]

Segue-se em Ferguson uma análise extensa dos antagonismos modernos próprios de uma "polidez refinada [*refined courtesy*]", de "uma honradez escrupulosa [*scrupulous honour*]". Resumindo, Ferguson diz sobre o herói moderno: "Saindo-se vitorioso, ele é alçado acima da natureza tanto no que se refere à sua generosidade e gentileza quanto à sua intrepidez e valentia no campo militar"[5]. O herói grego é bem diferente:

> O herói da poesia grega age segundo as máximas da animosidade e da paixão hostil. Suas máximas na guerra são como as que prevalecem nas matas da América. Elas exigem que ele seja bravo, mas permitem que pratique contra seu inimigo todo tipo de embuste. O herói do romance moderno desdenha o estratagema tanto quanto o perigo e une na mesma pessoa traços de caráter e disposições de espírito aparentemente opostos; ferocidade com gentileza e sede de sangue com sentimentos de ternura e pena.[6]

Ora, é muito interessante observar que, em uma passagem decisiva do contraste que estabelece entre poesia antiga e moderna, Schiller aborda exatamente esse problema. Ele trata dessa questão de modo bem menos socialmente concreto do que Ferguson, mas, em compensação, tira, como veremos mais adiante, as consequências estilísticas desse contraste de maneira ainda mais enérgica. No ensaio *Poesia ingênua e sentimental*[7], compara duas cenas de Ariosto e Homero. Em Homero, Glauco e Diomedes, dois homens ligados pelo dever de hospitalidade, confrontam-se no campo de batalha; em Ariosto, é a nobreza cavaleiresca que supera a inimizade.

> Os dois exemplos, por mais diferentes que de resto possam ser, quase se igualam no efeito sobre nosso coração, porque ambos pintam a bela vitória dos costumes

---

[4]   A. Ferguson, *An Essay on the History of the Civil Society* (Edimburgo, Edinburgh UP, 1767), p. 307-8.

[5]   Ibidem, p. 308.

[6]   Idem.

[7]   F. Schiller, "Über naive und sentimentalische Dichtung", em *Sämtliche Werke* (3. ed., Munique, Hanser, 1962) [ed. bras.: *Poesia ingênua e sentimental*, trad. Márcio Suzuki, São Paulo, Iluminuras, 1991].

sobre a paixão e nos comovem pela ingenuidade das intenções. Mas os dois poetas se comportam diferentemente na descrição dessas ações semelhantes. Cidadão de um mundo posterior que se desviou da simplicidade dos costumes, Ariosto não pode ocultar o próprio assombro, a própria comoção, ao narrar esse episódio. Subjuga-o o sentimento da distância entre aqueles costumes e os que caracterizam sua época. De súbito, abandona o quadro do objeto e fala em sua própria pessoa.[8]

Homero, em contraposição, narra o episódio de modo bem singelo e simples; no caso dele, não se fala de um emergir pessoal, nem de uma apreciação sentimental; "como se tivesse relatado algo corriqueiro, como se ele mesmo não tivesse no peito um coração"[9], ele prossegue com seca veracidade:

> Então a tal ponto Zeus confundiu a mente de Glauco que este sem pensar trocou com o herói Diomedes armaduras, uma de ouro por uma de bronze, no valor de cem touros aquela por esta no valor de nove touros.[10]

Nessa glorificação do realismo da Antiguidade e da imparcialidade moral, todos esses teóricos cometem certa injustiça contra seus contemporâneos, os grandes realistas burgueses. Em todo o período de desenvolvimento da burguesia, reiteradamente houve importantes realistas que mostraram diante dos fenômenos da sociedade de sua época uma grandiosa imparcialidade e a expressaram em suas figurações. Contudo, essa injustiça não deixa de ter certo teor de verdade exatamente em termos de história mundial, pois na imparcialidade dos realistas modernos, na figuração de sua realidade contemporânea, necessariamente está embutido certo grau de cinismo (no sentido de Ricardo), uma ira oculta por baixo dessa imparcialidade, um desprezo pela degradação dos homens na sociedade burguesa, uma sensação que um Homero por necessidade social não podia ter, na mesma proporção em que um Balzac por necessidade social tinha de ter.

Aqui aflora nitidamente a contradição insolúvel entre o realismo burguês e o realismo grego antigo. Os proclamadores do ideal antigo exigem um realismo que deve ser capaz de pintar uma imagem jovial e positiva do presente retratado mediante verdadeira e profunda apreensão do essencial. Porém, a profunda contradição artística do realismo burguês reside no fato de tal aceitação da

---

[8]   Idem, p. 713 [cit., p. 58].

[9]   Idem, p. 714 [cit., p. 59].

[10]   Homero, *Ilíada*, livro VI.

132 | Goethe e seu tempo

sociedade burguesa ser fundamentalmente impossível, justamente para seus grandes e verdadeiros representantes ideológicos. A aceitação da sociedade burguesa, inclusive em seu período ascendente, sempre permanece uma aceitação "apesar de tudo". Essa contradição interna do realismo burguês, que assoma da maneira mais evidente possível exatamente em seus maiores representantes, é, ao mesmo tempo, o problema do herói positivo para a literatura realista da burguesia, uma questão que nem os maiores representantes dessa literatura conseguiram resolver.

A literatura burguesa só consegue criar um herói positivo pela via da idealização. Reside na essência da sociedade burguesa, na dualidade irrevogável e na unidade contraditória de *citoyen* e *bourgeois* do homem burguês, que o *bourgeois* – caso não se queira dar um lustre apologético a tudo – possa ser, quando tratado de modo mais ou menos irônico, bem-humorado e satírico, o herói de uma grande obra literária realista. Porém, para os grandes realistas da classe burguesa, é igualmente uma tarefa insolúvel colocar realisticamente no centro da figuração o lado *citoyen* do herói de modo puramente positivo, sem ironia, sátira ou humor. Em *Dom Quixote*, Cervantes proporcionou um modelo jamais igualado de tal figuração satírica do herói "ideal positivo". Só determinadas situações concretas da luta de classes contra os resquícios feudais podem tornar possível, dependendo das circunstâncias, figurar de maneira realista um tipo positivo da classe burguesa de modo puramente positivo, quando, por exemplo, o centro da ação não é ocupado por sua grandiosidade, mas por sua resistência às perseguições e às seduções da nobreza. Porém, mesmo em tais casos, certa extrapolação idealista de tal figuração é quase inevitável (Richardson). Dessa situação geral da classe burguesa procede a necessidade irrevogável de uma literatura estilizadora de cunho idealista-patético. Começando com as epopeias e os dramas de Milton, com *Cato*[11] de Addison, até o classicismo republicano de Alfieri e até o *páthos* idealista-revolucionário de Shelley, necessariamente se mantém esse estilo idealista – todavia sempre em mudança – ao lado da grande corrente da literatura social realista. Nessa série figura também a poesia de Schiller.

A estilização idealista do herói positivo enquanto representante do lado *citoyen* do burguês deve vislumbrar, de modo ainda mais intenso que o faz a poesia realista, seu modelo inacessível no helenismo, na tragédia grega. Por

---

[11] J. Addison, *Cato: a Tragedy in Five Acts* (Paris, Printed for Baudry, 1823).

trás desse caráter modelar também se esconde um problema social, encoberto por um envoltório estético relativamente diáfano, a saber, o da dimensão pública da vida antiga, e como sua consequência estética: a atmosfera ampla e, não obstante, realista, política e, ao mesmo tempo, humana, presente nas tragédias gregas. Qualquer que tenha sido a questão que se tornou objeto de conflito para os trágicos gregos, ela sempre podia ser tratada publicamente como assunto de interesse público.

A dilaceração do homem burguês em *citoyen* e *bourgeois* desloca os problemas vinculados com a vida material real do homem para a esfera da vida meramente privada e oferece como matéria para o *páthos* da esfera pública apenas a abstração etérea rarefeita do *citoyen*. A literatura burguesa jamais encontrou uma solução artisticamente consumada para a vinculação figuradora do privado com o público. Ou se renunciou de maneira resoluta à figuração do particular e do privado, sendo que Alfieri foi o mais coerente nisso; nesse caso, surgiram amplos projetos de tragédias possíveis, mas todos sem vida e abstratos. Ou se tentou, como na Alemanha de Lessing e do *Sturm und Drang*, desenvolver organicamente do interior de uma figuração realista das relações sociais aquilo que nelas é público. Nesse caso, sempre adere aos traços particulares dos personagens, dos destinos privados, uma casualidade não superada e insuperável. Não foi por acaso que, no fim de *Emília Galotti*, Lessing se perdeu no labirinto das casualidades psicológicas não resolvidas, do mesmo modo que forçosamente os dramas do jovem Schiller compõem um emaranhado de intrigas improváveis que por casualidade são bem-sucedidas ou malsucedidas. E isto tanto mais quanto mais público é o objetivo, quanto maior a intensidade com que é empreendida a vinculação entre público e privado (*Fiesto, Dom Carlos*).

III

No curso de seu desenvolvimento, Schiller adquire clareza cada vez maior sobre esse problema. Na introdução a *A noiva de Messina*[12], ele desloca esse problema resolutamente para o centro. Ao fazer isso, em conformidade com a orientação geral de seu período posterior, parte do problema estético do

---

[12] F. Schiller, "Die Braut von Messina oder Die feindlichen Brüder: ein Trauerspiel mit Chören", em *Schillers Sämtliche Werke in zwölf Bänden*, v. 5 (Stuttgart, Cotta, 1860), p. 349 e seg. [ed. bras.: *A noiva de Messina*, trad. Gonçalves Dias, São Paulo, Cosac Naify, 2004].

134 | Goethe e seu tempo

estilo dramático e faz nessa tragédia o experimento de restabelecer pela via artística, mediante a introdução do coro, a esfera pública que falta no drama moderno. Porém, constata corretamente que na base dessa diferença estética se encontram diferenças sociais das duas épocas. Ele diz sobre a tragédia antiga:

> As ações e os destinos dos heróis e reis por si sós já são públicos e eram ainda mais nos singelos tempos antigos. Logo, o coro foi na tragédia antiga antes um órgão natural, decorrendo já da figura poética da vida real. Na nova tragédia, ele se converte em um órgão da arte; ele ajuda a produzir a poesia. O poeta mais recente não encontra mais o coro na natureza, tendo que criá-lo poeticamente e introduzi-lo.[13]

Disso se segue que, na tragédia, o coro não é mais um meio amplamente realista de figuração, mas um meio idealista de estilização, na medida em que "ele transforma o mundo comum moderno no antigo mundo poético"[14].

No que segue, Schiller faz uma descrição muito exata e essencialmente correta da razão pela qual a vida moderna pouco favorece a figuração poética como matéria da grandiosa poesia pública do drama. Suas observações também mostram o quanto seu distanciamento da revolução tornou essa matéria ainda menos favorável do que em si e por si só já é.

> O palácio dos reis agora está cerrado. Os tribunais se retiraram dos portões das cidades para o interior das casas, a escrita reprimiu a palavra viva, o próprio povo, a massa sensivelmente viva converteu-se, quando não atua como força bruta, em Estado e consequentemente em conceito abstrato, os deuses voltaram para dentro do peito do homem. O poeta precisa reabrir os palácios, trazer os tribunais de volta para o ar livre, voltar a erigir os deuses, ele deve restaurar todo o imediato que foi suprimido pela instalação artificial da vida real.[15]

O caráter contraditório do posicionamento de Schiller em relação à sociedade burguesa moderna e, desse modo, à poesia moderna aparece claramente. Porém, também nesse ponto fica evidente que os limites de Schiller de maneira nenhuma são exclusivamente pessoais, mas brotam das contradições trágicas do humanismo burguês. Schiller vê aqui com muita nitidez que, na revolução, está presente uma esfera pública da vida burguesa moderna – no sentido de suas exigências voltadas para a Antiguidade –; ele diz que o povo se torna hoje

---

[13] Idem.

[14] Ibidem, p. 349.

[15] Idem.

uma abstração no Estado; *a única exceção é: quando a massa "atua como força bruta", isto é, a revolução.*

Essa visão extraordinariamente profunda da essência da sociedade burguesa moderna, que Schiller formula aqui como grande poeta, como avaliador escolado de sua conveniência para ser matéria do grande drama, exibe com clareza esse caráter contraditório trágico para o humanismo burguês. Aqui aparece nitidamente tudo o que a rejeição das formas e dos conteúdos plebeus de continuidade da revolução burguesa bloqueou também poeticamente a esse grande humanista: a ampliação do horizonte da poesia – em especial do drama – para um modo equivalente ao grego. O aspecto trágico dessa sua situação consistiu em que aquela rejeição fosse socialmente necessária. E isso não exclusivamente por razões "psicológico-sociológicas" presentes na personalidade de Schiller. Seguidamente houve aqueles que não tomaram parte na rejeição, que superaram *de modo individual* esse susto diante das consequências últimas da revolução burguesa (assim na Alemanha: Georg Forster, Hölderlin). Decisivo é, muito antes, que, nesse período, o grande caminho da classe burguesa teve de ser o dessa rejeição da continuidade plebeia da revolução burguesa: o caminho de Goethe, Hegel e Balzac, comparados com os quais Forster ou Hölderlin, não obstante toda sua fidelidade à ideia de levar a termo a revolução burguesa, não passam de figuras episódicas. Nada altera nessa necessidade sócio-histórica objetiva o fato de que até os maiores representantes ideológicos da classe burguesa forçosamente perderam muito em termos filosófico-artísticos por se afastarem da dimensão plebeia; nada muda no fato de que às vezes – como aqui no caso de Schiller – eles começavam a ter noção dessas perdas, dessas renúncias. A necessidade de separar-se dessas tendências plebeias, cuja encruzilhada foi alcançada exatamente nessa época na parte ocidental do continente europeu, revela-se de modo prático-político na reversão das tendências plebeias-jacobinas para continuar impulsionando a revolução burguesa nos primórdios das tendências revolucionárias proletárias de Babeuf.

Schiller tomou sua decisão contra as tendências plebeias. Por essa razão, ele forçosamente não conseguiu resolver o problema histórico e de conteúdo da inconveniência da vida burguesa moderna como objeto de uma figuração dramática pública ampla e, por isso, necessária. Não procurou desenvolver a partir da vida moderna mesma os traços que contêm em si uma dimensão pública, mas tenta com recursos artísticos criar um ambiente artificial, no qual o puramente privado é inflado de maneira idealista à condição de público.

Nesse ambiente artificial de uma dimensão pública artificialmente estilizada, os personagens dramáticos têm de ser introduzidos mediante composição e suas relações puramente privadas, de igual modo, têm de ser submetidas a uma exacerbação subjetivista desse tipo.

De modo correspondente, em Schiller o coro não se torna uma representação concreta da esfera pública, mas uma universalidade abstrata.

> O coro mesmo não é nenhum indivíduo, mas um conceito geral. [...] O coro abandona o círculo estreito da ação para se alastrar sobre coisas passadas e futuras, sobre épocas e povos remotos, sobre a humanidade em geral, para extrair os grandes resultados da vida e articular as lições da sabedoria.[16]

E Schiller não se ilude – o que, uma vez mais, evidencia o significativo traço de lucidez de seu pensamento – a respeito da impossibilidade de levar a cabo a real união figurativa do privado e do público, do particular e do universal. "Pois se dois elementos da poesia, o ideal e o sensível, não atuarem *juntos* em íntima união, eles precisarão atuar um ao lado do outro, ou a poesia é cancelada"[17]. Portanto, de acordo com as conclusões do próprio Schiller, o coro só pode trazer resultados artísticos; do mesmo modo que "traz *vida* à linguagem, [...] traz *repouso* à ação"[18]. A grande investida do Schiller tardio no sentido de tornar pública a vida privada e superar a inadequação da vida burguesa como matéria para o grande drama termina em um classicismo estetizante.

A posição particular do Classicismo alemão nesse processo de disputar com a Antiguidade para criar uma arte equivalente à grega, a despeito das contradições da vida burguesa, que fornecem uma matéria extremamente inconveniente para a poesia, consiste em que, para o Classicismo alemão, torna-se cada vez mais claro o caráter irrecuperavelmente passado do helenismo e que dessa clareza são tiradas as consequências correspondentes para a essência da poesia moderna. Essa clareza se encontra em estreita conexão com a avaliação da Revolução Francesa. Como vimos, Marx apontou com perspicácia certeira para a ilusão trágica dos jacobinos radicais de voltar a erigir a democracia da pólis sobre a base da sociedade burguesa moderna. O processo ideológico de afastamento da revolução no Classicismo alemão percorre um trajeto similar, ali, no entanto,

---

[16] Idem.

[17] Idem.

[18] Idem.

sobre a base de uma falsa consciência. O desenvolvimento do jovem Hegel mostra com toda clareza como era íntima a relação, na Alemanha daquele tempo, entre estes dois complexos: por um lado, a afirmação da Revolução Francesa e o programa cultural de renovação da Antiguidade e, por outro lado, o afastamento termidoriano dos métodos revolucionários e a concepção da Antiguidade como uma época definitivamente passada. É muito sintomático que, no jovem Hegel, a ocupação detida com a economia inglesa clássica esteja no centro daquele período de crise que acarreta essa inflexão política na avaliação do helenismo. A Schiller falta essa visão econômica de Hegel; ele sempre formula seus problemas filosófico-históricos em termos puramente ideológicos, mesmo que sob esse invólucro ideológico com frequência se oculte um acúmulo considerável de conhecimento histórico. Em suas cartas sobre *A educação estética*[19], escreve sobre a Antiguidade grega como passado irrecuperável:

> A aparição da humanidade grega foi indiscutivelmente um máximo que não podia perdurar nesse nível nem elevar-se mais. [...] Os gregos haviam alcançado tal grau e, caso quisessem prosseguir no sentido de uma formação mais alta, deveriam, como nós, abrir mão da totalidade do seu ser e buscar a verdade por rotas separadas.[20]

IV

No entanto, houve na Alemanha daquele tempo ainda outra concepção da Antiguidade, a de cunho jacobino-revolucionário. Seu principal representante ideológico foi o posterior revolucionário jacobino Georg Forster, de Mainz; suas teorias foram parcialmente renovadas pelo jovem Friedrich Schlegel em seu período pré-romântico.

No que concerne às diferenças sociopolíticas entre a Alemanha e a França, essa teoria teve um caráter fortemente pessimista sobre o presente da Alemanha – pois nem se podia cogitar uma realização prática revolucionária do ideal da Antiguidade na Alemanha. Assim, da comparação entre Antiguidade e presente tinha de resultar uma condenação áspera e severa de toda a literatura e cultura da Alemanha daquele tempo.

---

[19] F. Schiller, "Über die ästhetische Erziehung des Menschen: in einer Reihe von Briefen", em *Schillers Sämtliche Werke in zwölf Bänden*, v. 12 (Stuttgart, Cotta, 1860), p. 1-118 [ed. bras.: *A educação estética do homem numa série de cartas*, trad. Roberto Schwarz e Márcio Suzuki, 4. ed., São Paulo, Iluminuras, 2002].

[20] Ibidem, p. 32 [p. 39].

138 | Goethe e seu tempo

Esta é a linha dos escritos de política literária e cultural de Georg Forster, que foram muito influentes naquela época. Eles exerceram grande influência sobre o jovem Hegel, fato sempre omitido pela história burguesa da filosofia. Em suas *Ansichten vom Niederrhein* [Perspectivas do Baixo Reno][21], Forster contrasta, por ocasião da análise dos maiores produtos da pintura moderna, arte antiga e arte moderna com base no contraste entre vida antiga e vida moderna:

> Personagens gregos e deuses gregos não cabem mais na forma do gênero humano; eles nos são tão estranhos quanto fonemas e nomes pronunciados em grego na nossa poesia. Pode até estar correto o que se diz da perfeição divina das duas obras-primas de Fídias, de sua Minerva e de seu Júpiter; porém, quanto mais majestosos estivessem ali assentados ou parados, a sublime cabeça diante de nosso olhar beirando o céu, tanto mais temível para a nossa fantasia, quanto mais perfeitos os ideais do excelso, tanto mais estranhos para a nossa fraqueza. Homens que ficavam em pé por sua conta, dispunham de uma consciência suficientemente ousada para olhar nos olhos aquelas divindades gigantescas, sentir-se aparentados com elas e, em função desse parentesco, confiarem em seu apoio em caso de necessidade. O nosso desamparo muda as coisas. Estamos incessantemente sofrendo privações e jamais teimamos com as próprias forças. A principal necessidade de nossa vida é encontrar uma pessoa de confiança para quem podemos nos queixar da dificuldade que temos conosco mesmos, diante de quem podemos derramar nosso coração com todas as suas contradições, com todos seus descaminhos e interesses secretos, de quem podemos extrair apoio e compaixão mediante súplicas e lágrimas persistentes, do mesmo modo que nós mesmos somos pacientes e compassivos; e para isso criamos deuses à nossa imagem. [...] O fraco não é capaz de abranger o perfeito; ele busca um ser segundo a sua espécie, capaz de entendê-lo e amá-lo, com quem ele pode se comunicar. Ora, desse gênero humano fazem parte os nossos artistas e a favor dele trabalham.[22]

Está claro que essa concepção implica uma rejeição de toda a literatura alemã contemporânea como servil e débil. O ideal antigo dos jacobinos de Paris é aqui uma imagem de Medusa, diante da qual tudo se petrifica na morte. Quando o jovem Friedrich Schlegel, que não deixou de ser tocado pelos escritos estéticos de Schiller, mas tanto política quanto esteticamente foi mais influenciado pela tendência forsteriana, começou a renovar e a propagar, em

---

[21] G. Forster, *Ansichten vom Niederrhein, von Brabant, Flandern, Holland, England und Frankreich, im April, Mai und Junius 1790* (Berlim, Voss, v. 1: 1791; v. 2: 1791; v. 3, 1794).

[22] Ibidem, p. 453-4.

seus escritos sobre a poesia grega, essas teorias em uma forma mais difusa, mais atenuada, mais ideológica e mais estetizante, Schiller se voltou com toda veemência contra ele. Bloqueou seu acesso às revistas em que era o redator, zombou dele em verso e prosa:

> Mal ficamos livres da "febre fria", a galomania,
> e já temos o surto de uma bem quente, a grecomania.
> Grecidade o que foi? Intelecto, moderação e clareza. Por isso pensaria eu,
> Um pouco de paciência, meus senhores, antes de virdes falar a nós de grecidade!
> Esgrimis uma causa digna; por puro bom-senso
> Peço que ela não venha a ser motivo de zombaria e gargalhadas.

Portanto, no auge de suas aspirações voltadas para a Antiguidade, Schiller rejeita da maneira mais ríspida possível a renovação jacobina do helenismo, denominando-a "grecomania".

O combate à "galomania" é uma antiga herança da filosofia alemã clássica originária do Iluminismo. Superando não só seus contemporâneos alemães, mas também os críticos ingleses e franceses de seu tempo, Lessing fez uma delimitação, com toda a clareza de princípios, entre o novo ideal de renovação da Antiguidade no ápice pré-revolucionário da época do Iluminismo e o período anterior a ele, condenando o Classicismo francês e seus sucessores dramáticos, entre eles também Voltaire, como não clássicos, não gregos, em sua essência mais profunda. Essa crítica de Lessing ao Classicismo francês, sua rejeição como intermediário entre a Antiguidade e o presente, isto é, a rejeição da monarquia absoluta com seu compromisso de classe entre burguesia e nobreza como elo necessário entre o feudalismo e a burguesia, torna-se, a partir de então, determinante para a teoria da literatura moderna, principalmente na Alemanha, onde o surgimento da literatura nacional só pôde se dar na forma de literatura combativa, burguesa, revolucionária e contrária à cultura copiada de Versalhes pelas pequenas cortes, que eram o sustentáculo do impedimento da unidade nacional.

Porém, essa rejeição se efetua sob as condições específicas do desenvolvimento das classes e da luta de classes na Alemanha. E essas condições impossibilitam uma ruptura completa com o estilo da *tragédie classique* [tragédia clássica], apesar da rejeição teórica veemente e bem fundamentada. Pode parecer que, no *Sturm und Drang*, a ruptura com essas tradições foi mais completa do que no próprio Lessing, mas especialmente o primeiro período de Goethe em Weimar,

140 | Goethe e seu tempo

com *Ifigênia*[23], *Tasso*[24] e o fragmento de *Elpenor*[25] etc., volta a tomar o rumo de uma continuidade bastante remodelada e interiorizada da *tragédie classique*.

Nesse tocante, ganha importância sobretudo a tendência da interiorização psicológica do drama em Racine e – com toda a brevidade necessária – é preciso enfatizar todavia que a arte dramática desse período de Goethe ainda vai além de Racine em termos de interiorização. Porém, apesar de toda a transformação dos problemas dos costumes às vezes ainda convencionais e exteriores em problemas que aparentam ser puramente psíquicos, esse caráter cortesão aburguesado dos problemas torna-se bem visível e, mediado por ele, o da construção e do estilo de Goethe. (Especialmente em *Tasso*, em que o problema do poeta e do mecenato confere forma ao conflito trágico.) Esses problemas – e, condicionado por eles, esse estilo – desempenham um importante papel como corrente estilística secundária também no desenvolvimento posterior do drama alemão (pense-se em Grillparzer, em *Giges e seu anel*[26] de Hebbel).

No entanto, com isso ainda não está esgotada a sobrevivência do "estilo francês" no drama alemão. A alusão a uma linha estilística de desenvolvimento "Racine – *Ifigênia* – *Giges*" já mostra que tampouco o problema do estilo da *tragédie classique* pode ser resolvido colando nela a etiqueta "cortesão". A arte cortesã do período de Luís XIV foi resultado das grandes lutas de classes entre a nobreza e a burguesia na França, foi a expressão artística não só de diferentes tendências dessa luta, mas também de diferentes etapas nessa luta. (Basta comparar Corneille e Racine.) E, em conformidade com a essência e com as tendências de desenvolvimento objetivamente classistas dessas lutas, o componente burguês vai se tornando cada vez mais perceptível no respectivo resultado. A tentativa de Voltaire de converter a forma da *tragédie classique* em instrumento do Iluminismo de modo nenhum é apenas um compromisso estilístico, por mais problemática que tenha sido essa tentativa. Trata-se de um fato historicamente conhecido que o drama do período da Revolução Francesa – o de

---

[23] J. W. Goethe, "Iphigenie auf Tauris", em *Berliner Ausgabe*, v. 7 (Berlim, Aufbau, 1970), p. 639-708 [ed. bras.: *Ifigênia em Táuride*, trad. Carlos Alberto Nunes, São Paulo, Peixoto Neto, 2016].

[24] Idem, *Torquato Tasso: ein Schauspiel* (Leipzig, Göschen, 1790). Estreia em 16 de fevereiro de 1807 [ed. port.: *Torquato Tasso*, Lisboa, Relógio D'Água, 1999].

[25] Idem, "Elpenor: ein Trauerspiel – Fragment", em *Berliner Ausgabe*, v. 5, cit., p. 527-58.

[26] F. Hebbel, "Gyges und sein Ring: eine Tragödie in fünf Akten", em *Werke*, v. 2 (Munique, Hanser, 1964), p. 7-72 [ed. bras.: "Giges e seu anel", em *Tragédias*, Rio de Janeiro, Melhoramentos, 1964, p. 79 e seg.].

seu tempo de preparação imediata e o de suas repercussões internacionais – retoma a *tragédie classique*, mas só depois de reiterada e profunda refiguração da forma. É suficiente reportar-nos, nesse contexto, a M. J. Chénier e a Alfieri.

Porém, nem o próprio Schiller passa incólume por esse movimento. Sua obra *Dom Carlos*[27], que retrata o debate crítico com o idealismo estoico-jacobino de seu período da juventude, tem nítidos pontos de contato estilísticos com essa etapa do desenvolvimento da *tragédie classique*. Em um diálogo, Wieland, dotado de fina sensibilidade, ainda que apegado ao gosto francês, chamou a atenção de Schiller para essa semelhança. Schiller protestou energicamente e enfatizou as diferenças. Ambos de certo modo tinham razão, visto que, por um lado, *Dom Carlos* foi atingido apenas por uma tendência bem determinada do desenvolvimento da *tragédie classique* e, por outro lado, seu estilo foi determinado justamente pelo modo alemão de se debater com o problema do idealismo estoico revolucionário burguês. Todavia, na constatação da semelhança, Wieland tinha razão até certo ponto – embora fosse necessário enfatizar também as grandes diferenças.

A renovação da Antiguidade no período da cooperação entre Goethe e Schiller trilha outros caminhos. Não é continuidade nem da linha *"Ifigênia--Tasso"* em Goethe nem da de *Dom Carlos* em Schiller, e representa para a Alemanha (com referência à Revolução Francesa) uma etapa pós-revolucionária. Por isso, essa renovação toma o rumo de uma monumentalização poética da vida burguesa. *Wilhelm Meister*, *Hermann e Doroteia* e *Raineke-Raposo* de Goethe e os dramas de Schiller, seus grandes poemas, como *"Der Spaziergang unter den Linden"* [O passeio sob as tílias][28], *Das Lied von der Glocke* [A canção do sino][29] etc., buscam sem exceção alcançar essa finalidade. A aproximação temática e diretamente formal da poesia grega é mínima na maioria dos casos. A aspiração de ambos – não obstante toda a diversidade da concepção e do estilo – vai no sentido de elaborar de modo claro e concreto os traços específicos da vida burguesa moderna. A manutenção do ideal antigo e a ênfase cada vez maior nele expressam, por um lado, a elevada autoconsciência, a elevada exigência

---

[27] F. Schiller, "Don Carlos, Infant von Spanien: ein dramatisches Gedicht", em *Schillers Sämtliche Werke in zwölf Bänden*, v. 3, cit., p. 1 e seg. [ed. port.: *Dom Carlos*, trad. Frederico Lourenço, Lisboa, Cotovia, 2008].

[28] Idem, "Der Spaziergang unter den Linden", em *Schillers Sämtliche Werke in zwölf Bänden* v. 10, cit., p. 54 e seg.

[29] Idem, "Das Lied von der Glocke", em *Gedichte* (Stuttgart, Cotta, 1879).

autoimposta, que são próprias da classe burguesa em ascensão daquele tempo. Nesse voltar-se para a Antiguidade está contida a autoconsciência de poder competir com a Antiguidade no campo da Modernidade, de poder confrontar a arte antiga com uma arte moderna equivalente.

Por outro lado, o ato de voltar-se para a Antiguidade significa remontar, durante a análise, aos pressupostos da criação artística, aos pressupostos objetivos e subjetivos de cada um dos tipos de arte, significa recorrer à investigação de sua legalidade essencial. É nesse ponto que o contragolpe na teoria da imitação mecânica se torna mais amplo e concreto. Schiller e Goethe tentam reduzir os diferentes gêneros da literatura a seus princípios últimos e extrair deles legalidades estéticas decorrentes da essência do respectivo gênero artístico. O helenismo necessariamente constituiu o modelo para essas investigações, dado que em seus produtos estava presente aquela unidade de figuração realista-sensível do particular e de elaboração clara do essencial-universal. Mesmo que Schiller e Goethe tenham ido em busca das legalidades artísticas dessa unidade mediante a análise teórica, eles sempre tentaram por esse meio alcançar as condições artísticas para a tão almejada monumentalização poética da vida burguesa moderna. Portanto, a clara elaboração dos princípios especificamente artísticos não é aqui, em sua tendência predominante, nenhum estetismo distanciado da vida, não é um jogo de formas, mas, pelo contrário, a tentativa de preservar o desenvolvimento da literatura burguesa da decadência iminente, não artística, em detalhes menores, apenas corretamente observados.

Os problemas estéticos concretos dessa cooperação entre Goethe e Schiller foram submetidos por nós a uma análise minuciosa própria. Temos de nos contentar aqui com ressaltar de modo bem breve alguns traços essenciais da tendência principal dessa cooperação. Seus aspectos negativos, especialmente a parcela que toca a Schiller, são de conhecimento geral. Nas críticas epistolares sobre o *Sickingen* de Lassalle, Marx e Engels fazem uma caracterização precisa e certeira das debilidades idealistas insanáveis da arte dramática de Schiller[30]. E essa debilidade não se deve a um fracasso da capacidade de criação literária de Schiller – seus poemas filosóficos mostram como, no caso dele, até as ideias abstratas se tornam pessoais e sensíveis, patéticas e vívidas –, mas é uma das tendências fundamentais de seu tipo de figuração artística.

---

[30] Ver G. Lukács, *Marx e Engels como historiadores da literatura* (trad. Nélio Schneider, São Paulo, Boitempo, 2016).

Em sua recensão sobre os poemas de Matthison, Schiller fala dessa tendência na forma mais ríspida e exacerbada possível. Para ele, o poeta,

> portanto, deve atuar sobre as condições, das quais necessariamente resultará uma determinada comoção do caráter. Acontece, porém, que na constituição de um sujeito nada é necessário, a não ser o caráter do gênero; portanto, o poeta só pode determinar nossas sensações na medida em que as demanda do gênero em nós e não do nosso eu especificamente diferenciado. Porém, para estar seguro de estar se dirigindo realmente ao puro gênero nos indivíduos, ele próprio precisa primeiro ter apagado o indivíduo dentro dele.[31]

Nessa confrontação bruscamente excludente de indivíduo e gênero, voltamos a encontrar o idealismo subjetivo, sua rigidez e abstração como fundamento também das debilidades poéticas de Schiller.

Entretanto, com a constatação dessas debilidades, Schiller ainda não está liquidado nem como poeta nem como pensador. A luta contra o naturalismo sem essência, fotográfico, superficial, pode até degenerar quantas vezes quiser em extrapolações idealistas que continuará sendo, em sua linha fundamental, uma luta correta, esteticamente progressista. Talvez o que evidencia com mais nitidez o quanto Schiller reconheceu claramente nessa luta uma tendência essencial do declínio posterior da literatura burguesa é a carta em que Engels critica o drama *Sickingen* de Lassalle. Como se sabe, esse drama surgiu inteiramente sob a influência de Schiller, e Marx e Engels criticam da maneira mais incisiva possível o idealismo schilleriano de seu estilo. Ao mesmo tempo, contudo, Engels ressalta como mérito de Lassalle o fato de este ter enfatizado claramente as tendências essenciais do período figurado (todavia com um erro decisivo de conteúdo, a saber, a subestimação do movimento camponês):

> Os personagens principais da ação *são* representantes de determinadas classes e tendências, logo, de determinadas ideias de sua época, e descobrem seus motivos não nos desejos individuais mesquinhos, mas justamente na correnteza histórica pela qual são arrastados. [...] Com toda razão, o senhor se contrapõe à má individualização ora reinante, que resulta em pura lenga-lenga de sabichões e constitui uma característica essencial da literatura epigonista, que se esvai como água na areia.[32]

---

[31] F. Schiller, "Über Matthisons Gedichte", em *Sämtliche Werke*, v. 1-5: *Theoretische Schriften* (3. ed., Munique, Hanser, 1962), p. 994-5.

[32] Ver G. Lukács, *Marx e Engels como historiadores da literatura*, cit., p. 91 e 80-1.

V

As formulações definitivas específicas que Schiller encontra para a peculiaridade da literatura moderna carregam em si a marca dupla da grandiosidade e das barreiras do idealismo alemão em seu matiz schilleriano. Em seu grande tratado *Poesia ingênua e sentimental*[33], ele diferencia dois tipos de poetas: os que são um só com a natureza e estão unidos com ela e os que apenas buscam essa união com a natureza. A base histórico-filosófica dessa tipologia dos poetas é a diferença entre Antiguidade e Era Moderna, extensamente analisada por nós, sendo que Schiller, do mesmo modo que depois dele a estética hegeliana, concebe Shakespeare, mediante um *ricorso* de Vico, como um poeta estilisticamente análogo aos da Antiguidade, como um poeta dos tempos heroicos.

A versão schilleriana da diferença fundamental dos dois períodos é que a cultura produz a divisão capitalista do trabalho, a separação entre razão e sensibilidade e, por essa via, divide homem e natureza. Enquanto essa divisão não apareceu historicamente, como entre os gregos, o poeta pôde continuar ingênuo. No momento em que ela está presente, ele tenta ultrapassá-la artisticamente. Portanto, quando ele não cria a partir da unidade com a natureza, mas a partir do anseio por essa unidade – que, para ele, não pode ser satisfeito –, ele é moderno, sentimental.

> Aplicando-se, então, àqueles dois estados o conceito de poesia, que não é outro senão o de *dar à humanidade a sua expressão mais completa possível*, resulta que, no estado de simplicidade natural, onde o homem ainda atua simultaneamente com todas as suas forças como uma unidade harmônica, onde, por conseguinte, o todo de sua natureza se exprime plenamente na realidade, *o que tem de constituir o poeta é a imitação mais completa possível do real* – que, no estado de cultura, ao contrário, onde o atuar em conjunto harmônico de toda a natureza é apenas uma Ideia, *o que tem de constituir o poeta* é a elevação da realidade ao Ideal ou, o que dá no mesmo, é *a exposição do Ideal*.[34]

Desse modo, é como se Schiller simplesmente determinasse *o idealismo como modo específico de figuração da literatura moderna*. Essa formulação mostra – não só em sua culminância paradoxal, mas também em seu conteúdo

---

[33] F. Schiller, "Über naive und sentimentalische Dichtung", cit. [ed. bras.: *Poesia ingênua e sentimental*, cit.].

[34] Ibidem, cit., p. 716 [p. 61].

e em sua metodologia – a tortuosidade e a limitação idealistas de Schiller. Contudo, essas questões, especialmente os problemas do realismo em Schiller, de modo nenhum são tão simples e rijamente retilíneas como se poderia supor à primeira vista e como esses problemas foram concebidos pelos intérpretes posteriores de Schiller.

Todavia, Schiller reconheceu a retratação [*Abbildung*] poética da realidade como possível apenas para o poeta ingênuo e, portanto, apenas para a Antiguidade. Porém, sua determinação da "exposição do ideal" como modo de figuração para a época moderna não é só uma declaração da dominação do idealismo, mas, ao mesmo tempo, fornece também um ponto de partida para a avaliação mais profunda de uma série de dificuldades específicas do realismo moderno. Acima de tudo, Schiller mostra a grande dificuldade de, na vida moderna, figurar o essencial e o real de um modo poeticamente significativo, e enxerga esse problema com clareza maior do que qualquer outro teórico depois dele. Ele o analisa com precisão e profundidade consideráveis, só que, em seu caso, todo o problema aparece posto idealisticamente de cabeça para baixo. Em vez de analisar o trabalho árduo e com frequência bastante sobre-humano que o poeta moderno necessita fazer para cavar tão fundo no meio da prosa tacanha da vida burguesa para que as determinações essenciais desta vida venham à tona de modo poeticamente concreto, Schiller inverte o problema de modo idealista: ele não põe a descoberto a conexão dialética concreta entre os detalhes extraídos diretamente da vida e as determinações essenciais que estão em sua base e ocultas dentro deles. Pelo contrário, encara o realismo nos detalhes como mero meio, como mera via de mediação, para poder retornar à superfície poetizada da vida a partir dos traços essenciais *não concebidos em conformidade com a experiência* e, desse modo, contrapostos rigidamente à vida. Ao vislumbrar na arte uma exposição *indireta* do ideal, ele quer lançar uma ponte entre fenômeno e essência, mas não consegue fazer isso por causa do ponto de partida equivocado de sua teoria. No entanto, a concepção de que a figuração realista da superfície é apenas uma via para a figuração dos traços essenciais, que sem esses traços essenciais, que até estão real, mas não imediatamente dados, toda poesia se perde em tacanhice, vê-se infalivelmente privada de seu caráter poético, representa – todavia só depois de posta sobre seus pés de modo materialista – uma conquista definitiva para a teoria do Realismo.

Porém, Schiller ainda vai bem mais longe na concretização do tipo do poeta moderno, sentimental, e faz uma enumeração sistemática dos posicionamentos possíveis deste em relação à realidade. Nesse prosseguimento da concretização também se mostra a duplicidade do método schilleriano. Ele subjetiva ininterruptamente suas exposições e, em conformidade com isso, converte com frequência fatos objetivos em modos subjetivos de sentir e pensar. Da mesma maneira como subjetivou o antagonismo entre ingênuo e sentimental, ou seja, convertendo-o de antagonismo entre duas culturas em antagonismo entre dois modos de sentir, ele também procede em suas outras concretizações. Schiller diferencia três gêneros de poesia do poeta sentimental: a sátira, a elegia e o idílio. E também nesse ponto subjetiva o problema no sentido de que não se trata tanto dos gêneros, mas dos *modos de sentir* satírico, elegíaco e idílico. Em todos os três casos, fala da não concordância entre ideal e realidade, entre essência e fenômeno na sociedade burguesa moderna, de como o escritor supera poeticamente essa discordância com indignação satírica, nostalgia elegíaca, resignação idílica, de como ele, mediante o emprego da atividade criativa de seu eu, sua interferência ativa e figuração de um posicionamento próprio em relação aos eventos que figurou etc., essencializa a prosa da vida burguesa moderna em sublimidade poética.

Uma vez mais, é extraordinariamente fácil e plausível pôr a descoberto e criticar a limitação subjetivamente idealista na apreensão do problema por Schiller. Porém, uma crítica que se limitasse a essa constatação seria muito rasa e superficial, porque, por trás de cada uma dessas subjetivações dos grandes problemas objetivos da periodização e dos gêneros por Schiller, oculta-se, ao mesmo tempo, um alargamento justificado e profundo, autenticamente dialético, desses problemas. Por mais idealista que seja a fundamentação desses modos de sentir em que se baseiam a sátira, a elegia e o idílio, a constatação do próprio contraste continua sendo um reflexo correto da situação econômica e ideológica no capitalismo.

VI

O conceito filosófico idealista do ideal como contraste à realidade social empírica tem suas raízes sociais reais. A situação que se encontra na base de toda atividade humana e até perfaz o caráter específico do trabalho humano, a saber, que a finalidade existe na cabeça antes de sua realização material, adquire na sociedade capitalista uma forma fenomênica específica. Nesse tocante, é decisiva a contradição entre produção social e apropriação privada. Daí decorrem as contradições entre finalidades individuais socialmente necessárias e legalidades sociais que atuam em detrimento dos indivíduos. (Pense-se em como a busca individual de lucro extra acarreta, justamente pela via de sua realização, a redução das taxas de lucro.) Em estreita dependência dessa contradição central da sociedade capitalista se encontram também as contradições entre divisão capitalista do trabalho e os ideais humanistas da burguesia revolucionária. A dialética da necessidade da autoilusão heroica no produzir-se da sociedade capitalista confere um novo acento à relação entre finalidade e realização, entre as exigências humanas à realidade social e essa realidade mesma. Claro que a característica geral de toda sociedade anterior ao socialismo é que os homens fazem a própria história, mas "até agora (isto é, na sociedade de classes [nota de G. L.]) não com uma vontade geral segundo um plano comum". Esse antagonismo, todavia, aparece de maneira especialmente aguçada na sociedade capitalista, cuja forma de expressão ideológica é o ideal.

Na época da luta pelo poder, da elevação da produção capitalista a forma econômica dominante da sociedade, o ideal aparece como antagonismo entre as exigências humanistas e a realidade social do feudalismo e do absolutismo feudal. Na época do domínio do capitalismo, o ideal aparece como reflexo das contradições internas do próprio sistema capitalista, as mais importantes das quais enumeramos anteriormente. A distância cada vez maior e mais intransponível, que com o desenvolvimento do capitalismo e o evolver de suas contradições separa os ideais do humanismo burguês da realidade da sociedade burguesa, necessariamente tem reflexos sobre esta e sobre o tipo de sua representação. Na linha principal do desenvolvimento da burguesia, esses ideais têm de tornar-se cada vez mais desprovidos de conteúdo e convencionais, implicar cada vez mais intensamente em uma dupla contabilidade hipócrita. Não há como superar o dualismo de ideal e realidade no terreno da ideologia burguesa. Sua aparente superação pelos realistas da fase de desenvolvimento burguês tardio só pode resultar em uma imagem de desolação da realidade desprovida de todos os momentos vivificadores e edificantes, por trás da qual a análise mais precisa sempre descobrirá o critério cuidadosamente ocultado do ideal abertamente negado, mas aplicado em segredo e de maneira inconsciente. Pense-se, por exemplo, em Flaubert ou Maupassant. O conhecimento de que se deve aplicar o critério do ideal quando se aborda a vida na prática poética encontra-se em vários realistas importantes. Assim escreve, por exemplo, Balzac no prefácio de *A comédia humana*: "A história é ou deveria ser o que foi, ao passo que *o romance deve ser o mundo melhor* [...]. O romance, porém, nada seria se, nessa augusta mentira, não fosse verdadeiro nos pormenores"[35].

Ao tratar das diferenças entre revolução burguesa e revolução proletária, Marx sempre chamou a atenção para essa diferença. Ele diz que a classe dos trabalhadores "não tem nenhum ideal a realizar, mas sim querem libertar os elementos da nova sociedade dos quais a velha e agonizante sociedade burguesa está grávida"[36]. Isso quer dizer que a ação consciente e objetiva do proletariado revolucionário repousa sobre o conhecimento correto das leis reais do desenvolvimento e das tendências reais da realidade objetiva. O critério que é e sempre tem de ser aplicado a essas ações, às situações delas decorrentes, para dar continuidade ao desenvolvimento e acelerá-lo, será extraído do conhecimento da realidade objetiva, conduzido e corrigido pela própria prática e, desse modo, cada vez mais aprofundado, cada vez mais próximo da realidade. O dilema do idealismo inflado e do empirismo rastejante, que para a consciência burguesa é, em última análise, ineliminável, é superado na prática pela ação revolucionária do proletariado, pela eliminação das bases sociais objetivas desse dilema.

No entanto, essa superação do ideal burguês mediante a superação de suas bases sociais, o desencobrimento das falsas alternativas que delas se originam como pseudoproblemas, não significa que toda a questão do ideal tenha sido apenas um pseudoproblema restrito puramente à classe burguesa. A dialética de fenômeno e essência assume formas bem particulares na sociedade burguesa. Contudo, a realidade objetiva dessa relação dialética na natureza e na sociedade não deixa de existir com a cessação de suas formas fenomênicas particulares na sociedade capitalista. E, por trás do conceito do ideal na estética burguesa, esconde-se também a questão das exigências artísticas de uma forma fenomênica que leva à figuração da essência em imediaticidade sensível. Esse problema permanecerá por se resolver mesmo depois do desaparecimento da economia capitalista e de seu reflexo [*Widerschein*] ideológico na cabeça dos homens e de modo nenhum pode ser transformado em uma obviedade imediatamente dada. Pelo contrário: só depois de caírem as barreiras capitalistas do ser social (e com elas, depois delas: os desconcertantes pseudoproblemas

---

[35] H. de Balzac, *La comédie humaine*, v. 1 (Paris, Houssiaux, 1874), p. 26-7. [ed. bras.: *A comédia humana*, v. 1, trad. Vidal de Oliveira, 3. ed., São Paulo, Martins Fontes, 2012, p. 87].

[36] K. Marx, "Bürgerkrieg in Frankreich", em K. Marx e F. Engels, *Werke*, v. 17 (Berlim, Dietz, 1962), p. 343 [ed. bras.: *A guerra civil na França*, trad. Rubens Enderle, São Paulo, Boitempo, 2011, p. 60].

na ideologia) essa questão poderá ser posta em sua pureza e clareza reais, e só a solução realmente materialista da dialética de fenômeno e essência no campo da estética poderá mostrar o quanto foi importante o trabalho de preparação realizado nessa questão pela estética clássica da Alemanha – não obstante todas as deformações idealistas e pseudoproblemas socialmente inevitáveis.

A posição histórica de Schiller no desenvolvimento do contraste de ideal e realidade foi determinada pelo nível de desenvolvimento de seu tempo: pela aurora do período das autoilusões heroicas da vanguarda de sua classe. No entanto, uma aurora na qual a conclusão definitiva desse período ainda não podia estar à vista. (Schiller já havia falecido antes do período de Napoleão.) Ela foi determinada pelo início da expansão da divisão capitalista do trabalho propriamente dita (Revolução Industrial na Inglaterra), que pela primeira vez realmente leva as contradições do capitalismo ao pleno desenvolvimento. Por isso, aqui o contraste entre ideal e realidade já é o contraste entre os ideais do humanismo burguês revolucionário e a própria sociedade burguesa; a existência dos resquícios feudais determina só em segunda linha a formulação básica do problema. Em contrapartida, em Schiller esse contraste ainda não assumiu o tom de desespero em relação ao ideal, daquele pessimismo romântico que ele adquire logo depois disso – cuja expressão mais marcante é a estética de Solger.

VII

Schiller é o predecessor de Hegel na estética, pois em suas categorias estéticas está a intuição de determinações sociais importantes da vida burguesa, bem como no sentido de que ele aceita sem ressalvas como fatos essas determinações sociais e seu reflexo [*Widerschein*] estético e, tomando por base sua investigação, elabora os traços fundamentais específicos da literatura moderna. E, por fim, também pelo fato de que não se dá por satisfeito com a simples constatação da estrutura e da peculiaridade da arte burguesa, mas busca por um critério universal para a arte, com a ajuda do qual não só se pode identificar a peculiaridade de sua etapa burguesa de desenvolvimento, mas, ao mesmo tempo, também se pode apreciar seu valor.

Falaremos mais adiante sobre as diferenças que separam Schiller de Hegel nesse tocante. Agora é importante apontar para as afinidades metodológicas. Na subjetivação metodológica dos problemas da periodização e dos gêneros (modos de sentir) não só estão embutidos em Schiller restos não superados do idealismo subjetivo de Kant, mas essa subjetivação é simultaneamente uma predecessora essencial da metodologia da *Fenomenologia do espírito*[37]. Ela exibe a mesma duplicidade diretamente desconcertante que se encontra no próprio Hegel: a transição imediata, aparentemente não mediada e infundada das categorias históricas para categorias filosóficas gerais.

Porém, essa duplicidade desconcertante provém também aqui de uma profundidade real. Marx diz com razão sobre essas "figuras da consciência" em Hegel: "na medida em que ela (a *Fenomenologia* [nota de G. L.]) retém o *estranhamento* do homem [...], encontram-se nela ocultos *todos* os elementos da crítica, muitas vezes *preparados* e *elaborados* de modo que suplantam largamente o ponto de vista hegeliano"[38]. E sobre as "figuras da consciência" individuais, ele acrescenta: "estas seções isoladas encerram os elementos *críticos* – embora ainda numa forma estranhada – de esferas totais, como a religião, o Estado, *a vida civil* etc."[39].

O tratamento dado por Schiller aos problemas da arte moderna também tem tal profundidade real. Schiller transforma os tipos sentimentais da poesia, a sátira, a elegia e o idílio, em "figuras da consciência". Por exemplo, ele não fala sobre a sátira, mas sobre os traços básicos do modo de sentir do poeta satírico, sobre o modo de sentir do qual procede o tipo satírico de observação em todos os gêneros. O poeta satírico, o poeta elegíaco e o poeta idílico tornam-se, desse modo, em Schiller, as "figuras da consciência", nas quais, segundo suas concepções, devem tomar corpo os gêneros de comportamento necessários e típicos do poeta moderno em relação à vida moderna. Todos os três são variações do contraste entre ideal humanista e realidade capitalista, cuja essência analisamos anteriormente. Schiller diz:

> O poeta é satírico se toma como objeto o afastamento em relação à natureza, a contradição da realidade com o Ideal. [...] Chamo de *elegíaco* o poeta, se opõe a natureza à arte e o Ideal à realidade de modo que a exposição dos primeiros predomine e a satisfação com eles se torne sensação preponderante. [...] Ou a natureza e o Ideal são um objeto de tristeza [...]. Ou ambos são um objeto de alegria, se

---

[37] G. W. F. Hegel, *System der Wissenschaft: erster Teil, die Phänomenologie des Geistes* (Bamberg/Würzburg, Goebhardt, 1807) [ed. bras.: *A fenomenologia do espírito*, 8. ed., Petrópolis, Vozes, 2013].

[38] K. Marx, "Ökonomisch-philosophische Manuskripte", em K. Marx e F. Engels, *Werke*, v. 40, parte I (Berlim, Dietz, 1968), p. 573 [ed. bras.: *Manuscritos econômico-filosóficos*, trad. Jesus Ranieri, São Paulo, Boitempo, 2010, p. 122].

[39] Idem.

representados como reais. No primeiro caso, tem-se a *elegia* em significado mais restrito, no segundo, o idílio, em significado mais amplo.[40]

(Nem é preciso comentar que em Schiller, nesse caso, natureza e ideal – em termos rousseauniano-kantianos – são quase sinônimos.) Desse modo, porém, foram atingidos e postos a descoberto de modo genial os fundamentos sentimentais mais profundos da poesia moderna. Dado que o contraste entre ideal e realidade – variando uma frase de Marx sobre Ricardo – não passou da filosofia para a realidade, mas, ao contrário, da realidade social para a filosofia, esse contraste está, consciente ou inconscientemente, na base de todo gênero de figuração burguês. Contudo, precisamente, como Schiller reconheceu de modo correto, independentemente do gênero em que o poeta se expressa artisticamente, aquele reflexo da realidade impulsiona sua criatividade. No entanto, esses modos de sentir se misturam em poetas específicos de maneira bem mais íntima do que o fazem na análise de Schiller: os idílios campestres, por exemplo, em *Ana Karênina*, de Tolstói, estão envoltos na aura elegíaca da necessidade social de seu fenecimento e seriam impossíveis sem aquela descrição satírica que o autor faz da vida da nobreza se adaptando ao capitalismo em desenvolvimento em Moscou e Petersburgo. De modo igualmente inseparável se mesclam elegia, idílio e sátira naqueles quadros em que Balzac descreve o desaparecimento do último resto ainda existente da aristocracia feudal do *ancien régime*. Misturas parecidas dessas – e justamente dessas – três formas de sentimento podem ser encontradas em Dickens, Gontcharov e outros grandes realistas do século XIX. O fato de um dos modos de sentir preponderar em um poeta e o outro em outro poeta (elegia e idílio em Turguêniev, sátira em Flaubert etc.) ou o fato de em muitos não ser possível apontar todos os três modos de sentir nada diz contra o olhar profundo e genial de Schiller para a caracterização dos traços básicos da literatura moderna, pois, nessa literatura, vista em seu conjunto, de fato predominam as três tendências apontadas por Schiller. Pode-se até afirmar que, quase em toda parte onde nenhuma dessas tendências está presente, o Realismo burguês do século XIX desce ao nível de um Naturalismo sem espírito, uma cópia mecânica da superfície da realidade. Para terminar, que seja mencionado de modo apenas breve que também Engels, na caracterização que fez de Balzac, ressalta especialmente o caráter elegíaco

---

[40] F. Schiller, "Über naive und sentimentalische Dichtung", cit., p. 720 e 727 [ed. bras.: *Poesia ingênua e sentimental*, cit., p. 64 e 69-70].

e satírico de sua figuração: "Sua grande obra é uma elegia só à decadência irrevogável da boa sociedade. [...] Mas, a despeito de tudo isso, sua sátira nunca foi mais ousada [...] do que quando colocava em ação os homens e as mulheres por quem nutria profunda simpatia – a aristocracia"[41].

VIII

Schiller não subjetivou só os problemas dos gêneros, mas também a periodização como "figuras da consciência". Portanto, temos de estender nossa análise também para as categorias periodizadoras fundamentais desse tratado: a do ingênuo e a do sentimental. Nesse ponto, a afinidade metodológica de Schiller com a duplicidade genial e desconcertante da *Fenomenologia do espírito* é ainda mais evidente do que nas questões tratadas até agora. O ingênuo e o sentimental são para Schiller em princípio categorias históricas da periodização: da diferenciação de princípio entre momentos essenciais da poesia antiga e da poesia moderna. Não há real contradição no fato de ele tratar Shakespeare como poeta ingênuo.

A dificuldade só surge na análise dos poetas modernos no sentido estrito do termo, na dos realistas do século XVIII e na de seu tempo. Nesse ponto, Schiller é cobrado por sua rigidez idealista ao confrontar os dois períodos, por sua inflexibilidade ao transformar os dois períodos em dois princípios de figuração: na "imitação do real" e na "exposição do ideal". Caso quisesse levar sua concepção coerentemente até as últimas consequências, ele teria de chegar à seguinte conclusão: excluir toda ingenuidade, toda imitação do real e, portanto, todo realismo em sentido estrito da poesia de seu tempo. Porém, sua noção do caráter da arte em geral e da arte moderna em particular é demasiado abrangente e profunda, impossibilitando-o de tirar conclusões tão inflexíveis e equivocadas. Pelo contrário, sua concepção da poesia moderna está profundamente impregnada do conhecimento dos traços específicos de seu realismo peculiar.

Ao tratar da poesia ingênua, essas observações e esses conhecimentos corretos de Schiller vêm ainda mais fortemente à tona e, em virtude do enriquecimento e do aprofundamento de suas análises, ameaçam detonar por completo o quadro idealista estreito de seu esquema, pois Schiller vê com clareza que

---

[41] Carta de Engels a Margaret Harkness em Londres, no início de abril de 1888, em K. Marx e F. Engels, *Werke*, v. 37 (Berlim, Dietz, 1967), p. 44.

seu critério estilístico da poesia ingênua, a imitação do real, evidentemente está presente em uma série de escritores modernos e se encontra em oposição aguda à concepção que ele próprio tinha do tratamento poético moderno da realidade. Porém, por ser um pensador decididamente honesto, é impossível para ele não reconhecer esse fato, mesmo que esteja em conflito com seu esquema. E até vai muito mais longe na análise consequente desse fato tão incômodo para o esquema. Reconhece que a imitação do real – portanto, o princípio da poesia ingênua – é indispensável para *toda* poesia autêntica, que ela representa *o* princípio artístico por excelência. De modo correspondente, diz: "Todo verdadeiro gênio tem de ser ingênuo ou não é gênio. Apenas sua ingenuidade o torna gênio. […] Apenas ao gênio é dado estar sempre em casa fora do que é conhecido e *ampliar* a natureza sem *ir além* dela"[42]. Ora, se ponderarmos que Schiller denominou o modo de figuração do poeta ingênuo de realismo, ou seja, a retratação artística da realidade, ele revela aqui – de modo inconscientemente autocrítico em franca contradição com a linha básica de sua teoria – aquela corrente realista que atua de modo contraditório em sua "exposição indireta do ideal". Ele identifica o realismo em sentido histórico amplo, no sentido de Homero e dos poetas trágicos gregos, de Shakespeare, Fielding e Goethe, com nada menos que o princípio artístico último. Entretanto, a concepção que Schiller tem da diferença e do antagonismo entre ingênuo e sentimental é objetivamente muito mais do que um simples esquema: ela de fato é uma determinação idealista e, por essa razão, contraditória e distorcida, mas, apesar de tudo isso, é também uma determinação profunda do caráter específico da poesia moderna e, desse modo, ao mesmo tempo, um reflexo intelectual profundo da realidade de seu tempo com suas contradições. Essa profundidade objetiva leva Schiller, em suas explanações subsequentes, à noção do caráter problemático da poesia ingênua, do realismo natural na época capitalista. Ao levar adiante sua comparação entre Homero e Ariosto, Schiller chega a falar do destino do poeta ingênuo em seu tempo:

> Poetas desse gênero ingênuo já não estão em seu devido lugar numa época artificial do mundo. Nela também já não são quase possíveis, ao menos não são possíveis de nenhum outro modo nela a não ser que *andem ao arrepio* de sua época e sejam protegidos por um destino favorável contra sua influência mutilante. Jamais podem surgir

---

[42] F. Schiller, "Über naive und sentimentalische Dichtung", cit., p. 703 [ed. bras.: *Poesia ingênua e sentimental*, cit., p. 51].

da própria sociedade; por vezes ainda se mostram fora dela, porém antes como estranhos que nos assustam e, como filhos malcriados da natureza, que nos aborrecem.[43]

É como se, desse modo, Schiller fosse revogar sua afirmação anteriormente citada a respeito do gênero poético ingênuo como o gênero propriamente poético, pois aqui ele constata com poucas palavras o fato de que, na sociedade burguesa moderna, o poeta ingênuo é socialmente impossível como figura central da literatura, o que ele deveria ser de acordo com a teoria schilleriana. Caso exista, trata-se de um fenômeno "casual", de um marginal bizarro, uma curiosidade literária.

Sem dúvida reside aqui uma contradição. Porém, também essa contradição reflete a própria coisa, a estrutura econômica da sociedade capitalista. Na base tanto das contradições internas da "exposição do ideal" de cunho sentimental, enquanto teoria do realismo moderno, quanto das contradições entre a eterna necessidade e das possibilidades atuais da "imitação do real" ingênua está a intuição da contradição objetiva entre a grande arte e a sociedade capitalista, a intuição da hostilidade desta à arte, articulada com clareza e fundamentada com profundidade por Marx. Pensar até as últimas consequências as duas séries de contradições deveria levar ao conhecimento de que elas são apenas diferentes modos fenomênicos da mesma contradição fundamental da arte burguesa moderna. Ao exibir, nos tipos confrontados do ingênuo e do sentimental, as mesmas contradições a partir de lados diferentes, Schiller chega a intuir a problemática da literatura no capitalismo – ele está postado no limiar da solução dos problemas de estilo do realismo moderno.

No entanto, ele tem de deter-se no limiar, pois seu método filosófico idealista não lhe permite avançar até a unidade contraditória real das contradições. Uma dialética histórico-sistemática do desenvolvimento da arte só é possível sobre uma base materialista. Só aqui é possível não inflar os elementos históricos da arte em entidades atemporais nem dissolver as legalidades objetivas gerais do reflexo artístico da realidade em um relativismo histórico. Só aqui é possível apreender unidade e diversidade, o permanente e o passageiro dos fenômenos em sua interação viva e concreta, sem misturá-los, dissolver um no outro, nem erigir uma muralha chinesa entre eles.

Schiller foi metodologicamente forçado à segunda alternativa, embora, como vimos, a generalização genial de sua experiência poética com frequência o tenha

---

[43] Ibidem, p. 714 [p. 59-60].

levado a transcender os limites estreitos de sua metodologia. Apesar disso, ele é incapaz de apreender intelectualmente a unidade dialética do ingênuo e do sentimental na poesia moderna – preservando, ao mesmo tempo, suas diferenças. Ele é incapaz disso porque separa a apreensão poética do essencial de modo rígido e excludente do mundo fenomênico imediatamente sensível e a contrapõe a este de modo excludente. Por essa razão, a "exposição do ideal" precisa manter um caráter rigidamente idealista e a "imitação do real" deve se restringir ao mundo fenomênico imediato, que só nos primórdios da cultura humana possibilitou uma grande arte. Com esforço Schiller obtém os vislumbres geniais das verdadeiras interconexões *apesar* de seu método. Porém, na sistematização de seus resultados, ele permanece preso a esse método.

Essa limitação da metodologia schilleriana está estreitamente ligada a seu kantismo não superado. No entanto, a dialética real do desenvolvimento histórico nunca pode ser totalmente alcançada nem mesmo pelo estágio mais elevado do idealismo, que é o idealismo objetivo de Hegel. A dialética histórica da *Fenomenologia do espírito* padece do fato de por vezes só conseguir fundamentar como realmente objetivas as etapas cuja necessidade, cujas formas fenomênicas típicas e contradições essenciais ela elabora corretamente, inflando-as como "momentos eternos" de um "processo atemporal", de uma "história supra-histórica", isto é, transformando as figuras da história diretamente em categorias lógicas.

O teor das "figuras da consciência" que surgem dessa maneira é, com frequência, extraordinariamente profundo e correto. Todavia, o método com que a verdade objetiva desses conteúdos é elaborada às vezes coloca as reais interconexões de cabeça para baixo, deformando-as e mistificando-as. E isso de duas maneiras. Por um lado, elas são dissociadas do processo histórico real, não aparecem como reflexos de seus traços essenciais mais universais, mas autonomizadas, em conexão dialética imediata com outras "figuras da consciência" igualmente autonomizadas. Isso necessariamente gera uma aparência deformadora das reais interconexões, como se a integração dessas "figuras da consciência" fosse um caminho dialético independente do processo histórico real e não seu reflexo conceitual.

Por outro lado e em estreita conexão com isso, tais "figuras da consciência" são dotadas de uma série de traços empíricos, que com frequência nem são tão essenciais a ponto de corresponder a todo esse nível de abstração. A "figura da consciência" é arrancada do chão da realidade idealista e, em seguida, pretende-se remendar o laço rompido com o auxílio de aditivos empíricos.

Porém, aditivos e adereços não são capazes de curar uma ruptura metodológica. Em vez de produzir a unidade, esse modo expositivo faz com que surja uma penumbra rutilante de história e lógica.

As "figuras da consciência" como imagens refletidas idealisticamente, autonomizadas, deformadas e enrijecidas das etapas dialéticas reais do processo histórico se confrontam, então, por um lado, de modo mais rígido e mais excludente do que as tendências efetivas do curso real. Por outro lado, visto que se trata de figuras ideais autonomizadas, elas podem ser levadas à unidade, à síntese, sem tantos atritos, de modo mais fácil – e, por isso, com frequência, de maneira errônea – do que essas sínteses podem de fato vir a acontecer na própria realidade histórica. Elas são, portanto, simultaneamente mais rígidas e maleáveis do que a realidade que pretendem refletir. Marx diz com razão que, na *Fenomenologia do espírito*, já "está presente […] o positivismo acrítico e o idealismo igualmente acrítico das obras hegelianas posteriores"[44].

A metodologia do ensaio de Schiller, a maneira como subjetiva nele os períodos históricos em modos de sentir, mostra grande semelhança com a *Fenomenologia do espírito*. Essa penumbra desconcertante de abordagem histórica e teórico-estética predomina também nele. Schiller compartilha com a *Fenomenologia do espírito* a duplicidade contraditória da separação demasiado rija e da unificação por demais facilitada, e isso tanto no que se refere às virtudes quanto no que se refere às desvirtudes dessa duplicidade. Já tratamos extensamente o problema da separação demasiado rigorosa. O problema da síntese demasiado rápida também está radicado, em última análise, no conhecimento profundo que Schiller tem da essência da arte em geral e da arte moderna em particular e na concepção idealista dessa relação.

IX

Chamamos a atenção para a contradição no fato de Schiller, por um lado, confrontar rigidamente o ingênuo e o sentimental, mas, por outro lado, chegar ao resultado de que só o elemento ingênuo (a "imitação do real") faz propriamente o poeta ser um poeta. Para Schiller, essa constatação de modo nenhum é uma simples concessão arrancada dele pelo impacto dos fatos corretamente observados. Pelo contrário, é a consequência necessária do problema pessoal-objetivo

---

[44] K. Marx, "Ökonomisch-philosophische Manuskripte", cit., p. 573 [ed. bras.: *Manuscritos econômico-filosóficos*, cit., p. 122, modif.].

central de sua teoria literária madura: da confrontação com a personalidade e a obra de Goethe.

Não há nenhuma dúvida de que toda a confrontação do poeta ingênuo com o poeta sentimental como grandes tipos "eternos" se originou – biograficamente – da comparação entre a prática poética de Goethe e a sua. A grande ideia histórica de elaborar a peculiaridade da poesia moderna e posicioná-la em sua peculiaridade como historicamente necessária e justificada *ao lado da* Antiguidade mistura-se de modo quase indissolúvel com o problema pessoal: demonstrar a razão de ser de sua prática poética *ao lado* da de Goethe. Essa explicação biográfica da nova variante do contraste decisivo, a saber, a concepção de Goethe como poeta ingênuo e a de Schiller como poeta sentimental, aponta as fontes pessoais desses problemas metodológicos. Primeiro, a ornamentação das "figuras da consciência" alçadas à condição de categorias estéticas com traços demasiado empíricos, de que falamos anteriormente como fator da afinidade metodológica desse escrito de Schiller com a *Fenomenologia do espírito*. Em segundo lugar, o traço igualmente assemelhado a Hegel de que as categorias decisivas (ingênuo e sentimental) são, de modo contraditório-rutilante, ao mesmo tempo, universalmente estéticas, que abrangem todos os períodos do desenvolvimento da arte e, em contraste direto e insolúvel a isso, são justamente determinações do tipo que caracteriza os traços específicos, as disparidades específicas dos períodos históricos.

Porém, o mais importante aqui não é a explicação biográfica, mas o teor objetivo dessas contradições. E nelas se expressa, uma vez mais, agora a partir de uma nova faceta, a profundidade genial e a deformidade idealista da concepção de Schiller sobre a literatura moderna. Ele reconhece a peculiaridade ideológico-literária de Goethe com uma profundidade admirável. Em carta endereçada a Goethe, em que desenha uma síntese da existência deste, Schiller fala da "grande e verdadeiramente heroica ideia" que norteia toda a atividade de Goethe:

> O senhor parte da organização simples e ascende, passo a passo, em direção à mais complexa, para finalmente construir geneticamente a mais complexa de todas, o homem, a partir de materiais de toda a edificação da natureza. Pelo fato de, assim, por assim dizer recriá-lo na natureza, o senhor procura penetrar na sua técnica oculta.[45]

---

[45] Carta de Schiller a Goethe de 23 de agosto de 1794, em *Briefwechsel zwischen Schiller und Goethe: 1794-1805*, v. 1 (Leipzig, Spamer, 1798), p. 14 [ed. bras.: *Correspondência*, trad. Claudia Cavalcanti, São Paulo, Hedra, 2010, p. 28, modif.].

É óbvio que, em razão de tal conhecimento da essência de Goethe, este tivesse de tornar-se para Schiller não só um poeta ingênuo, mas diretamente o protótipo do poeta ingênuo.

Essa consideração sobre Goethe, no entanto, gera na concepção de Schiller uma contradição dupla. Por um lado, Schiller recobriu o conceito do ingênuo com uma inflexibilidade genuinamente idealista, eliminando dele todas as marcas distintivas do moderno, pois o fator diferenciador entre ingênuo e sentimental é para ele a unidade imediatamente dada ou completamente perdida com a natureza:

> Ao poeta ingênuo, a natureza concedeu o favor de sempre atuar como uma unidade indivisa, de ser a cada momento um todo autônomo e acabado, e de expor a humanidade na realidade segundo seu teor inteiro. Ao sentimental, emprestou o poder ou, antes, dotou-o de um vivo impulso para restabelecer por si mesmo aquela unidade nele suprimida por abstração, a fim de tornar a humanidade completa em si mesmo, passando de um estado limitado a um infinito.[46]

Por outro lado, Schiller conhece e domina a obra da vida de Goethe de modo tão íntimo que não poderia se enganar a respeito dos elementos e das tendências sentimentais nela atuantes. Ele verbaliza isso com toda clareza em seu ensaio, ainda que com a ressalva – não explicitada até as últimas consequências – de que, no caso de Goethe, se estaria falando apenas da abordagem de uma temática sentimental por um poeta ingênuo. Entretanto, não obstante e já com essa ressalva, ele determina de modo profundo e original a posição singular de Goethe em seu tempo, no desenvolvimento do Realismo moderno. "Essa tarefa (a saber, o tratamento de matérias sentimentais por um poeta ingênuo [nota de G. L.]) parece inteiramente nova e de uma dificuldade toda particular, uma vez que no mundo antigo e ingênuo não se encontrava uma tal *matéria*, mas no mundo moderno poderia faltar o *poeta* para ela."[47] Então, Schiller analisa a partir desse ponto de vista, com grande refinamento, a peculiaridade de *Werther*, de *Tasso* etc. Todavia, é correto dizer que aqui se trata *apenas* da matéria e não também do tratamento? Goethe pode ser chamado de poeta ingênuo no sentido de Homero ou mesmo só no sentido de Shakespeare? Uma análise mais arguta de sua obra não traz à tona justamente

---

[46] F. Schiller, "Über naive und sentimentalische Dichtung", cit., p. 750 [ed. bras.: *Poesia ingênua e sentimental*, cit., p. 88].

[47] Ibidem, p. 737 [p. 77-8].

aquelas características do realismo especificamente moderno que Schiller designou de modo tão profundo e correto como satírico, elegíaco e idílio? Nessa análise de Goethe, as contradições do esquema de Schiller retornam à superfície – tanto a falta de consciência a respeito de que o modo sentimental de sentir é exatamente a fundação do Realismo moderno, quanto o fato de Schiller permitir que a lei do realismo vigore apenas para o poeta ingênuo. Precisamente o exemplo de Goethe mostra onde a concepção de Schiller é realmente correta e profunda, ao contrário de suas intenções conscientes e das deformações idealistas de sua concepção. Justamente nesse período de sua cooperação, o realismo de Goethe se expressa de modo idílico (*Hermann e Doroteia*) e satírico (*Raineke-Raposo*); e não é necessário fazer nenhuma análise mais detida para afirmar que Goethe, o poeta de *Werther*, de *Wilhelm Meister* (*Os anos de peregrinação de Wilhelm Meister ou os renunciantes*), de *Afinidades eletivas*, de *Trilogia da paixão* etc., também é um poeta da elegia no grandioso sentido histórico de Schiller.

X

A contradição mais profunda da concepção de Schiller, porém, está entre a concepção histórica e a concepção estética de seus conceitos fundamentais. Schiller ressalta que, no caso do contraste entre ingênuo e sentimental, "deve-se entender não a diferença de tempo, mas a diferença de estilo"[48]. Contudo, tais observações não provam nada contra o fato de que a razão mais profunda de diferenciação objetiva entre ingênuo e sentimental é, sim, a *histórica*. A concepção da Antiguidade como passado, como algo irrecuperavelmente perdido, é um dos fatores mais importantes na concepção que Schiller tem da história e, desse modo, da avaliação do presente. Sabemos bem com que determinação ele deslocou o passado irrecuperável da cultura e da arte gregas para o centro de sua filosofia da história, com que furor combateu o entusiasmo jacobino de uma renovação revolucionária da Antiguidade. Também sabemos que o conceito "da natureza", a unidade de razão e sensibilidade, a unicidade com a natureza, não representou, em sua filosofia da história, um estado pré--histórico da *situação* natural, mas justamente o classicismo grego. (Também nesse ponto sua filosofia da história tem muita afinidade com a de Hegel.)

---

[48] Ibidem, p. 716, nota [p. 61, nota].

Aqui, Schiller faz a afirmação – uma vez mais, antecipando Hegel com muita frequência – de que a poesia moderna tem de transcender a da Antiguidade em termos de conteúdo, porque a vida moderna transcendeu em muitos pontos a antiga e se tornou mais rica em conteúdo. Nesse tocante, Schiller cita como exemplo o amor e diz: "Sem propugnar um entusiasmo que não enobrece a natureza, mas a abandona, pode-se supor que a natureza, em consideração à relação dos sexos e ao afeto do amor, seja capaz de um caráter mais nobre do que aquele que lhe foi dado pelos antigos"[49]. É interessante que, nesse ponto, Schiller considera não só Shakespeare, mas também Fielding, como mais ricos em conteúdo do que a Antiguidade. Associada a isso está a ênfase no papel mais produtivo e ativo da subjetividade humana na Idade Média e na Era Moderna, o que torna Schiller também nesse ponto um predecessor da periodização hegeliana da estética. No que se refere ao teor objetivo de suas explanações, basta lembrar *A origem da família*, de Engels, para ver o quanto também aqui se mesclam em Schiller intuições profundas de interconexões históricas com construções ideológicas.

A particularidade da posição de Schiller em comparação com a estética hegeliana, porém, evidencia-se no fato de que Schiller considerou a Antiguidade (o ingênuo) não só como passado, mas também como futuro, que ele não só separa os princípios do ingênuo e do sentimental, como também busca sua síntese. Nesse ensaio e em íntima conexão com a classificação de Goethe como poeta ingênuo, Schiller propõe o postulado de uma união do ingênuo e do sentimental, sua unidade na ingenuidade restabelecida. Ele diz sobre a relação dos objetos da natureza conosco: *"São o que nós fomos; são o que devemos vir a ser* de novo. Fomos natureza como eles, e nossa cultura deve nos reconduzir à natureza pelo caminho da razão e da liberdade"[50]. E explicando mais concretamente: "Este caminho que os poetas modernos seguem é, de resto, o mesmo que o homem em geral tem de trilhar, tanto individualmente quanto no todo. A natureza o faz uno consigo; a arte o cinde e desune; pelo Ideal, ele retorna à unidade"[51]. O princípio sentimental é, portanto, o de uma grande transição histórica que deve levar de volta ao ingênuo, à unidade do ser humano com a natureza.

---

[49] Ibidem, p. 755, nota [p. 91, nota].

[50] Ibidem, p. 694 [p. 44].

[51] Ibidem, p. 717 [p. 61].

A teoria schilleriana da literatura moderna | 161

Aqui também está oculta uma série de contradições, nas quais, contudo, volta a revelar-se a profundidade contraditória do pensamento de Schiller, pois, na medida em que, em algumas passagens, a concepção da "natureza" é generalizada para além do helenismo, emerge em Schiller, como em vários importantes poetas e pensadores desse período, a intuição obscura, intrincada, jamais trazida à consciência, de uma superação das contradições da sociedade burguesa para além da sociedade burguesa. Essas intuições e ilusões, no entanto, são inseparáveis das esperanças humanistas burguesas que Schiller põe na realização dos ideais da revolução burguesa. Apesar da áspera oposição às ilusões jacobinas, ele compartilha a mais essencial dessas ilusões: a esperança de que a forma "pura" da sociedade burguesa leve à superação daquelas contradições do capitalismo, de cujo conhecimento nas obras de Schiller e de cuja influência sobre elas já fizemos uma análise detida.

A diferença em relação à concepção da Antiguidade na estética de Hegel apresenta-se, nesse contexto, não tanto como uma diferença entre as concepções pessoais e mais como uma diferença entre duas fases de desenvolvimento do humanismo burguês: como a diferença entre o período do Termidor e de Napoleão e aquele após a derrubada de Napoleão, da "Santa Aliança" e da restauração. Está claro que a sociedade burguesa aparece na estética de Hegel em uma forma muito mais desdobrada, que em relação às suas perspectivas de desenvolvimento as ilusões do período heroico têm de ser vistas como definitivamente pretéritas. Obviamente, *nesse sentido*, ainda outros motivos desempenham papel importante na relativa falta de ilusões de Hegel. Trata-se de seu idealismo objetivo bem-formado, sua visão mais profunda da estrutura econômica da sociedade capitalista etc. Porém, esse progresso do conhecimento também não é só um avanço pessoal de Hegel em comparação com Schiller, mas sobretudo o reflexo [*Widerschein*] intelectual do subsequente desenvolvimento objetivo da própria sociedade burguesa.

Entretanto, a apreciação que Schiller faz de Goethe desempenha papel importante nessa concepção histórico-filosófica ilusória. Para a ilusão que espera do desenvolvimento da própria sociedade burguesa a superação de suas contradições fundamentais, o aparecimento de Goethe, seu caráter como poeta ingênuo, constitui uma espécie de garantia, uma esperança de futuro para a realidade dessa perspectiva, para sua ancoragem no presente. Tal apreciação de Goethe não é um caso isolado na elite da inteligência alemã desse período. Depois de superar o período revolucionário de sua juventude,

Friedrich Schlegel vê a Revolução Francesa, a *Doutrina da ciência* de Fichte e o *Wilhelm Meister* de Goethe como as três tendências dominantes do século. Nessas concepções se mostram as perspectivas ilusórias de um florescimento da sociedade burguesa. Para elas, o Classicismo alemão consistiu em realizar as exigências e os resultados das revoluções burguesas, a liquidação revolucionária e voluntária dos resquícios feudais sem revolução.

Fica claro, portanto, que a contradição principal, cuja superação é almejada pelas ilusões de Schiller, consiste na divisão capitalista do trabalho. Também nesse ensaio, ele chega a falar dessa divisão como obstáculo à cultura humana. "O estado de espírito da maioria das pessoas é, de um lado, *trabalho* estressante e extenuante, do outro lado, *fruição* debilitadora." E Schiller vê – com razão – que dessa situação social surgem dois perigos para a poesia: a concepção de que a arte existiria só para diversão e repouso e a concepção de que ela serviria só para o enobrecimento moral da humanidade. Ele reconhece que, nos dois princípios, está contido um núcleo correto e justificado, mas, concomitantemente, reconhece que ambos, na medida em que se tornam efetivos nos tempos modernos, só podem levar à perversão da poesia, da cultura literária. Desse modo, Schiller avalia bem corretamente os perigos culturais não só de seu tempo. Suas análises também proporcionam panoramas de longo alcance sobre o desenvolvimento posterior da literatura burguesa e sua relação com o público.

No entanto, a saída dessa situação, que Schiller procura e acredita ter encontrado, é puramente idealista e invertida. Ele não tem condições de derivar as tendências corretamente identificadas de suas raízes sociais. Ao contrário, ele as reduz a duas tendências "puramente intelectuais", ao idealismo e ao realismo, cuja unilateralidade e cujo conflito nessa unilateralidade é a fonte do erro. Por essa razão, também procura na síntese ideal e sentimental do realista e do idealista, na superação de sua unilateralidade, o caminho que leva à superação dessa contradição. Por essa razão, vislumbra – como ocorreu, a seu tempo, em seu "Estado estético" das cartas sobre *A educação estética do homem*[52] – a saída na fuga para círculos utopicamente sonhados da elite intelectual e moral. Seria preciso

---

[52] Idem, "Über die ästhetische Erziehung des Menschen: in einer Reihe von Briefen", em *Schillers Sämtliche Werke in zwölf Bänden*, cit., carta 27 [ed. bras.: *A educação estética do homem numa série de cartas*, cit., carta 27].

procurar uma classe de homens que seja ativa sem trabalhar e que possa idealizar sem exaltar; que unifique em si todas as realidades da vida com o menor número possível de limitações e que seja levada pela corrente dos acontecimentos sem se tornar sua presa. Somente uma tal classe pode conservar o belo todo da natureza humana, que é intermitentemente destruído a cada trabalho e continuamente por uma vida laboriosa (é nesse ponto que a barreira idealista de Schiller se torna mais escancarada: a crítica do efeito destruidor da cultura da divisão capitalista do trabalho é convertida aqui na danação do próprio trabalho como princípio hostil à cultura [nota de G. L.]); somente ela pode estabelecer leis para o juízo universal mediante seus *sentimentos*. Se uma classe assim realmente existe ou, antes, se a que realmente existe sob semelhantes relações externas também corresponde internamente a esse conceito, eis uma outra questão da qual não tenho absolutamente de ocupar-me aqui.[53]

Assim, as grandiosas investidas de Schiller acabam, desse modo, também nesse ponto, em um beco sem saída idealista; a última palavra de sua exposição rica, profunda e fecunda volta a ser esta: "a fuga para a miséria exuberante"[54].

[1935]

---

[53]   Idem, "Über naive und sentimentalische Dichtung", cit., p. 767 [ed. bras.: *Poesia ingênua e sentimental*, cit., p. 100-1].

[54]   F. Engels, "Deutscher Sozialismus in Versen und Prosa", em K. Marx e F. Engels, *Werke*, v. 4, cit., p. 207-47. A sentença completa e exata de Engels tem o seguinte teor: "Goethe era universal demais, uma natureza demasiado ativa, era carnal demais, para pretender salvar-se da miséria recorrendo à fuga schilleriana para o ideal kantiano; ele era perspicaz demais para não ver que essa fuga acabaria se reduzindo à troca da miséria reles pela miséria exuberante".

O *Hipérion* de Hölderlin

> Oh! Se houvesse uma bandeira, deuses!, a qual meu
> Alabanda pudesse servir, uma Termópilas onde eu
> pudesse derramar com honra o meu sangue junto com
> todo o amor solitário que nunca me servirá de nada![1]

A glória de Hölderlin: ele é o poeta do helenismo. Todo aquele que lê suas obras sente que seu helenismo é diferente, mais sombrio e doloroso do que a utopia radiante da Antiguidade na Renascença e no Iluminismo. Seu helenismo, entretanto, nada tem a ver com o Classicismo acadêmico entediante e vazio do século XIX, nem com a bestialização histérica do helenismo de Nietzsche e do imperialismo. Portanto, a chave para a compreensão de Hölderlin é a compreensão das especificidades de seu helenismo.

Marx expôs com clareza inigualável a base social para a veneração da Antiguidade durante o período da Grande Revolução Francesa:

> Não obstante o caráter nada heroico da sociedade burguesa, muito heroísmo havia sido necessário, além da abnegação, do terror, da guerra civil e de batalhas entre povos, para trazê-la ao mundo. E foi nas tradições de rigor clássico da República Romana que os seus gladiadores encontraram os ideais e as formas artísticas, as autoilusões de que ela precisava para ocultar de si mesma a limitação burguesa do conteúdo das suas lutas e manter o seu entusiasmo no mesmo nível elevado das grandes tragédias históricas.[2]

---

[1]   F. Hölderlin, *Hipérion ou o eremita da Grécia* (trad. Erlon José Paschoal, São Paulo, Nova Alexandria, 2003), p. 157.

[2]   K. Marx, O *18 de brumário de Luís Bonaparte* (trad. Nélio Schneider, São Paulo, Boitempo, 2011), p. 27.

A situação particular da Alemanha no período de transição da burguesia desde o período heroico para o não heroico consiste no fato de que o próprio país estava longe de apresentar-se maduro para uma revolução burguesa real, mas nas cabeças de seus melhores ideólogos a chama heroica dessas "autoilusões" tinha que desencadear a transição trágica entre a era heroica da pólis republicana, com a qual sonhavam Robespierre e Saint-Just, e a prosa capitalista, puramente ideológica, utópica, sem uma revolução precedente.

No seminário de Tübingen, três jovens estudantes viveram os grandes dias da libertação revolucionária da França com um júbilo embriagado. Com entusiasmo juvenil, eles plantaram uma árvore da liberdade, dançaram ao redor dela e estabeleceram a lealdade eterna ao ideal da grande luta pela emancipação. Cada um deles – Hegel, Hölderlin e Schelling – representou em seu desenvolvimento posterior uma possibilidade típica da reação alemã ao desenvolvimento da França. No fim, a vida de Schelling se perdeu no obscurantismo tacanho da reação mais vil, o romantismo renovado no período preparatório da Revolução de 1848. Hegel e Hölderlin não traíram seu juramento revolucionário, mas a diferença em suas interpretações quando se tratava da realização desse juramento indica claramente os caminhos ideológicos que a preparação para a revolução burguesa na Alemanha poderia e deveria seguir.

A assimilação intelectual das ideias da Revolução Francesa estava longe de terminar com Hegel e Hölderlin quando a cabeça de Robespierre já havia caído em Paris, quando o Termidor e depois dele o período napoleônico surgiu. A construção de sua visão de mundo teve que ocorrer com base nessa virada no desenvolvimento revolucionário da França. Com o Termidor, o *conteúdo prosaico* da forma heroica antiga, a sociedade burguesa em sua progressividade e ao mesmo tempo – inseparavelmente – em sua atrocidade, ganhou cada vez mais clareza. O caráter heroico transformado do período napoleônico confrontou os ideólogos alemães com um dilema insolúvel: por um lado, a França napoleônica era um ideal luminoso para aquela grandeza nacional que só poderia florescer com base em uma revolução vitoriosa; por outro lado, o mesmo império francês levou a Alemanha a um estado de profundas divisões nacionais e humilhação. Como faltavam na Alemanha as condições objetivas para uma revolução burguesa que pudesse se opor à conquista napoleônica com uma defesa revolucionária da pátria análoga à de 1793, o anseio essencialmente burguês-revolucionário de libertação e de unificação nacional se encontrou, desse modo, diante de um dilema insolúvel que conduziu ao romantismo reacionário. "Todas as guerras de independência travadas contra a França trazem a marca comum de uma regeneração que está associada à reação."[3]

Nem Hegel nem Hölderlin sucumbiram a essa reação romântica. Seus confrontos intelectuais com a situação pós-termidoriana, entretanto, procedem de maneira diametralmente oposta. Em suma: Hegel chegou a um acordo com a época pós-termidoriana, com o fim do período revolucionário de desenvolvimento burguês e construiu sua filosofia justamente sobre o conhecimento dessa nova virada na história mundial. Hölderlin não se compromete com a realidade pós-termidoriana, permanece fiel ao antigo ideal revolucionário da democracia da pólis que se renova e rompe com a realidade em que não havia lugar sequer no pensamento poético para esses ideais.

Ambos os caminhos refletem o desenvolvimento desigual da ideia revolucionária burguesa na Alemanha de um modo contraditório. E essa desigualdade de desenvolvimento – que o próprio Hegel descreve de maneira idealista e ideológica como "astúcia da razão" – se expressa sobretudo no fato de que a acomodação do pensamento de Hegel à realidade pós-termidoriana o conduziu àquele grande caminho de desenvolvimento ideológico de sua classe, pelo qual se fez possível o avanço do desenvolvimento das ideias até que os métodos de pensamento revolucionário-burgueses se transformassem em métodos revolucionários-proletários. (A inversão materialista da dialética idealista de Hegel por Marx.) A atitude intransigente de Hölderlin permaneceu em um impasse trágico: desconhecido e não lamentado, esse solitário Leônidas poético dos ideais do período jacobino caiu nas Termópilas do incipiente processo termidoriano.

É claro que a acomodação de Hegel leva, por um lado, a seu afastamento do republicanismo revolucionário de seu período de Berna, por meio do entusiasmo por Napoleão, até a reconciliação intelectual com a miséria de uma monarquia constitucional prussiana. Por outro lado, entretanto, leva – embora distorcida de maneira idealista e virada de cabeça para baixo – à descoberta intelectual e à elaboração da dialética da sociedade burguesa. Com Hegel, a economia política clássica da Inglaterra aparece pela primeira vez como um elemento da concepção dialética da história mundial, que é apenas uma forma ideológica, um reflexo idealista do fato de que para Hegel a própria dialética do capitalismo se tornou a base para a dialética do presente. O ideal jacobino de luta

---

[3] K. Marx, "Das revolutionäre Spanien", em *Marx-Engels-Werke*, v. 10 (Berlim, Dietz Verlag, 1977), p. 444.

168 | Goethe e seu tempo

contra a desigualdade de riqueza, a ilusão jacobina do nivelamento econômico de uma sociedade de propriedade privada capitalista, desaparece para dar lugar a um reconhecimento cínico, ricardiano, das contradições do capitalismo. "As fábricas e as manufaturas fundam sua existência precisamente sobre a miséria de uma classe"[4], escreve Hegel alguns anos após sua reavaliação dos eventos de sua época. A república da pólis como um ideal a ser realizado desaparece. A Grécia se torna um passado irremediavelmente desaparecido e sem retorno.

A grandeza da acomodação de Hegel na história mundial consiste precisamente no fato de que ele – e apenas Balzac ao lado dele – compreendeu o desenvolvimento revolucionário da burguesia como um processo unitário, em que o terror revolucionário, o Termidor e Napoleão foram apenas fases necessárias de desenvolvimento. O período heroico da burguesia revolucionária para Hegel – assim como a Antiguidade – torna-se um passado irrecuperável, mas indispensável para a produção da prosa não heroica do presente, reconhecida como progressista, para a produção da sociedade burguesa desenvolvida com suas contradições econômico-sociais. O fato de que essa concepção é manchada com todas as nódoas da acomodação à miséria das condições prussiano-germânicas, com todas as mistificações da dialética idealista, não pode anular seu significado histórico-mundial. Com todas as suas falhas, é uma das grandes vias que conduzem ao futuro, à construção da dialética materialista.

Hölderlin sempre se recusou a reconhecer esse caminho como o certo. Evidentemente, nem mesmo seu pensamento poderia permanecer intocado pela realidade pós-termidoriana. Precisamente o período de Hegel em Frankfurt, o tempo de sua virada histórico-metodológica, é o tempo da segunda convivência e da cooperação mais madura entre ambos. Contudo, para Hölderlin, o desenvolvimento pós-termidoriano significa apenas o abandono dos elementos ascéticos da concepção do helenismo como um ideal, a ênfase crescente em Atenas como modelo de comparação com a rígida virtude espartano-romana dos jacobinos franceses. Ele permanece um republicano. Mesmo em sua última obra, *Empédocles*, o herói responde aos agrigentinos, que lhe oferecem a coroa, "Esta não é mais a época dos reis"[5], e prega – em forma mística, é claro – o ideal de uma completa renovação revolucionária da humanidade:

---

[4]   G. W. F. Hegel, *Jenenser Realphilosophie*, v. 2 (Leipzig, J. Hoffmeister, 1931), p. 232.

[5]   F. Hölderlin, *A morte de Empédocles* (trad. Marise Moassab Curioni, São Paulo, Iluminuras, 2008), p. 199.

O que vos levou e ensinou a palavra paterna:
Lei e costume, os nomes dos antigos deuses,
Tudo isso esquecei com ousadia, e como recém-nascidos
Erguei os olhos para a Natureza divina.[6]

Essa natureza é a de Rousseau e Robespierre, o sonho de uma reformulação da sociedade que – sem que Hölderlin tenha levantado claramente a questão da propriedade privada – restabelece a harmonia perfeita do homem com a sociedade que lhe é apropriada, outra vez feita natureza e, portanto, a harmonia com a própria natureza. "Ideal é o que foi natureza"[7], diz o Hipérion de Hölderlin um pouco à maneira de Schiller, mas com um *páthos* revolucionário que vai muito além de Schiller. E para Hölderlin, a Grécia é precisamente esse ideal que já foi realidade viva, a natureza. "Os povos surgiram outrora da harmonia infantil", continua Hipérion, "a harmonia dos espíritos será o começo de uma nova história do mundo"[8].

"Um por todos e todos por um!"[9] – esse é o ideal social de Hipérion quando ele entra na luta revolucionária pela libertação armada da Grécia do jugo turco. É o sonho de uma guerra revolucionária de libertação nacional, que ao mesmo tempo se tornará a guerra de libertação de toda a humanidade, tal como os sonhadores radicais da própria Grande Revolução – como Anacharsis Cloots – esperavam para as guerras da República Francesa. Hipérion diz:

Ninguém vai reconhecer nosso povo futuro apenas pela bandeira, tudo deve rejuvenescer, deve mudar fundamentalmente. O prazer será pleno de seriedade e todo trabalho, pleno de alegria! Que nada, nem mesmo a coisa mais ínfima, mais cotidiana, careça de espírito e de deuses! Amor e ódio e todo som produzido por nós devem causar estranheza ao mundo mais vulgar e nenhum instante deve nos recordar uma vez sequer do passado trivial.[10]

Assim, Hölderlin ignora descuidadamente o limite capitalista, as contradições capitalistas da revolução burguesa. Sua teoria da sociedade deve, portanto, perder-se no misticismo, ainda que em um misticismo de pressentimentos

---

[6]   Ibidem, p. 204.

[7]   F. Hölderlin, *Hipérion ou o eremita da Grécia*, cit., p. 67.

[8]   Ibidem, p. 67.

[9]   Ibidem, p. 117.

[10] Ibidem, p. 116.

confusos de uma convulsão efetiva na sociedade, uma transformação real da humanidade. Esses pressentimentos são ainda mais utópicos e misteriosos do que os dos sonhadores isolados da França pré-revolucionária e revolucionária, porque, na Alemanha capitalisticamente subdesenvolvida, Hölderlin não consegue nem mesmo ver as sementes e os primórdios das tendências sociais que apontam para além da contraditória estreiteza do horizonte capitalista. Sua utopia é puramente ideológica, um sonho do regresso à idade de ouro, em que o pressentimento do desenvolvimento da sociedade burguesa está ligado à utopia de uma sociedade para além da burguesia, de uma libertação real da humanidade.

É muito interessante observar que Hölderlin sempre luta, particularmente de maneira mais aguda em *Hipérion*, contra a superestimação do Estado, que sua concepção utópica do Estado vindouro é reduzida a seu cerne verdadeiro, muito próximo da concepção dos primeiros ideólogos liberais da Alemanha, por exemplo, de Wilhelm von Humboldt.

Para Hölderlin, portanto, o pilar principal da renovação social só pode ser uma nova religião, uma nova igreja. No próprio desenvolvimento social da Alemanha, os fundamentos para suas utopias não podiam ser visíveis objetivamente, porque, na verdade, não existiam de fato na realidade burguesa; tampouco podiam ser visíveis subjetivamente, porque era impossível para Hölderlin captar os primórdios de um desenvolvimento para além do capitalismo. Desse modo, era inevitável para ele buscar a fonte da renovação social em uma nova religião. A inevitabilidade da virada à religião, com um rompimento completo com as religiões antigas, está presente para todos os revolucionários desse período que querem levar a revolução burguesa às consequências necessárias, mas ao mesmo tempo retrocedem diante delas: o desencadeamento desenfreado do capitalismo com todos os seus efeitos sociais e culturais. A introdução do culto ao "ser supremo" por Robespierre é o maior exemplo histórico prático dessa inevitabilidade.

É claro que Hölderlin também não pôde evitar esse dilema. Se seu *Hipérion* quer limitar a eficácia do Estado, ele sonha com o surgimento de uma nova igreja, que se tornará a portadora de seus ideais sociais. A inevitabilidade e, ao mesmo tempo, o caráter burguês-revolucionário dessa concepção são claramente demonstrados pelo fato de que também Hegel, na época de sua transição para o pleno reconhecimento da virada capitalista da revolução, foi tomado pela concepção de uma nova religião:

Na qual a dor infinita e toda a gravidade de sua oposição é absorvida, mas se dissolve desanuviada e pura, quando há um povo livre e a razão terá renascido sua realidade como um espírito moral que pode ter a ousadia de estar em seu próprio terreno e fora de sua própria majestade para assumir a forma pura.[11]

A ação de *Hipérion* ocorre dentro desse quadro ideológico. O ponto de partida da ação é a tentativa de sublevação dos gregos contra os turcos em 1770, que se viu viabilizada pela ajuda de uma frota russa. O caráter contraditório e revolucionário-reacionário desse tema é muito característico da situação histórica de Hölderlin. Contudo, também é muito característico dele ter certa percepção das tendências reacionárias da situação que descreve, que é incomparavelmente mais elevada e progressiva do que as ilusões dos revolucionários nacionais da guerra de libertação em relação à Rússia. Os heróis guerreiros de Hölderlin permanecem sem ilusões, assumem uma postura política real-maquiavélica em relação à ajuda russa; "Desse modo, um veneno elimina o outro"[12], diz Hipérion quando a frota turca foi destruída pelos russos. Portanto, também nessa questão Hölderlin não era um reacionário romântico.

A ação interna do romance agora é formada pela luta ideológica em duas direções pela realização da utopia revolucionária de Hölderlin. O herói de guerra Alabanda, que possui características fichtianas, representa a tendência do levante armado. A heroína do romance, Diotima, encarna a tendência para a ilustração religiosa, ideológica e pacífica; ela quer fazer de Hipérion um educador de seu povo. O conflito termina com a vitória do princípio belicoso. Hipérion junta-se a Alabanda para preparar e realizar a insurreição armada. O apelo de Alabanda desperta autocensura nele por sua anterior inação contemplativa. "Tornei-me ocioso demais! Pacífico, celestial, indolente demais! [...] Sim! Ser meigo no momento certo é algo belo, mas ser meigo na hora errada é horrível, pois é covarde."[13] Diotima adverte: "Conquistará e esquecerá, para quê?"[14]. Hipérion responde: "A servidão mata, mas a guerra justa vivifica qualquer alma"[15]. Diotima vê ao mesmo tempo o trágico conflito que existe

---

[11]   K. Rosenkranz, *Georg Wilhelm Friedrich Hegels Leben* (Darmstadt, Wissenschaftliche Buchgesellschaft, 1963), p. 141.

[12]   F. Hölderlin, *Hipérion ou o eremita da Grécia*, cit., p. 130.

[13]   Ibidem, p. 99.

[14]   Ibidem, p. 100.

[15]   Ibidem, p. 100-1.

para Hölderlin-Hipérion: "Sua alma inteira lhe ordena. [...] Não a seguir leva com frequência à ruína, mas segui-la também"[16]. A catástrofe ocorre. Depois de algumas pequenas batalhas vitoriosas, os rebeldes tomam Masistra, anteriormente Esparta. Porém, após a captura, seguem-se saqueios e assassinatos, e Hipérion se afasta desapontado com os rebeldes. "De fato! Foi um projeto extraordinário plantar meus Campos Elísios através de uma quadrilha de bandidos".[17] Logo depois, os rebeldes foram derrotados e dispersos. Hipérion busca a morte nos combates da frota russa, mas em vão.

A posição de Hölderlin sobre a revolução armada não é nova na Alemanha. O sentimento de remorso de Hipérion após a vitória renova em um nível mais alto o desespero de Karl Moor de Schiller no fim de Os bandoleiros: "Que duas pessoas como eu haveriam de botar por terra todo o edifício do mundo moral"[18]. Não é por acaso que o classicista helenizante Hölderlin valorizou muito os dramas da juventude de Schiller até o fim de sua vida lúcida. Ele justifica essa admiração com análises composicionais; a verdadeira razão, porém, está na relação entre os problemas, o anseio por uma revolução alemã e ao mesmo tempo – e inseparável dela – a relutância em enfrentar os fatos e as consequências de tal revolução. Em relação a esses problemas, no entanto, a diferença deve ser igualmente enfatizada. O jovem Schiller se esquiva não só da dureza dos *métodos revolucionários*, mas ao mesmo tempo do *conteúdo radical da própria revolução*. Ele teme que os fundamentos morais do mundo – da sociedade burguesa – possam desabar em uma revolução. Hölderlin não tem medo disso, não se sente intimamente ligado a nenhuma manifestação fenomênica da sociedade burguesa que lhe seja visível. Como vimos, ele está apenas esperando por uma transformação completa em seu mundo, em que nada do presente sobraria. Seu recuo relaciona-se com o método revolucionário que, no estilo dos ideólogos idealistas da revolução, teme que perpetue a maldade do existente de alguma forma.

Essa dualidade trágica em Hölderlin era intransponível para ele, pois surgia das relações de classe na Alemanha. Apesar de todas as ilusões historicamente necessárias sobre a renovação da democracia da pólis, os revolucionários jacobinos da França extraíam seu ímpeto e sua capacidade de ação de seu vínculo

---

[16] Ibidem, p. 101.

[17] Ibidem, p. 120.

[18] F. Schiller, Os bandoleiros (trad. Marcelo Backes, Porto Alegre, L&PM, 2011), p. 194.

com os elementos democrático-plebeus da revolução, com as massas pequeno-burguesas e semiproletárias das cidades e com o campesinato. Apoiados neles, foram capazes de lutar contra a vileza egoísta, a covardia e a ganância da burguesia francesa e impulsionar a revolução burguesa de forma plebeia – ainda que por pouco tempo e de maneira muito contraditória. O traço antiburguês desse revolucionarismo plebeu é muito forte em Hölderlin. Seu Alabanda diz sobre os cidadãos: "Ninguém perguntaria se vocês querem! Pois jamais quiseram, seus servos e bárbaros! Ninguém pretende melhorá-los, pois seria em vão! Querem apenas cuidar para que vocês desobstruam o caminho da vitória da humanidade"[19]. Um revolucionário jacobino em Paris em 1793 poderia ter pronunciado tais palavras para os aplausos das massas plebeias. Tal atitude na Alemanha em 1797 significava um isolamento desesperador e desolado; não havia classe social à qual essas palavras pudessem ser dirigidas, nenhuma em que pudessem sequer encontrar um eco ideológico. Após o fracasso do levante de Mainz, Georg Forster foi pelo menos capaz de ir para a Paris revolucionária. Para Hölderlin, não havia casa nem na Alemanha nem fora da Alemanha. Não é à toa que o caminho de Hipérion após o fracasso da revolução está perdido em um misticismo sem esperança, que Alabanda e Diotima perecem por causa do fracasso de Hipérion. É compreensível que a subsequente, fragmentária e última grande obra de Hölderlin, a tragédia *Empédocles*, tenha como tema a morte, o sacrifício místico.

A reação sempre se agarrou a essa dissolução mística da visão de mundo de Hölderlin. Depois que a história oficial alemã da literatura tratou Hölderlin episodicamente por um longo tempo como representante de uma corrente secundária do Romantismo (*Haym*), ele foi redescoberto de maneira abertamente reacionária no período imperialista e usado para as finalidades ideológicas da reação. Dilthey fez dele um precursor de Schopenhauer e Nietzsche, com o truque simples de separar por completo o helenismo e as influências da filosofia clássica alemã da influência da Revolução Francesa e reduzir esta última a um significado episódico. Gundolf já separa em Hölderlin "vivência primária" e "vivência cultural". "Vivência cultural" é todo o revolucionário, tudo o que é "apenas condicionado pelo tempo"; e, como tal, não entra em questão na avaliação "essencial" de Hölderlin. O "essencial" é um "misticismo órfico". Também com Gundolf os caminhos levam de Hölderlin a Nietzsche

---

[19] F. Hölderlin, *Hipérion ou o eremita da Grécia*, cit., p. 33.

e, além de Nietzsche, à "divinização do corpo" de Stefan George. Hölderlin, a trágica vítima de um jacobinismo tardio, tornou-se o precursor do parasitismo dos rentistas com Gundolf; a trágica elegia de Hölderlin sobre a liberdade política, social e cultural perdida do homem supostamente flui para o lirismo decadente de Stefan George. O culto helenístico-republicano da amizade de Hölderlin, no qual seus modelos eram os tiranicidas Harmódio e Aristógito, transforma-se no precursor do círculo estético e decadente de George.

Dilthey e Gundolf imaginam que podem descobrir o núcleo essencial de Hölderlin deixando de fora os traços "condicionados pelo tempo". O próprio Hölderlin sabia perfeitamente que o triste traço elegíaco de sua poesia, seu anseio pela Grécia perdida, o que era poeticamente essencial nele, estava inteiramente condicionado pelo tempo. Hipérion diz:

> No entanto, essa dor não se iguala a nenhuma outra, é o sentimento incessante da aniquilação total quando a nossa vida perde seu significado e o coração diz a si mesmo: "tem de sucumbir e nada restará de você; não plantou nenhuma flor, não construiu nenhum abrigo, para que pudesse dizer: 'Deixei algum vestígio sobre a terra'". Ah! E a alma pode estar repleta de aspirações justamente no momento em que se encontra tão desanimada! [...] Basta! Basta! Se tivesse crescido com Temístocles, se tivesse vivido entre os cipiões, minha alma realmente nunca teria conhecido esse seu lado.[20]

Então Hölderlin canta sobre uma morte heroica em torno da – em seu sentido – pátria liberta:

> Recebe-me, recebe-me em suas fileiras
> Não quero morrer um dia de vil morte
> Morrer inutilmente me horroriza
> Mas sim cair no monte do sacrifício
> Pela pátria.
> [...]
> E chegam os arautos da vitória:
> "A batalha é nossa". Segue vivendo
> No alto, ó pátria
> E não conte os mortos! Porque por ti,
> Nem um a mais caiu.[21]

---

[20] Ibidem, p. 48-9.

[21] F. Hölderlin, "Morte pela pátria", em *Poesía completa* (Ediciones 29, 1995), p. 125.

Então, canta sobre o destino de seu poeta, o desejo de pelo menos uma realização única do que é central para sua alma:

Dai-me, Potestades, mais um verão apenas,
Apenas um outono de maduro canto,
Que de bom grado, o coração já farto
Do suave jogo, morrerei então.

A alma que em vida nunca desfrutou os seus
Direitos divinos nem no Orco acha repouso;
Mas se eu lograr o que é sagrado, o que
Trago em meu coração, a Poesia,

Serás bem-vinda então, paz do mundo das sombras!
Contente ficarei, mesmo que a minha lira
Não leve comigo; uma vez, ao menos,
Vivi como os deuses, e é quanto basta.[22]

Nada pode ser tomado aqui isoladamente. Hölderlin é um poeta lírico muito autêntico e, portanto, sempre ecoa a respectiva oportunidade concreta que de imediato aciona a vivência para repetir continuamente – abstratamente – os fundamentos finais da vivência projetada de modo poético em cada caso. Em particular, especialmente com Hölderlin, o desejo de realização poética não deve ser entendido formal e artisticamente. Também aqui o conteúdo e a forma são inseparáveis. O sucesso poético pressupõe que seu conteúdo central na vida, em sua vida, de alguma forma se tornou realidade. Os princípios jacobinos, entretanto, formam toda a atmosfera de seus poemas. Apenas aqueles cujos olhos estão embotados ou iludidos por sua posição de classe não percebem essa atmosfera determinante. Mas e o misticismo da natureza? E a fusão da natureza e da cultura, do homem e da divindade na vivência do helenismo? Talvez um admirador moderno de Hölderlin, influenciado por Dilthey e Gundolf, pudesse argumentar assim. Já nos referimos à presença em Rousseau e em Robespierre do culto da natureza e do culto aos gregos em Hölderlin. Em seu grande poema *Der Archipelagus* [O arquipélago] (que Gundolf escolheu como ponto de partida para sua interpretação de Hölderlin), a natureza grega e a grandeza da cultura ateniense que dela cresceu são moldadas por um *páthos* elegíaco

---

[22] F. Hölderlin, "An die Parzen"/"Às parcas", em *Poemas* (trad. José Paulo Paes, São Paulo, Companhia das Letras, 1991), p. 87.

arrebatador. No fim do poema, contudo, Hölderlin fala de forma igualmente patética, com grandeza elegíaca acusadora, sobre o *fundamento* de sua tristeza [*Trauer*] pela cultura grega desaparecida:

> Mas, ai! ele vagueia à noite, vive lá como no Ogro,
> sem o Divino, a nossa linhagem. O seu cansaço
> é forjado sozinho, e na oficina louca
> cada um apenas escuta a si mesmo, e os selvagens trabalham muito,
> com braços poderosos, e sem descanso, mas sempre e sempre
> estéril, como as Fúrias, o castigo dos pobres persiste.

E essa concepção não é uma coincidência nem única em Hölderlin. Depois que a luta grega pela liberdade foi sufocada e Hipérion experimentou sua decepção, a conclusão do romance é o capítulo terrivelmente acusador sobre a Alemanha, a ode em prosa raivosa sobre a degradação do homem na miséria, no incipiente desenvolvimento – inicial – filisteu do capitalismo alemão. A invocação da Grécia como unidade de cultura e natureza é, em Hölderlin, sempre uma acusação contra sua presença, um apelo – em vão – à ação, à destruição dessa realidade miserável.

O "refinamento" da análise de Dilthey e de Gundolf, a erradicação de todos os rastros da grande tragédia social da vida e da obra de Hölderlin, constitui a base para a profanação demagógica crua e flagrantemente mentirosa de sua memória pelos camisas marrons da história literária. Assim como os ideólogos fascistas abusam do desespero da pequena burguesia que (ainda) não está consciente de seu caminho, também a SA[23] literária conspurca a memória de muitos revolucionários alemães honestamente desesperados, escamoteando as verdadeiras causas sociais de seu desespero, explicando este pelo fato de que ainda não podiam ver o "redentor" Terceiro Reich, o "salvador Hitler". Foi o que aconteceu a Hölderlin sob o fascismo alemão. Adorar Hölderlin como o grande precursor do Terceiro Reich é agora considerado de bom tom entre os escritores fascistas da Alemanha. É claro que a implementação concreta dessa linha, a demonstração concreta da ideologia fascista no caso de Hölderlin, lhes

---

[23] Lukács alude aqui à *Sturmabtleilung* (SA), milícia criada pelos nazistas nos anos 1920, dirigida formalmente a partir de 1931 pelo militar Ernst Röhm (1887-1934), que se notabilizou pelos ataques brutais e criminosos aos adversários de Hitler. Em fins de junho de 1934, divergências entre facções nazistas culminaram com a chacina dos seguidores de Röhm e dele mesmo, conhecidos pelas suas camisas marrons, na tão sinistra como célebre *noite dos longos punhais*. (N. E.)

causa grandes dificuldades. Elas são muito maiores do que eram para Gundolf, em quem os pontos de vista vazios e formalistas da *l'art-pour-l'art*, da veneração pela forma de Hölderlin, tornaram possível idealizar sua alegada natureza grega mística sem contradições internas imediatamente óbvias. (A contradição era "meramente" entre a imagem que Gundolf fazia de Hölderlin e a real.)

Com base nisso, Rosenberg agora transforma Hölderlin em um representante da nostalgia "autenticamente" germânica. Ele tenta atrelar Hölderlin à demagogia social do nacional-socialismo, transformando sua crítica da época em uma crítica fascista do "cidadão".

> Hölderlin já tinha sofrido por obra dessas pessoas antes, numa época em que ainda não governavam como cidadãos onipotentes, quando Hipérion, buscando almas grandes, teve que descobrir que era por diligência, conhecimento, até por sua religião que haviam se tornado bárbaras: Hipérion encontrou artesãos, pensadores, padres, nobres, mas não homens; peças sem unidade de alma, sem elevação interior, sem totalidade de vida.[24]

Contudo, Rosenberg tem o cuidado de não concretizar a crítica a seu tempo feita por Hölderlin. Toda a grande tentativa termina com um salto no vazio: Hölderlin é apenas tachado como um representante do absurdo de Rosenberg sobre a "vontade estética".

A mesma mistura de retórica grandiloquente e evitação temerosa de todos os fatos caracteriza a apresentação posterior da imagem fascista de Hölderlin. Em uma série de ensaios, descobre-se uma "grande virada" na vida de Hölderlin: seu afastamento do "século XVIII", sua conversão ao cristianismo e, com ela, à "realidade alemã" fascista-romântica. Hölderlin deve ser inserido no Romantismo, que foi devidamente construído para o prelúdio do fascismo, na série que vai de Novalis a [Johann Joseph von] Görres. O valor dessa falsificação da história pode ser apreciado pelo fato de que ela teve de ser rejeitada até mesmo pelo lado nacional-socialista oficial, que a considerou "descabida", "incorreta". Isso é feito em um ensaio de Matthes Ziegler no *Nationalsozialistichen Montsheften*[25], no qual mestre Eckart, Hölderlin, Kierkegaard e Nietzsche são apresentados

---

[24]   A. Rosenberg, *Der Mithusdes 20. Jahrhunderts* (Munique, BoheneichenVerlag, 1934).

[25]   Jornal político e cultural produzido pelo Partido Nazista e editado por Alfred Rosenberg. A primeira edição foi publicada em 1930. O jornal constituiu um fórum para especialistas de várias disciplinas acadêmicas, incluindo linguística e história, para apresentar suas pesquisas em um formato popular, muitas vezes com ênfase racial.

como os grandes precursores da visão de mundo nacional-socialista. Embora Baeumler consiga rastrear os traços místicos-irracionalistas e anticapitalistas românticos de Kierkegaard sem mentiras históricas óbvias, apenas com alguns retoques suaves, o ensaio de Ziegler permanece um murmúrio lamentável escondido sob a forma externa grandiloquente das grandes frases apodíticas. O ensaio também consistia apenas em enfatizar – evitando cuidadosamente tudo o que há de concreto nas citações – a oposição de Hölderlin à cultura contemporânea (contra a "burguesia"), seu anseio por uma forma de comunidade. E agora Ziegler transforma esse anseio, cuja verdadeira raiz social, cujo conteúdo social real já é conhecido por nós – Hitler – no anseio de um precursor do Terceiro Reich. Em resumo, ele diz:

> A tragédia de Hölderlin consistiu em que ele teve que se separar da comunidade dos homens sem ter recebido a tarefa de formar a comunidade vindoura. Ele permaneceu sozinho, um incompreendido em sua época, mas que carregava o futuro como uma certeza. Não queria um avivamento, nenhuma nova Grécia, mas encontrou o estilo de vida heroico nórdico na Grécia, que foi atrofiado na Alemanha de seu tempo, mas somente a partir do qual a comunidade vindoura pode crescer. Ele tem de se expressar na linguagem e nas ideias de seu tempo, por isso muitas vezes é difícil para nós, homens de hoje, que formamos a experiência de nosso presente, compreendê-lo corretamente. Porém, nossa luta para a formação do império é a luta pelo mesmo ato que Hölderlin não pôde realizar porque o tempo ainda não havia se cumprido.

O resultado factual, mesmo medido pelo padrão que pode ser aplicado a uma história literária nacional-socialista, é ridiculamente pobre; Ziegler chega a admitir que entende pouco ou nada de Hölderlin. Os literatos nacional-socialistas, além de Dilthey e Gundolf, têm de tornar a imagem de Hölderlin ainda mais abstrata, mais desprovida de todos os traços individuais e sócio-históricos. O Hölderlin dos fascistas alemães é um poeta romântico qualquer, quase indistinguível de Georg Büchner, que foi recentemente vilipendiado várias vezes e que, por sua vez, é um representante do "pessimismo heroico", isto é, o precursor do "realismo heroico" de Nietzsche e de Baeumler. Na noite espiritual da falsificação fascista da história, todas as figuras são pardas.

Todavia, a "metodologia" dessas falsificações mostra um resultado indesejado, a saber, a conexão interna entre a incapacidade liberal de entender a história alemã e sua falsificação imperialista-fascista cada vez mais consciente. Dilthey polemiza contra a interpretação de Hölderlin por Haym como um "impulso lateral do romantismo", mas apenas para classificar Hölderlin entre os românticos decadentes e atrasados do fim do século, a fim de torná-lo um precursor de Nietzsche. Gundolf, ademais, torna-o precursor de Stefan George. E os nacional-socialistas abusam dos traços então nada claramente reacionários, românticos e anticapitalistas de Hölderlin para fixar a imagem distorcida do trágico revolucionário como uma escultura de fachada da penitenciária fascista em que jaz a Alemanha trabalhadora.

No entanto, no mais básico de sua essência, Hölderlin não é um romântico, embora sua crítica ao capitalismo incipiente tenha alguns traços românticos. Entretanto, enquanto os românticos, do economista Sismondi ao poeta místico Novalis, fogem do capitalismo para a produção simples de mercadorias, e o capitalismo anárquico contrasta com a Idade Média "ordeira", em que a divisão mecanicista do trabalho se opõe à "totalidade" do trabalho artesanal, Hölderlin critica a sociedade burguesa de outro modo. Ele também odeia a divisão capitalista do trabalho de uma forma romântica. A seu ver, porém, o elemento mais essencial da degradação a ser combatida é a perda da liberdade. E ele se esforça – como vimos, mesmo com formas místicas e conteúdo vagamente utópico – em conduzir essa concepção de liberdade para além do conceito estreito de liberdade política na sociedade burguesa. A diferença de temática entre Hölderlin e os românticos – Grécia *versus* Idade Média – não é, portanto, apenas uma diferença temática, mas uma diferença política e de visão de mundo.

Quando Hölderlin celebra as festas da Grécia antiga, ele celebra o caráter público democrático da vida hoje perdido. Ele não está apenas seguindo os mesmos caminhos que seu amigo de infância Hegel percorreu antes de sua mudança decisiva, mas também segue ideologicamente os caminhos de Robespierre e dos jacobinos. Em seu grande discurso ante a Convenção sobre a introdução do culto do "Ser Supremo", Robespierre explica:

> O verdadeiro sacerdote do Ser Supremo é a natureza, seu templo é o universo, seu culto, a virtude, suas celebrações, a alegria de um grande povo, unido sob seus olhos para estreitar ainda mais os laços da fraternidade universal e oferecer-lhe a veneração de corações sensíveis e puros.

E no mesmo discurso refere-se às festas da Grécia como modelo dessa consolidação da educação democrático-republicana para a virtude e a felicidade de um povo libertado.

É claro que o misticismo de Hölderlin vai muito além da autoilusão inevitável e heroica de Robespierre. Ademais, é uma fuga no misticismo e um misticismo da fuga: um misticismo do anseio pela morte, do sacrifício da morte, da morte como meio de união com a natureza. Contudo, mesmo esse misticismo natural de Hölderlin não é, de forma alguma, univocamente reacionário.

Em primeiro lugar, a fonte rousseauniana revolucionária é sempre visível nele. Para Hölderlin, o ponto de partida imediato da fuga para o misticismo reside no fato de que ele, de modo inevitável, teve de ampliar a tragédia socialmente necessária e desesperadora de suas aspirações de idealista a uma tragédia cósmica. Em segundo lugar, porém, seu misticismo do sacrifício da morte também contém um claro caráter panteísta-antirreligioso. Antes de Alabanda morrer, ele fala de sua vida "que nenhum deus criou"[26]: "Se foi a mão de um oleiro que me fez, ele que arrebente então a sua vasilha, como lhe agradar. Mas o que vive nela não deve ser produzido, deve ser natureza divina em seu germe, superior a todo o poder e toda a arte e, por isso, invulnerável, eterno"[27]; "ainda que me tornasse planta, o dano seria muito grande? [...] Eu serei. Como iria me extraviar da esfera da vida onde o amor eterno, comum a todos, mantém unidas todas as naturezas? Como iria me separar da aliança que liga todos os seres?"[28].

Se o leitor de hoje deseja obter um ponto de vista historicamente correto sobre o misticismo natural alemão no início do século XIX, ele nunca deve esquecer que naquela época, é claro que em formas místico-idealistas, foi descoberta e elaborada a dialética da natureza e da sociedade. É o período da filosofia natural de Goethe, do jovem Hegel e do jovem Schelling (Marx certa vez falou sobre o "pensamento sincero do jovem Schelling"). É um período em que o misticismo não é apenas um lastro morto do passado teológico, mas, muitas vezes, e de uma maneira difícil de separar, uma névoa idealística que esconde os caminhos futuros ainda não reconhecidos do conhecimento dialético. Assim como no início do desenvolvimento burguês, na Renascença e no materialismo inicial de Bacon, a embriaguez de novos conhecimentos assume formas exuberantes e fantásticas, e, também agora na embriaguez do alvorecer do método dialético, produz uma filosofia "em que todo membro

---

[26] F. Hölderlin, *Hipérion ou o eremita da Grécia*, cit., p. 146.

[27] Ibidem, p. 147.

[28] Ibidem, p. 154.

está bêbado" (Hegel). O que Marx diz sobre a filosofia de Bacon ("A matéria ri do homem inteiro num brilho poético-sensual. A doutrina aforística em si, ao contrário, ainda pulula de inconsequências teológicas"[29]) também se aplica – *mutatis mutandis* – a esse período.

O próprio Hölderlin teve um papel muito ativo no desenvolvimento do método dialético; ele não é apenas amigo de juventude, mas também companheiro filosófico de Schelling e de Hegel. No grande discurso sobre Atenas, Hipérion se volta para Heráclito. E o "uno diferente em si mesmo"[30] de Heráclito é o ponto de partida de seu pensamento: "É a essência da beleza, e antes de ter sido encontrada não havia filosofia alguma"[31]. Portanto, também para Hölderlin, a filosofia é idêntica à dialética.

Evidentemente, uma dialética idealista que se perde no misticismo. E o misticismo é particularmente visível em Hölderlin porque tem cada vez mais a tarefa de glorificar cosmicamente a tragédia social de sua existência, de mostrar um caminho aparente para uma morte significativa a partir da desesperança histórica de sua situação. Todavia, inclusive esse horizonte, perdido em brumas místicas, é também um traço comum de toda a época. O fim de *Hipérion* e *Empédocles* não é mais místico do que o destino de Makaria em *Wilhelm Meisters Wanderjahre* [Os anos de viagem de Wilhelm Meister][32], do que o destino de *Louis Lambert*[33], do que o de *Seraphitus Seraphita*[34] em Balzac. Esse horizonte místico não pode ser eliminado da obra da vida dos grandes realistas Goethe e Balzac sem desfazer o realismo da linha básica de suas obras, da mesma forma que não pode ser eliminado o misticismo da morte em Hölderlin sem desvirtuar o caráter revolucionário da linha básica de sua elegia heroica.

Hölderlin é um dos elegíacos mais profundos e puros de todos os tempos. Em sua importante definição da elegia, Schiller fala sobre o fato de que "na elegia, o trágico [*Trauer*] só pode fluir de um entusiasmo despertado pelo ideal".

---

[29] K. Marx e F. Engels, *A sagrada família* (trad. Marcelo Backes, São Paulo, Boitempo, 2003), p. 147.

[30] F. Hölderlin, *Hipérion ou o eremita da Grécia*, cit., p. 85. No texto de Hölderlin, a passagem está em grego.

[31] Idem.

[32] *Wilhelm Meisters Wanderjahre*, romance de J. W. von Goethe. A primeira versão apareceu em 1821, a completa em 1829.

[33] Livro de H. de Balzac, publicado em 1832.

[34] Romance de H. de Balzac, publicado na *Revue de Paris*, em 1834.

E, com severidade talvez muito rigorosa, Schiller condena todos os elegíacos que lamentam um destino puramente privado (Ovídio).

Na poesia de Hölderlin, o destino privado e o social fundem-se em uma harmonia trágica raramente vista. Hölderlin não teve uma vida exitosa. Nunca foi além do então nível geral da transição da existência de intelectuais alemães pobres: a profissão de preceptor doméstico; mesmo como preceptor, foi incapaz de prover uma existência melhor para si mesmo. Como poeta, apesar da proteção benevolente de Schiller, apesar dos elogios do crítico mais importante da época, A. W. Schlegel, permaneceu completamente desconhecido e sem perspectivas. Seu grande amor por Suzette Gontard terminou em uma resignação tragicamente desesperada. Tanto sua vida exterior como interior eram tão carentes de esperanças que muitos contemporâneos e biógrafos viram como algo fatalmente necessário sua loucura, com a qual seu desenvolvimento juvenil terminou.

O trágico elegíaco da poesia de Hölderlin, entretanto, nunca teve o caráter de um mesquinho lamento privado sobre a vida pessoal fracassada. Se Hölderlin mistificou cosmicamente a necessidade social do fracasso de suas principais aspirações, essa mistificação também expressa o sentimento de que o fracasso de suas aspirações privadas foi apenas uma consequência necessária de um grande fracasso geral. E o lamento elegíaco de seus poemas, portanto, sempre começa desse ponto.

O contraste do helenismo perdido, que deveria ser renovado de forma revolucionária, com a miséria do presente alemão é o conteúdo constante e frequentemente variado de seu lamento. Sua elegia é, assim, uma acusação heroico-patética contra o tempo e não uma lamentação subjetivamente lírica de um destino privado, por mais deplorável que seja. É o lamento da melhor intelectualidade burguesa sobre a perdida "autoilusão" revolucionária do período heroico de sua própria classe.

É o lamento da solidão, o grito de angústia da solidão, que não pode ser cancelado porque se manifesta em todos os momentos da vida privada, embora tenha sido criado pela mão de ferro do próprio desenvolvimento econômico e social.

O fogo revolucionário da burguesia está apagado. No entanto, o fogo heroico da Grande Revolução dá origem a almas de fogo em que esse fogo ainda brilha. Contudo, ele não inflama mais a classe. O fogo revolucionário do jacobinismo ainda vive no Julien Sorel[35] de Stendhal, assim como em Hölderlin. E se a

---

[35] Personagem do romance O *vermelho e o negro*, de Stendhal.

desesperança da situação daquele jacobino tardio se diferencia de maneira profunda e externamente do destino de Hölderlin, se o destino de Julien não é um lamento elegíaco, mas uma luta pelo poder travada com meios maquiavélicos e hipócritas contra a sociedade vil do período da Restauração, então a desesperança é a mesma e tem raízes sociais semelhantes. Mesmo Julien Sorel não vai além de fugir para uma morte trágica pseudo-heroica ao fim de uma vida fracassada, depois de uma existência cheia de hipocrisia indigna, para finalmente jogar seu desprezo plebeu-jacobino na cara da sociedade.

A forma criativa sob a qual o último jacobino francês apareceu era ironicamente realista. Na Inglaterra, esses nascidos tardiamente também apareceram de maneira clássica, elegíaco-hínica: [John] Keats e [Percy Bysshe] Shelley. Todavia, embora o destino de Keats tenha muitos traços também externamente relacionados ao de Hölderlin, com Shelley um novo sol irrompe no horizonte místico, um novo júbilo irrompe no lamento elegíaco. Em seu maior fragmento poético, Keats lamenta o destino dos titãs derrubados pelos novos deuses perversos. Shelley também canta o destino de um velho deus, a luta dos novos e miseráveis deuses contra os antigos deuses da idade de ouro (a idade de ouro, o "governo de Saturno", está entre a maioria dos mitos relacionados aos do período anterior à propriedade privada e ao Estado), a luta de Prometeu contra o novo deus Zeus.

Entretanto, com Shelley os novos deuses usurpadores são derrubados e a libertação da humanidade é celebrada hinicamente. Shelley já olhou para o novo, o sol nascente, o sol da revolução proletária. Ele foi capaz de cantar a libertação de Prometeu porque já podia chamar os homens da Inglaterra para se revoltarem contra a exploração capitalista:

> Semeie. – mas não deixe nenhum tirano colher;
> Encontre riqueza – não deixe nenhum impostor se acumular;
> Teça mantos, – não deixe o ocioso vestir;
> Forje armas, – em sua determinação de suportar.[36]

Com Shelley, a perspectiva se abre para a transição dos jacobinos nascidos tardiamente, para sua própria classe, para a verdadeira luta de libertação da humanidade.

---

[36] P. B. Shelley, "Men of England", em *The Longman Anthology of Poetry* (Nova York, Pearson/Longman, 2006).

O que era socialmente possível para um gênio revolucionário na Inglaterra por volta de 1819, pelo menos como uma perspectiva poética visionária, não era possível para ninguém na Alemanha no fim do século XVIII. O amplo caminho da intelectualidade burguesa alemã conduziu as contradições da situação histórica interna e mundana da Alemanha daquela época ao pântano espiritual do obscurantismo romântico; a acomodação de Goethe e Hegel salvou e continuou a formar o melhor legado do desenvolvimento do pensamento burguês, embora de uma forma frequentemente distorcida e mesquinha. A heroica falta de concessões de Hölderlin estava fadada a levar a um desesperador beco sem saída. Ele realmente é um poeta único que não teve sucessor e não poderia ter, não no sentido de quem hoje mancha sua memória com o elogio de suas fraquezas e ambiguidades, mas porque sua situação trágica para a classe burguesa não poderia mais se repetir.

Um Hölderlin posterior que não tivesse seguido o caminho de Shelley não teria sido Hölderlin, mas um limitado liberal classicista. Quando Arnold Ruge, no epistolário de 1843, abre sua carta com o célebre lamento de Hölderlin sobre a Alemanha, Marx responde:

> Vossa carta, meu caro amigo, é uma boa elegia, um canto fúnebre de tirar o fôlego; em termos políticos, todavia, ela não é nada disso. Não há povo que desespere totalmente; mesmo que, por longo tempo, tenha tido esperança apenas por burrice, ele um dia, após muitos anos, realizará, num rompante de sabedoria, todos os seus desejos piedosos.[37]

O elogio de Marx pode ser aplicado a Hölderlin, porque Ruge nada mais faz do que variar seu *motto* de maneira difusa; a repreensão se aplica a todos os que renovaram o lamento de Hölderlin, depois que a história supriu o fundamento que o desencadeou, a desesperança objetiva de sua posição.

Hölderlin não poderia ter um sucessor poético. Os desapontados elegíacos posteriores do século XIX, por um lado, lamentaram muito mais destinos privados; por outro lado, foram incapazes de preservar no lamento da miséria de seu presente a fé na humanidade nessa pureza que teve em Hölderlin. Esse contraste coloca-o muito acima do falso dilema geral do século XIX: ele não é um otimista trivial nem um pessimista desesperadamente irracionalista; de um

---

[37] K. Marx e F. Engels, *Briefwechsel bis 1846*, Mega IV, v. 1 (Berlim, Dietz Verlag, 1975), p. 48 [ed. bras.: "Cartas dos Anais Franco-Alemães (De Marx a Ruge)", em *Sobre a questão judaica*, trad. Nélio Schneider, São Paulo, Boitempo, 2010, p. 64].

ponto de vista estilístico, ele não cai nem em um objetivismo acadêmico-classicista, nem em um subjetivismo impressionista dissolvente; sua poesia lírica não é seca, nem didática e intelectual, nem um vazio intelectual sentimental.

A lírica de Hölderlin é um lirismo do pensamento. Seu ponto de partida é a contradição interna da revolução burguesa elevada ao nível de uma concepção de mundo (ao mesmo tempo, é claro, idealisticamente mistificada). Ambos os lados da contradição vivem nessa lírica de pensamento: o ideal jacobino-grego e a miserável realidade burguesa, uma vida sensível uniformizada. A grandeza imortal de Hölderlin reside nesse alto domínio estilístico da contradição insolúvel que subjaz a seu ser social. Ele não apenas caiu bravamente como um mártir tardio em uma barricada abandonada do jacobinismo, como também transformou esse martírio – o martírio dos melhores filhos de uma classe outrora revolucionária – em uma canção imortal.

O romance *Hipérion* também tem um caráter lírico-elegíaco. É menos narrativo do que lamentoso e acusatório. No entanto, enganam-se os críticos burgueses, que veem em *Hipérion* uma dissolução lírica da forma épica semelhante à de *Heinrich von Ofterdingen* de Novalis. Estilisticamente, Hölderlin também não é romântico. Em teoria, vai além da concepção de Schiller do épico antigo como "ingênuo" (em oposição à poesia "sentimental" moderna), mas o faz tendencialmente em direção ao objetivismo revolucionário. Ele diz: "O poema épico e aparentemente ingênuo é heroico em seu significado. É a metáfora de grande aspiração"[38].

A tragédia histórica de Hölderlin manifesta-se em sua prática artística pelo fato de que o heroísmo épico apenas pode ser um impulso, pelo fato de que apenas sua metáfora elegíaca pode ser formada a partir das grandes aspirações. A plenitude épica deve sair da ação para a alma dos personagens, porém Hölderlin confere a essa ação interna um nível muito alto de plasticidade sensível e objetividade, tão alto quanto só era possível com base nos fundamentos tragicamente contraditórios de sua concepção. Aqui também seu fracasso não é apenas heroico, mas se torna uma canção heroica: ele se opõe ao "romance de formação" de Goethe para se adaptar à realidade capitalista com um "romance de formação" da resistência heroica a essa realidade.

---

[38] F. Hölderlin, *Übersetzungen Philosophische Schriften* (Weimar, Erich Lichtenstein Verlag, 1922), p. 302.

Ele não quer "poetizar" a "prosa" do mundo de *Wilhelm Meister* romanticamente, como Tieck ou Novalis, mas contrasta o paradigma alemão do grande romance burguês com o esboço de um romance do cidadão.

De um ponto de vista estilístico, *Hipérion* traz também as marcas da problemática desesperada desse gênero. A tentativa de dar forma épica ao cidadão tinha que fracassar. Entretanto, um estilo épico-lírico único surge desse fracasso: o objetivismo estilístico de uma profunda acusação da baixeza do mundo burguês depois que a luz do "autoengano" heroico se apagou. O romance lírico de Hölderlin, quase apenas "metaforicamente" dotado de ação, está estilisticamente isolado no desenvolvimento burguês: em nenhum outro lugar uma ação tão puramente interna foi projetada de forma tão sensível e objetiva como aqui; em nenhum outro lugar a atitude lírica do poeta foi reconhecida de maneira tão profunda no épico como aqui.

Hölderlin nunca se voltou criticamente contra o grande romance burguês de seu tempo como Novalis. No entanto, seu contraste com *Wilhelm Meister* é mais profundo: ele o compara com um tipo de romance completamente diferente. Enquanto este se origina organicamente dos problemas sociais e estilísticos do romance burguês franco-inglês do século XVIII, Hölderlin retoma o fio dos problemas em que os ideais revolucionários de transformação da vida pela burguesia tentaram formar uma epopeia do cidadão, em que Milton fizera a grande tentativa fracassada de moldar a existência e o destino necessariamente idealistas do cidadão com plasticidade antiga. No caso de Milton, entretanto, a plasticidade do épico que ele buscou se dissolve em grandes descrições líricas e explosões puramente lírico-patéticas.

Desde o início, Hölderlin renunciou ao esforço impossível de criar uma epopeia em solo burguês: seguindo as necessidades do romance, colocou seus personagens e seus destinos no cotidiano burguês – ainda que muito estilizado. Como resultado, ele figura o cidadão inteiramente sem conexão com o mundo da burguesia. É verdade que também não pode dar ao cidadão idealista uma vida material plena de sangue, mas se aproxima da configuração realmente plástica muito mais do que qualquer de seus predecessores no tratamento dessa figura.

Precisamente sua tragédia histórico-pessoal, em que o "autoengano" heroico da burguesia não podia mais ser uma bandeira para verdadeiros feitos heroicos revolucionários, mas apenas para o anseio por eles, cria o pressuposto estilístico para esse – relativo – sucesso. Os conflitos espirituais configurados por um poeta burguês nunca foram apenas meros conflitos espirituais, simples conflitos privado-pessoais, tão público-diretos como aqui. O romance lírico-elegíaco de Hölderlin é – a despeito de seu fracasso necessário, e precisamente em seu fracasso – o mais objetivo épico cidadão (*citoyen*) do desenvolvimento burguês.

[1934]

Cronologia da vida e da obra de György Lukács

(Extraído de István Mészáros, *O conceito de dialética em Lukács*, trad. Rogério Bettoni, São Paulo, Boitempo, 2013, com referências atualizadas de publicações brasileiras.)

1885

Segundo filho de József Lukács e Adél Wertheimer, György Lukács nasce em 13 de abril de 1885. Seu irmão mais velho, János (1884-1944), é morto pelos nazistas; Pál, seu irmão mais novo, morre aos três anos de idade (1889-1892); sua irmã, Maria, nasce em 1887.

Seu avô Jákob Löwinger (pequeno artesão) não tem condições de pagar a educação dos filhos. Assim, o pai de Lukács sai da escola aos 14 anos, em 1869, e trabalha como aprendiz em um banco em Szeged, no sul da Hungria. Talento financeiro brilhante e funcionário exemplar (que aprende, por conta própria, várias línguas estrangeiras à noite, durante os anos de aprendiz), aos 18 anos ganha o cargo de correspondente-chefe do Banco Anglo-Húngaro em Budapeste; aos 21, torna-se chefe de um departamento importante no Banco de Crédito Geral da Hungria e, aos 25, torna-se diretor do Banco Anglo--Austríaco de Budapeste. Em 1906, volta para o Banco de Crédito Geral da Hungria como diretor executivo, cargo em que permanece até ser demitido pelo regime de Horthy em virtude da participação de seu filho na Comuna de 1919. Pouco antes de se casar, em 1º de julho de 1883, ele muda seu sobrenome para Lukács e, em 1º de maio de 1889, ascende à nobreza como József "Szegedi Lukács". (Alguns dos primeiros escritos de Lukács são assinados, em alemão, "Georg von Lukács".) A mãe de Lukács, embora nascida em Budapeste, foi

190 | Goethe e seu tempo

criada em Viena e teve de aprender húngaro antes de se casar. Desse modo, o idioma familiar sempre foi o alemão, o que facilitou bastante o contato inicial de Lukács com a filosofia e a literatura alemãs.

1902-1903

Os primeiros artigos de Lukács são publicados no *Magyar Szalon* [Salão Húngaro]. São escritos sobre teatro, no estilo impressionista de Alfred Kerr.

Entre 1902 e 1903, Lukács escreve cinco peças, seguindo o modelo de Ibsen e Gerhart Hauptmann, mas depois as queima e nunca mais retoma a prática da literatura criativa. Seu entusiasmo pelos escritores modernos é estimulado por uma apaixonada rejeição do livro de Max Nordau *Entartung* [Degenerescência], que rotula de "degenerados" Baudelaire, Ibsen, Tolstói e outros.

1904

Funda com dois amigos, László Bánóczi e Sándor Hevesi, o grupo de teatro Thália. (Hevesi torna-se depois diretor do Teatro Nacional Húngaro e também publica alguns textos importantes sobre dramaturgia.) Sob influência de Bánóczi e do pai, aprofunda seus estudos de filosofia, explorando sistematicamente as obras de Kant e, mais tarde, Dilthey e Simmel.

1906

Entre 1902 e 1906, para satisfazer o desejo do pai, estuda Jurisprudência na Universidade de Budapeste e torna-se doutor em Direito em 1906, pela Universidade de Kolozsvár (hoje Cluj).

Publica seu primeiro ensaio original, "A forma do drama", no periódico *Szerda* [Quarta-feira], que durou pouco tempo. Além disso, começa a publicar no *Huszadik Század* [Século XX], órgão da Társadalomtudományi Társaság [Sociedade das Ciências Sociais]. Em termos políticos, apoia sempre a direção-geral dessa sociedade contra o conservadorismo do *establishment*, mas, em termos filosóficos, opõe-se fortemente a seu positivismo, de orientação anglo-francesa.

Uma experiência vital para Lukács nesse ano é a publicação do livro de Ady, *Uj Versek* [Novos poemas].

1906-1907

Instala-se em Berlim, onde escreve, em húngaro, o primeiro rascunho de sua monumental *História do desenvolvimento do drama moderno*, resultado de seis anos de intenso envolvimento teórico e prático com o teatro e o drama. Envia o manuscrito de Berlim para a Kisfaludy Társaság (importante sociedade literária, batizada com o nome de dois irmãos, clássicos menores da literatura húngara).

1908

Ganha o Krisztina Lukács Prize, da Sociedade Kisfaludy, com seu livro sobre o drama moderno. (Uma versão reelaborada desse livro é publicada em 1911, em Budapeste, em dois volumes.)

Publica seu primeiro ensaio sobre Ady no *Huszadik Század*.

Um importante periódico literário, o *Nyugat* [Ocidente], é fundado em 1908 (extinto em 1941), e Lukács se torna um colaborador constante (entre 1908 e 1917), mas permanece completamente estranho à direção-geral. O anticapitalismo romântico, porém apaixonadamente radical, de Lukács é incompatível com a linha sociopolítica do *Nyugat*, que defende uma ordem burguesa "esclarecida"; e sua perspectiva filosófica também foge do diletantismo impressionista e do ecletismo liberal-positivista do grupo dominante, cujos integrantes rejeitam o artigo de Lukács sobre Ady, escrevem com total incompreensão e hostilidade sobre seu famoso livro *A alma e as formas* (escrito e publicado pela primeira vez em húngaro) e atacam seus poucos companheiros de literatura. Tudo isso contribui fortemente para a decisão de Lukács de buscar alianças e reconhecimento intelectuais na Alemanha.

1909

Seu amigo Dezsö Czigány – que pintou o retrato de Endre Ady – apresenta-o ao grande poeta húngaro.

Lukács é promovido a doutor em Filosofia na Universidade de Budapeste. (Em 1920, o regime de Horthy anula seu doutorado, assim como o de Jenö Landler – o muito admirado líder da facção a que pertenceu Lukács no Partido Comunista Húngaro.)

Conhece Béla Balázs (poeta, dramaturgo, crítico e, posteriormente, um eminente teórico do cinema), que durante uma década será um de seus amigos mais íntimos.

Publica o primeiro de uma longa série de ensaios sobre Thomas Mann.

1909-1910

Na Universidade de Berlim, frequenta as aulas de Georg Simmel e torna-se um de seus alunos prediletos, além de participante regular dos seminários "privadíssimos" que são realizados na casa do filósofo.

Escreve nesses anos a maioria dos ensaios que posteriormente compõem os volumes *A alma e as formas* (publicado em húngaro em 1910 e em alemão em 1911) e *Cultura estética* (publicado somente em húngaro em 1913).

Conhece Ernst Bloch, que se torna seu amigo íntimo e influencia positivamente seu desenvolvimento filosófico na juventude.

1911

Com outro amigo íntimo, o filósofo e historiador da arte Lajos Fülep, funda um novo periódico: *Szellem* [Espírito]. Apenas dois números são publicados, ambos com contribuições de Lukács. Leo Popper – seu grande amigo, segundo o próprio Lukács, de toda a vida – morre aos 25 anos. (A longa ligação de Lukács e Leo Popper é atestada não só pelo obituário – publicado no *Pester Lloyd* em 18 de dezembro de 1911 e republicado em 1971 no *Acta Historiae Artium*, com uma introdução escrita por Charles de Tolnay –, mas também pelas páginas dedicadas a ele na monumental *Estética*, de 1963.) Filho do grande violoncelista David Popper, Leo foi amigo de Lukács desde a infância e influenciou fortemente a elaboração de alguns dos conceitos mais fundamentais de *A alma e as formas*. (O ensaio introdutório desse volume – sobre "A essência e a forma do ensaio" – é na verdade uma carta a Leo Popper escrita em outubro de 1910, em Florença.)

1911-1912

Depois de passar alguns meses em Berlim e Budapeste, Lukács volta a Florença para trabalhar no esboço da *Estética*, livro que deveria compor a primeira parte introdutória de seu sistema geral de filosofia: uma introdução seguida de *Filosofia da história* e de uma obra sobre a ética.

Ernst Bloch, que esteve com Lukács em Budapeste em 1910, visita-o em Florença na primavera de 1912 e convence-o a se mudar para Heidelberg, para que possa trabalhar em um ambiente filosoficamente mais favorável.

1912-1914

Em Heidelberg, Lukács conhece Max Weber e Emil Lask e torna-se amigo íntimo dos dois. (Também conhece Toennies, Gundolf e outros e mantém boas relações com eles até seus caminhos se separarem no fim da guerra.)

Altamente encorajado por Bloch, Lask e Weber, trabalha em sua *Estética*. Com interrupções mais curtas ou mais longas, volta diversas vezes ao manuscrito, que não para de crescer, e, incapaz de concluí-lo de maneira satisfatória, abandona definitivamente o projeto em 1918.

Frequenta as aulas de Windelband e Rickert e, apesar de ser influenciado de certa maneira por eles, já assume uma posição crítica. Enfatizando a multidimensionalidade de sistemas categoriais adequados, escreve sobre o assunto: "Já na época em que estive em Heidelberg, escandalizava os filósofos de lá dizendo que o axioma implícito do sistema de Rickert é a bidimensionalidade do papel sobre o qual ele escreve" (carta escrita em Budapeste, em 9 de janeiro de 1963).

Lukács é cada vez mais influenciado pelo idealismo objetivo de Hegel. Ao mesmo tempo, é crítico dos elementos conservadores e do desprezo do indivíduo na sistematização hegeliana da filosofia da história. Planeja uma obra que deveria ser a síntese crítica de Hegel e Kierkegaard, mas não avança muito em sua realização.

Insiste na primazia da ética sobre a filosofia da história. Nesse espírito, começa a escrever uma dissertação para concorrer ao cargo de professor na Universidade de Heidelberg (uma *Habilitationsschrift*), mas de novo não chega a concluí-la. O tema dessa *Habilitationsschrift* é a investigação – à luz da obra de Dostoiévski – da relação entre ética e filosofia da história. (Um registro de suas ideias sobre essa problemática sobrevive, da maneira mais improvável, em alguns de seus ensaios sobre Béla Balázs.)

1914-1915

Em Heidelberg, ele escreve seu famoso *A teoria do romance*, publicado no *Zeitschrift für Äesthetik und Allgemeine Kunstwissenschaft* em 1916 e, em formato de livro, em 1920. O grande historiador da arte Max Dvořák o aclama como a obra mais extraordinária de toda a *Geisteswissenschaft* (ciência do espírito).

Ele assiste à eclosão da guerra com um pessimismo absoluto e afirma com ironia, a respeito das palavras de Marianne Weber sobre as histórias de heroísmo individual: "Quanto melhor, pior!". Do mesmo modo, embora dê as boas-vindas à perspectiva da destruição do sistema dos Habsburgos, dos Hohenzollern e dos tsares, pergunta com certo desespero: "Mas quem nos salvará da civilização ocidental?".

Na filosofia, é extremamente cético a respeito da metodologia de Husserl e deixa isso claro a Max Scheler quando este o visita em Heidelberg e declara seu entusiasmo pela fenomenologia.

Conhece sua primeira esposa, Yelyena Andreevna Grabenko (uma "social--revolucionária" russa), a quem dedica *A teoria do romance*. Seus pais são contra a ideia do casamento, e o respeitável Max Weber sugere que ele diga que ela é uma parenta sua para driblar tais objeções. Eles vão ao encontro dela em Viena e, relutantemente, abençoam o casamento, que, no entanto, se revela um completo fracasso. Ela permanece em Heidelberg quando ele volta para Budapeste, e o casamento é formalmente desfeito em 1919.

1915-1917

Graças à influência do pai, não é convocado para o serviço militar, apenas para o *"segédszolgálat"* (serviço suplementar), e trabalha em um departamento de censura. Ao mesmo tempo, por diversas vezes passa meses no exterior, principalmente em Heidelberg. Em harmonia com sua orientação e estado de espírito geral, escreve críticas favoráveis sobre W. Solovieff (Vladimir Solovyov, o niilista que se tornou um místico) durante dois anos seguidos no *Archive für Sozialwissenschaft und Sozialpolitik* (1915 e 1916).

Com um grupo de amigos, funda o que ficou conhecido como o Círculo Dominical e preside regularmente as reuniões, que são realizadas na casa de Béla Balázs. Os membros são: Frigyes Antal (historiador da arte e vice--presidente do Comissariado da Arte durante a Comuna de 1919), Béla Balázs, Béla Fogarasi (filósofo), Lajos Fülep, Tibor Gergely (pintor, segundo marido de Anna Lesznai), Edith Hajós (primeira esposa de Béla Balázs, tradutora de *Ensaios sobre o realismo europeu*, de Lukács, para o inglês), Arnold Hauser (sociólogo e historiador da arte), György Káldor (jornalista), Anna Lesznai (poeta e romancista, uma das amigas mais próximas de Lukács e, na época, esposa de Oszkár Jászi, historiador e editor do *Huszadik Század*), Ernö Lorschy (jornalista), Karl Mannheim (sociólogo), László Radványi (economista, marido de Anna Seghers), Edith Rényi (psicóloga, conhecida como Edith Gyömröi), Emma Ritoók (amiga íntima de Ernst Bloch na época, apoiou depois a contrarrevolução de Horthy e denunciou os antigos amigos em um livro intitulado *Aventureiros do espírito*, publicado em 1922), Anna Schlamadiner (segunda esposa de Béla Balázs), Ervin Sinkó (romancista), Wilhelm Szilasi (filósofo), Charles de Tolnay (historiador da arte), Eugene Varga (economista) e John Wilde (historiador da arte).

Fortemente encorajados pelo teórico sindicalista Ervin Szabó, Lukács e alguns amigos do Círculo Dominical realizam, no início de 1917, uma série de conferências públicas no marco do que chamam de A Szellemtudományok Szabad Iskolája (Escola Livre das Ciências do Espírito). Os grandes compositores húngaros Béla Bartók e Zoltán Kodály também participam da iniciativa. (Durante a Comuna, Bartók e Kodály – além de Ernö Dohnányi, que depois passa para a direita – lideram o Comissariado da Música.)

Ainda em 1917, Lukács publica um capítulo de sua *Estética* – "Relações entre sujeito e objeto na estética" – no *Logos*, em alemão, e no *Althenaeum*, em húngaro.

1917-1918

Saúda a Revolução de Outubro com entusiasmo, embora demore algum tempo até que suas perspectivas sociopolíticas mutáveis realmente modifiquem sua visão filosófica.

No fim de 1917 e início de 1918, trabalha em ensaios dedicados a Béla Balázs, que depois são publicados em um volume em húngaro. Como em Ady e Bartók, vê na obra de Balázs "o triunfo das decisões dramáticas sobre a acomodação oportunista, o triunfo da vida no espírito do 'ou-ou' sobre a filosofia do 'podemos ter as duas coisas'". Grande parte da polêmica se dirige contra o círculo do *Nyugat* e é explicitamente contra a linha interpretativa do importante poeta e crítico Mihály Babits. (Lukács conheceu Babits por iniciativa de Ervin Szabó em 1916, quando este tentou organizar os escritores para protestar contra a guerra. O encontro pessoal, no entanto, não os ajudou a superar o abismo que os separava em termos filosóficos e em suas atitudes sociopolíticas.)

1918

Max Weber passa algumas semanas em Budapeste com Lukács; em suas conversas, além de filosofia e estética, os problemas do marxismo e do socialismo em geral ocupam um lugar central. Essa é a última vez que a relação entre os dois é, como um todo, uma amizade harmoniosa – apesar de algumas tensões. Seus caminhos se separaram radicalmente depois dos eventos de 1919.

Lukács intensifica seu estudo sobre Marx e, por influência de Ervin Szabó, estuda Rosa Luxemburgo, Pannekoek, Henriette Roland-Holst e Sorel. (Seu primeiro contato com as obras de Marx remonta aos últimos anos do ginásio. Naquela época, em 1902, até se junta a uma Organização Socialista dos Estudantes, fundada por Ervin Szabó. Esse interesse precoce por Marx é seguido de um longo período de estudos mais exigentes, entre 1906 e 1911, em conexão com seu interesse pela sociologia da literatura e, em particular, pela sociologia do drama: um estudo que, por um lado, consistia em ler Marx no original e, por outro, era mediado pelos escritos de Toennies, Simmel, Max Weber e outros. Seu interesse por Marx é renovado mais uma vez na época de seus intensos estudos de Hegel [1912-1916]; em 1913, chega a sugerir que só se pode esperar uma compreensão e uma difusão apropriada das ideias de Hegel por intermédio da obra de Marx. Os anos de guerra e a Revolução de Outubro servem como um estímulo a mais para esse interesse, que culmina com a conversão ao marxismo – política e filosoficamente – em 1918.)

Em 2 de dezembro de 1918, ele ingressa no Partido Comunista – fundado em Budapeste apenas doze dias antes. Nessa época, o partido contava com menos de cem membros.

1919

Algumas semanas depois que Lukács entra para o partido, József Révai – que na época apoiava a linha sectária vanguardista de Aladár Komját – o ataca e espera que o "intelectual burguês" seja expulso do partido, o que não acontece. Quando é atacado por suas "visões conservadoras", Lukács mostra ao incrédulo Révai uma passagem da *Crítica da economia política** em que Marx afirma que Homero é um "exemplo insuperável"; as discussões sobre tal atitude "conservadora" melhoram um pouco a relação, que durou – com muitos altos e baixos – quase quarenta anos.

O pai de Lukács ficou profundamente deprimido com o colapso do Império Austro-Húngaro, a revolução de Károlyi, o assassinato do primeiro-ministro,

---

* Trad. Florestan Fernandes, 2. ed., São Paulo, Expressão Popular, 2008. (N. E.)

conde István Tisza, seu velho amigo, e a radicalização política do filho. No entanto, nunca deixou de apoiá-lo pessoalmente, com todos os meios de que dispunha.

Durante a prisão do Comitê Central do partido, Lukács – como membro do Comitê Central interino – assume funções importantes. Posteriormente – em março, quando é declarada a República Soviética da Hungria –, torna-se vice-ministro da Educação e, após a demissão do social-democrata Zsigmond Kunfi em junho, ele assume em seu lugar a chefia do ministério.

Lukács inicia uma reorganização radical da vida cultural na Hungria e, entre outras coisas, funda um Instituto de Pesquisa para o Avanço do Materialismo Histórico. (Sua conferência sobre "A mudança de função do materialismo histórico" – depois publicada em *História e consciência de classe* – é proferida na cerimônia de inauguração do instituto.)

Durante a campanha militar contra as forças de invasão, Lukács é comissário político da 5ª Divisão.

A primeira esposa de Lukács passa em Budapeste os meses da Comuna (na maior parte do tempo com os membros do grupo de Komját, entre eles Révai), mas o casamento acaba definitivamente nessa época. Depois da derrota, ela teve de se esconder dos homens de Horthy até conseguir fugir do país, com a ajuda do pai de Lukács.

Muitos dos velhos amigos de Lukács – entre eles Frigyes Antal, Béla Balázs, Béla Fogarasi, Arnold Hauser (depois de um curto período na cadeia), Anna Lesznai, Karl Mannheim, Ervin Sinkó, Eugene Varga e John Wilde – deixam o país, e outros – como Wilhelm Szilasi e Charles de Tolnay – os seguem pouco tempo depois.

Lukács continua o trabalho ilegal depois da derrota da Comuna em agosto e setembro, em associação com Ottó Korvin, executado em 1920 (e depois citado por Lukács como exemplo de revolucionário heroico-asceta), escondendo-se na casa da fotógrafa Olga Máté. (Charles de Tolnay serve algumas vezes de mensageiro para ele.)

No fim de setembro, por intermédio de um velho amigo – o escultor Márk Vedres –, o pai de Lukács paga uma quantia substancial (boa parte dela emprestada) a um oficial inglês para tirá-lo do país disfarçado como seu motorista pessoal. (Lukács nunca soube dirigir.)

Em outubro, ele é preso em Viena e o governo de Horthy pede sua extradição. (Ele é condenado à morte *in absentia*.)

Um grupo de intelectuais intercede a seu favor junto do governo austríaco e publica um apelo no *Berliner Tageblatt* em 12 de novembro. Os signatários são Franz Ferdinand Baumgarten, Richard Beer-Hoffmann, Richard Dehmel, Paul Ernst, Bruno Frank, Maximilian Harden, Alfred Kerr, Heinrich Mann, Thomas Mann, Emil Praetorius e Karl Scheffler.

O pedido de extradição é negado e Lukács é libertado no fim de dezembro.

1920

Casa-se com seu grande amor da juventude, Gertrud Bortstieber. (Gertrud era três anos mais velha e costumava visitar a família Lukács desde 1902; era amiga íntima de Rózsi Hofstädter, esposa de Zsigmond Kotányi, o amigo mais próximo de Lukács pai. O jovem Lukács se apaixona perdidamente por ela, mas na época ela não se dá conta e se casa com o matemático Imre Jánossy, que morre de tuberculose.) Eles começam a namorar em 1918-1919 e se casam em 1920, depois que ela vai a seu encontro em Viena. O casal tem uma filha, Anna, e tem de criar três crianças em condições muitas vezes adversas. (Os dois filhos de Imre Jánossy – Lajos, físico mundialmente famoso, e Ferenc, engenheiro que se tornou economista, por sinal bastante original – eram pequenos quando o pai morreu.) Economista de formação e com grande sensibilidade para a música e a literatura, Gertrud une as qualidades de uma grande sabedoria prática e senso de realismo com uma concepção incontestavelmente serena da vida e um caráter cordial e radiante. Eles têm um casamento maravilhoso e as grandes obras de Lukács – inclusive *História e consciência de classe*, adequadamente dedicada a Gertrud Bortstieber – são inconcebíveis sem ela.

Lukács envolve-se ativamente no trabalho partidário e torna-se vice-líder da facção de Landler.

Sua linha política é fortemente de esquerda e Lênin o critica por seu artigo sobre o parlamentarismo ("Zur Frage des Parlamentarismus", publicado no *Kommunismus* em 1920).

Os agentes de Horthy sequestram diversos exilados húngaros em Viena e Lukács é avisado para tomar cuidado. Ele compra um revólver e o mantém até 1933, quando o joga no rio Spree (depois que os nazistas fizeram uma busca em sua casa, por sorte em sua ausência). Ao contrário do que diziam as acusações de que "Lukács aterrorizou os intelectuais durante a Comuna, apontando uma arma para eles enquanto os interrogava", essa foi a única arma que teve em toda a vida.

Em dezembro de 1920, ele apresenta um artigo sobre "Reação mundial e revolução mundial" na Conferência Sudeste da Internacional Juvenil Comunista, em Viena (publicado em 1921).

1920-1921

É coeditor de um importante jornal teórico, o *Kommunismus*, órgão da Internacional Comunista. Vários dos ensaios reunidos em *História e consciência de classe* são escritos nesse período e publicados primeiro no *Kommunismus*.

Representando a facção de Landler, participa das discussões do III Congresso da Internacional Comunista em Moscou e encontra-se pessoalmente com Lênin. Lukács descreve o encontro como uma das experiências mais formadoras de sua vida.

Politicamente, sua linha mostra certa dualidade: uma abordagem "messiânica" esquerdista e um tanto sectária dos problemas da revolução mundial (ele é um defensor – um teórico, na verdade – da "Ação de Março", em 1921) e, ao mesmo tempo, uma avaliação altamente realista e não sectária das perspectivas do desenvolvimento socialista na Hungria. (Nesse último aspecto, a influência de Landler é crucial.)

Dedica-se sistematicamente ao estudo e à reconsideração das obras de Marx e Lênin, cujos resultados se tornam evidentes em *História e consciência de classe* e em seu livro sobre Lênin.

1922

Thomas Mann visita a família de Lukács em Budapeste, em meados de 1922. Depois dessa visita, vai a Viena, onde se encontra pela primeira vez com Lukács. (As impressões de Thomas Mann sobre a longa conversa que tiveram são conhecidas pelo próprio relato deste.)

Lukács publica um artigo chamado "Noch einmal Illusionspolitik" [Mais uma vez a política das ilusões] no qual condena, com toda veemência, o avanço da burocratização e do autoritarismo no partido. O artigo é publicado, significativamente, no livro de László Rudas, *Aventureirismo e liquidacionismo: a política de Béla Kún e a crise do Partido Comunista Húngaro*. Na época, Rudas defendia a facção de Landler. Pouco antes do Natal, Lukács dá os retoques finais em uma das maiores obras filosóficas do século XX: seu ensaio sobre a "A reificação e a consciência do proletariado", parte central de *História e consciência de classe*.

1923

Publica em Berlim, pela editora Malik, *História e consciência de classe*, um dos seus livros mais influentes e mais discutidos.

Ernst Bloch publica um elogio caloroso em um ensaio intitulado "Aktualität und Utopie: zu Lukács 'Geschichte und Klassenbewusstein'" [Atualidade e utopia: sobre "História e consciência de classe", de Lukács].

No fim de 1923, Karl Korsch – amigo de Lukács na época – publica seu *Marxismo e filosofia**, que mostra uma abordagem semelhante à dos ensaios de Lukács publicados nos periódicos *Kommunismus* e *Die Internationale* (editado por Korsch) no que se refere a algumas questões políticas e filosóficas fundamentais. (Muitos dos ensaios publicados no *Kommunismus* e no *Die Internationale* – mas não todos – foram incorporados de alguma maneira em *História e consciência de classe*.) Com base nessa afinidade, os dois são estigmatizados e criticados no ano seguinte como "revisionistas".

Intensifica-se a luta faccionária dentro do partido húngaro.

1924

Lênin morre em janeiro e a tentativa de controle stalinista tanto do Partido Soviético quanto da Internacional Comunista é intensificada.

História e consciência de classe é criticado desde duas direções opostas: Karl Kautsky o ataca em um artigo publicado no *Die Gesellschaft* (em junho de 1924) e o filósofo do partido russo A. Deborin o condena no *Arbeiterliteratur*, em um ensaio intitulado "Lukács und seine Kritik des Marxismus" [Lukács e a sua crítica do marxismo].

Expressando a drástica mudança na relação de forças dentro do partido e da Internacional Comunista, László Rudas – que costumava apoiar Lukács – muda radicalmente sua posição e ataca violentamente *História e consciência de classe* em um longo ensaio publicado em várias partes no *Arbeiterliteratur* (n. 9, 10 e 12, 1924). O lema programático do ataque de Rudas é, significativamente, uma citação de *Materialismo e empirocriticismo*, de Lênin**, na qual lemos: *"Beweise und Syllogismen allein genügen nicht zur Widerlegung des Idealismus. Nicht um theoretische Argumente handelt es sich hier"* [Provas e silogismos não

---

*   Trad. José Paulo Netto, Rio de Janeiro, Editora UFRJ, 2008. (N. E.)
**   Lisboa, Estampa, 1971. (N. E.)

são suficientes para erradicar o idealismo. Não estamos preocupados aqui com argumentos teóricos].

O clímax é atingido no V Congresso Mundial da Internacional Comunista, em junho e julho de 1924, quando Lukács é atacado por Bukharin e Zinoviev.

Lukács publica seu livro sobre Lênin.

1925-1926

Em 1925, Lukács publica no *Archiv für die Geschichte des Sozialismus und der Arbeiterbewegung* (*Grünberg Archiv*) uma crítica severa ao determinismo tecnológico mecanicista do livro de Bukharin sobre o materialismo histórico.

Sua atenção se dirige para a elaboração dos problemas da dialética marxista em relação aos fundamentos econômicos da sociedade capitalista, antecipando em dois ensaios importantes – sobre Lassalle (1925) e Moses Hess (1926) – a problemática de *O jovem Hegel* (1935-1938).

József Révai publica um ensaio entusiástico sobre *História e consciência de classe* no *Grünberg Archiv*, mas não enfrenta a questão da controvérsia político-filosófica que envolve o livro.

Lukács conhece o jovem Attila József em Viena e é o primeiro a reconhecer o significado da obra desse grande poeta para a literatura mundial. (Como o próprio József escreve de Viena para sua irmã: "Anna Lesznai, Béla Balázs e György Lukács me consideram um grande poeta; em particular este último, que diz que sou o primeiro poeta proletário com qualidades de importância literária mundial".)

Karl Korsch é expulso do partido em 1926 e, assim, Lukács fica ainda mais isolado com suas concepções dentro do movimento comunista internacional.

1927

Seu pai morre em Budapeste, aos 74 anos de idade. (Sua mãe morrera em 1917.)

1928

Jenö Landler morre em consequência de um infarto e cabe a Lukács preparar as teses que representavam as perspectivas sociopolíticas do partido. Elas ficam conhecidas como "Teses de Blum" e antecipam a estratégia da Frente Popular.

A atividade literária de Lukács é limitada à composição de uns poucos artigos, publicados principalmente no *Grünberg Archiv*.

1929

Lukács passa três meses na Hungria (coordenando o trabalho partidário clandestino).

As "Teses de Blum" são derrotadas, graças ao apoio que a facção de Kún tem dentro da Internacional Comunista. (A "Carta aberta do Executivo da Internacional Comunista", endereçada ao Partido Húngaro, afirma que "o fogo deve se concentrar nas teses antileninistas do camarada Blum, que substituíram a teoria leninista da revolução proletária por uma teoria liquidacionista semissocial-democrata".) Lukács é forçado a publicar uma autocrítica no *Uj Március*, e essa derrota marca o fim de seu envolvimento direto na política por cerca de três décadas.

O governo austríaco emite uma ordem de expulsão contra Lukács. Thomas Mann intercede a seu favor em uma carta comovente. A ordem de expulsão é revogada, mas Lukács deixa Viena – onde morou de 1919 a 1929 – para sempre.

1929-1931

Em Moscou, Lukács trabalha no Instituto Marx-Engels-Lênin, dirigido por D. Riazanov. Este mostra a Lukács o texto datilografado dos *Manuscritos econômico-filosóficos de 1844*, de Marx*, antes de serem publicados; esse fato tem um impacto significativo no desenvolvimento intelectual de Lukács. No mesmo período, ele conhece os *Cadernos filosóficos* de Lênin, publicados em 1929-1930, com o título de *Lênin Miscellanies IX & XII*. Esses escritos contribuem muito para a mudança de sua concepção sobre Hegel e sua visão das "relações entre sujeito e objeto", da epistemologia e da relação entre a obra de arte e a realidade social.

Esse é um período da vida de Lukács – desde 1905 – em que ele consegue se dedicar inteiramente à pesquisa e ao estudo, sem ser perturbado pela obrigação de escrever para publicar e pelas demandas da atividade política. Assim, consegue estabelecer os fundamentos de grande parte de sua obra posterior.

1931-1933

Muda-se para a Alemanha e instala-se em Berlim até a tomada do poder pelos nazistas.

---

*   Trad. Jesus Ranieri, São Paulo, Boitempo, 2004. (N. E.)

Torna-se vice-presidente do grupo berlinense da Associação dos Escritores Alemães e membro eminente da União dos Escritores Proletários Revolucionários.

Assume um papel bastante ativo nas discussões concernentes aos métodos da representação literária socialista, no espírito de sua concepção de "grande realismo".

Em 1933, publica "Meu caminho para Marx", no *Internationale Literatur*.

Quando descobre que os nazistas estão a sua procura, foge da Alemanha e volta para Moscou.

1933-1935

Quando Lukács retorna a Moscou, Béla Kún e seus partidários tentam evitar que ele e sua família se instalem na cidade. Lukács inicia uma greve nos degraus do prédio da Internacional Comunista (frequentado por muitos estrangeiros que o conhecem bem): sua rebeldia logo consegue o resultado desejado.

Torna-se colaborador científico no Instituto de Filosofia da Academia Soviética de Ciências.

Trabalha em *O jovem Hegel* (concluído entre o fim de 1937 e o início de 1938), um projeto concebido no período em que fez uma reavaliação de suas concepções filosóficas à luz dos *Manuscritos de Paris* e dos *Cadernos filosóficos*. (Ainda em Berlim, entre 1931 e 1932, ele tentou trabalhar nesse projeto, mas não foi muito longe.)

No campo da crítica literária, trabalha em estreita colaboração com Mikhail Lifshitz. (Eles se tornaram amigos em 1929, no Instituto Marx-Engels-Lênin, e Lukács dedica *O jovem Hegel* – tanto a edição de Zurique/Viena de 1948 quanto a edição alemã-oriental de 1954 – a Lifshitz, apesar das acusações de "cosmopolitismo" feitas contra seu velho amigo.) Eles têm como órgão o *Literaturny Critique* (extinto em 1940) e seu principal alvo é a linha da Proletkult, cujos principais porta-vozes são Fadeiev e Yermilov. Lukács é o líder intelectual do *Literaturny Critique*, cujo círculo interno conta também com I. Satz e Usiyevitch, além de Lifshitz.

Lukács também se envolve no confronto com o grupo de escritores húngaros da Proletkult (Sándor Barta, Antal Hidas – genro de Béla Kún –, Béla Illés, Lajos Kiss, Emil Madarász, János Matheika, Máté Zalka e outros), o mesmo grupo que condenou Attila József em um documento oficial, com resultados devastadores, tachando-o de "pequeno-burguês que tenta encontrar no campo do fascismo uma solução para sua crise interior".

Na teoria estética, mais uma vez em estreita colaboração com Lifshitz, Lukács trabalha na herança literária de Marx, elaborando as linhas gerais de uma estética marxista sistemática.

Nesse período, conduz um debate sobre o expressionismo – iniciado em Berlim e concluído apenas no fim da década de 1930 – no qual enfrenta, entre outros, Bertolt Brecht e Ernst Bloch.

1935-1938

Termina O *jovem Hegel* e submete-o como tese de doutorado. Recebe o título de doutor em Ciências Filosóficas pela Academia Soviética de Ciências.

Nesse período (1936-1937), Lukács completa mais uma obra importante: *O romance histórico.*

A nova estratégia adotada pela Frente Popular melhora a situação de Lukács, facilitando – ainda que temporariamente – sua "luta partidária" contra a Proletkult e a versão jdanovista do "realismo socialista".

Em janeiro de 1938, um novo periódico húngaro aparece em Moscou: *Új Hang* [Nova Voz]. O quadro editorial é composto de Béla Balázs, Sándor Barta (editor-chefe da primeira edição), György Bölöni, Zoltán Fábry, Imre Forbáth, Andor Gábor (um dos amigos mais próximos e fiéis de Lukács e editor-chefe da segunda edição em diante), Sándor Georgely, György Lukács, József Madzsar e László Vass. Lukács tem um papel importante na determinação da orientação geral do periódico. Também é membro do quadro editorial do *Internationale Literatur* a partir de 1935.

1939-1940

Dado o agravamento da situação política geral, a antiga luta ideológica é retomada da maneira mais intensa possível. O grupo de Fadeiev e Yermilov ganha o apoio da alta hierarquia do partido e assume o controle da Associação de Escritores.

O *Literaturny Critique* é extinto e Lukács é privado do veículo para a difusão de suas ideias na Rússia.

Ele publica no *Internationale Literatur* um ensaio intitulado "Volkstribun oder Bürokrat" [Tribuno do povo ou burocrata]. Trata-se da crítica mais aguda e penetrante sobre a burocratização da Rússia durante o período de Stálin – e reconhecida como tal por Leo Kofler (Jules Dévérité) em um artigo publicado em 1952, isto é, antes do anúncio do programa de "desestalinização".

1941

Lukács é preso e fica seis meses na cadeia. Seus inquiridores tentam extrair dele – sem sucesso – a confissão de que era um "agente trotskista" desde o início da década de 1920. Ele só é solto pela intervenção pessoal de Dimitrov, que era secretário-geral da Internacional Comunista na época e recebeu muitos protestos a favor de Lukács vindos de intelectuais alemães, austríacos, franceses e italianos, bem como de alguns de seus antigos amigos húngaros, todos residentes da União Soviética.

Lukács publica ensaios sobre literatura húngara e alemã. Dentre eles, destaca-se "Estudos sobre Fausto", publicado no *Internationale Literatur*.

O *Új Hang* deixa de ser publicado.

1942-1944

A amizade entre Lukács e Révai é retomada depois que este deixa a Internacional Comunista, onde trabalhou – também como secretário pessoal de Béla Kún – entre 1934 e 1937. Os excelentes estudos de Révai sobre a história e a literatura húngara, publicados principalmente no *Új Hang*, são concebidos no decorrer de longas conversas com Lukács. A amizade se intensifica nos anos de guerra e continua harmoniosa até 1949, época do Debate Lukács.

Lukács faz palestras em alemão e húngaro para prisioneiros dos campos de guerra.

No início de 1944, publica *Irástudók felelössége* [A responsabilidade dos intelectuais], volume de ensaios sobre história e literatura húngara escritos entre 1939 e 1941 e publicados primeiro no *Új Hang*, com uma introdução datada de março de 1944. Esse é seu primeiro livro publicado em húngaro depois de um intervalo de vinte anos. (O último foi o pequeno volume sobre Lênin, publicado em húngaro em 1924, em Viena.)

1945

Tem a possibilidade de morar na Alemanha ou na Hungria. Escolhe essa última e jamais se arrepende da escolha, nem mesmo sob o fogo cruzado do Debate Lukács.

Chega a Budapeste em 1º de agosto de 1945 e torna-se membro do Parlamento. Em seguida, assume a cadeira de Estética e Filosofia da Cultura na Universidade de Budapeste e participa da presidência da Academia Húngara de Ciência.

Além de uma segunda edição de *Irástudók felelőssége* – que se torna o centro das discussões culturais e ideológicas na Hungria –, ele publica dois volumes de ensaios em húngaro: *Balzac, Stendhal, Zola* e *József Attila költészete* [A poesia de Attila József]. Seu primeiro livro em alemão é *Fortschritt und Reaktion in der deutschen Literatur* [Progresso e reação na literatura alemã], publicado em Berlim pela Aufbau, que será sua editora até ele ser deportado em 1956.

1946-1949

Dá início a uma atividade literária fervorosa nos jornais e periódicos húngaros e, antes de começar o Debate Lukács, publica em diversas línguas numerosos livros de ensaios de tamanhos variados (vinte volumes e livretos só na Hungria).

Funda a revista cultural *Forum* em 1946 e permanece como seu diretor espiritual (não formal) até sua extinção, em 1950 – em consequência do Debate Lukács.

Em 1946, participa das discussões dos Encontros Internacionais de Genebra com a conferência "A visão aristocrática e democrática do mundo" e envolve-se em um confronto acirrado com Karl Jaspers, seu amigo durante os anos de estudo em Heidelberg.

O projeto de escrever *Die Zerstörung der Vernunft* [A destruição da razão] é concebido nesse período (com vários estudos parciais publicados em diversos livros entre 1946 e 1949), mas é concretizado somente após o "Debate Lukács" – graças à retirada forçada da atividade política e literária – e publicado simultaneamente em húngaro e alemão em 1954.

Faz diversas viagens pela Europa oriental e ocidental, incluindo França, Áustria, Suíça e Itália.

Em dezembro de 1947, profere uma palestra em Milão, na Conferência Internacional dos Filósofos Marxistas, sobre "As tarefas da filosofia marxista na nova democracia".

No início de 1949, participa das discussões da Conferência sobre Hegel em Paris, dedicada aos novos problemas da pesquisa hegeliana.

Em suas viagens a Paris, encontra-se com diversos filósofos franceses, militantes do partido (Emile Bottigelli, Jean Desanti, Roger Garaudy, Henri Lefebvre) ou não (Lucien Goldmann, Jean Hyppolite, Maurice Merleau-Ponty), bem como com intelectuais do campo da arte e da literatura. Torna-se membro fundador do Conselho Mundial da Paz em 1948 e participa de suas atividades – que envolvem inúmeras viagens ao exterior – entre 1948 e 1956. Renuncia em 1957.

Em 1948, ganha o Prêmio Kossuth.

1949-1952

1949 é rotulado por Rákosi de "o ano da virada": uma mudança radical na política, coincidindo na política cultural com o Debate Lukács e na política com o julgamento de Rajk.

Os ataques a Lukács são iniciados por um antigo defensor que se tornou um adversário: László Rudas. Ele publica um longo artigo repleto de insultos no órgão teórico do partido, o *Társadalmi Szemle* [Revisão social], seguido de ataques na imprensa diária e em praticamente todos os periódicos do país. Lukács é acusado de "revisionismo", "desviacionismo de direita", "cosmopolitismo", de ter "caluniado Lênin", de ser objetivamente um "serviçal do imperialismo" etc. Ataca-o Márton Horváth, membro do Politburo e responsável pela política cultural, e Révai junta-se ao ataque com um artigo de censura vigorosa.

Os eventos tomam um rumo mais sério quando Fadeiev publica um violento ataque no *Pravda*, prenunciando a possibilidade de diversas medidas de punição.

O objeto imediato do ataque são os dois volumes de ensaios escritos entre 1945 e 1948: *Irodalom és demokrácia* [Literatura e democracia] e *Új magyar kultúráért* [Por uma nova cultura húngara], publicados em 1947 e 1948, mas as questões abordadas nas décadas de 1930 ("Proletkult", "esquematismo", "realismo socialista" etc.) e 1920 ("Teses de Blum" e *História e consciência de classe*) ganham destaque.

Lukács publica um artigo autocrítico, mas este é considerado "meramente formal" por József Révai, o grão-teórico e líder inquestionável do partido em questões político-culturais. Apesar da aspereza do ataque de Révai, Lukács considera que sua posição é positiva, no sentido de praticamente pôr fim a ataques posteriores (a condenação que József Darvas lhe faz alguns meses depois, no Congresso dos Escritores de 1951, não tem a menor importância, apesar de este ocupar o posto de ministro da Cultura) e evitar a prisão que ele temia na época em que Fadeiev e o *Pravda* se envolveram no caso.

Em 1952, Brecht e Lukács superam a velha rixa expressionista e voltam a ser amigos. De 1952 até a morte de Brecht, em agosto de 1956, Lukács o visita sempre que vai a Berlim.

208 | Goethe e seu tempo

Em 1952-1953, o romancista Tibor Déri é atacado repetidas vezes e Lukács o defende nos debates.

Em novembro de 1952, Lukács termina *Die Zerstörung der Vernunft*, uma análise monumental de 150 anos do desenvolvimento filosófico alemão em relação à dialética e ao irracionalismo.

1953-1955

O período de redução das tensões políticas melhora muito a situação de Lukács e seus livros começam a aparecer de novo.

Para comemorar o aniversário de setenta anos de Lukács, a editora Aufbau publica um livro em 1955 – *Georg Lukács zum siebzigsten Geburtstag* [O aniversário de setenta anos de György Lukács] – com a participação de diversas personalidades de destaque, como Ernst Bloch e Thomas Mann. Ele também é eleito membro da Academia Alemã de Ciências em Berlim.

Na Hungria, recebe o Prêmio Kossuth pelo conjunto de sua obra em 1955.

No mesmo ano, na França, Merleau-Ponty publica *As aventuras da dialética*, obra que coloca *História e consciência de classe* no centro do debate filosófico e causa um grande impacto no desenvolvimento filosófico posterior, inclusive em *Crítica da razão dialética*, de Sartre*.

1956

Após o XX Congresso do Partido Comunista, muitos tabus são superados e os antigos debates políticos e culturais são reabertos. Lukács participa ativamente desses debates e preside o debate de filosofia realizado no Círculo de Petöfi em 15 de junho.

Viaja muito (Alemanha, Áustria, Itália, Suécia) e faz conferências sobre o tema de um livro publicado posteriormente com o título de *A significação presente do realismo crítico*.

Outra conferência famosa desse período é "A luta entre progresso e reação na cultura contemporânea". É proferida na Academia do Partido, em Budapeste, em 28 de junho.

No fim de junho, realiza-se um debate no Instituto para a História do Movimento Operário sobre as "Teses de Blum", com a participação de Lukács.

---

*   Trad. Guilherme João de Freitas Teixeira, Rio de Janeiro, DP&A, 2002. (N. E.)

Em meados de 1956, ele funda um novo periódico, *Eszmélet* [Tomada de consciência], com Aurél Bernáth, Tibor Déry, Gyula Illyés, Zoltán Kodály e István Mészáros como editor. Depois do afastamento de Rákosi da política, o periódico obtém o sinal verde do ministro da Cultura.

Em 24 de outubro, Lukács se torna membro do Comitê Central ampliado e ministro da Cultura no governo de Imre Nagy.

Em 4 de novembro, refugia-se com outras figuras políticas na Embaixada da Iugoslávia. É deportado para a Romênia quando o grupo deixa a embaixada.

1957-1962

Em 10 de abril, Lukács retorna para sua casa em Budapeste.

Não aceita filiar-se ao partido recém-formado. (Ao contrário da crença amplamente difundida, ele nunca foi expulso ou teve sua readmissão negada.)

Os ataques contra Lukács recomeçam com mais veemência e são feitos, em primeiro lugar, por seu antigo pupilo József Szigeti, na época vice-ministro da Cultura.

O departamento de Lukács na universidade é fechado e ele é privado de qualquer contato com os estudantes.

Os ataques continuam durante anos – na Hungria, Alemanha, Rússia e outros países da Europa oriental – e, em 1960, a editora Aufbau publica em Berlim um calhamaço de 340 páginas intitulado *Georg Lukács und der Revisionismus* [György Lukács e o revisionismo].

Lukács publica na Itália seu *Prolegomeni a un'estetica marxista* [Introdução a uma estética marxista] (Editori Riuniti) e *Il significato attuale del realismo critico* [Significado presente do realismo crítico] (Einaudi), em 1957. Nesse mesmo ano, publica na Itália um posfácio a "Mein Weg zu Marx", no qual formula uma crítica aguda ao stalinismo e sua sobrevivência. Dá prosseguimento ao mesmo discurso em 1962, em uma "Carta a Alberto Carocci", editor da *Nuovi Argomenti*.

Em 1962, a editora Luchterhand começa a publicar suas obras completas com *Die Zerstörung der Vernunft* [A destruição da razão].

A principal obra de Lukács desse período (1957-1962) é a monumental *Estética*, concluída no fim de 1962 e publicada no ano seguinte em dois grandes volumes com o título *Die Eigenart des Ästhetischen* [A peculiaridade do estético].

1963

Depois de terminar a *Estética*, Lukács começa a escrever *Ontologia do ser social* com grande entusiasmo. A obra é interrompida de maneira cruel pela morte repentina de sua mulher em 28 de abril. (*Estética* traz uma dedicatória comovente a Gertrud Bortstieber.)

Durante meses, ele luta contra o desejo de cometer suicídio. Sua perda é registrada em um ensaio sobre Mozart e Lessing – os prediletos de Gertrud –, "Minna von Barnhelm": talvez o texto mais belo de toda a obra de Lukács.

1964-1968

Volta a trabalhar na *Ontologia do ser social*, mas nunca ficou satisfeito com o resultado.

Em setembro de 1966, dá início a uma importante série de conversas com Wolfgang Abendroth, Hans Heinz Holz e Leo Kofler, publicada posteriormente com o título de *Gespräche mit Georg Lukács** (editado por Theo Pinkus, Reinbek, Rowohlt, 1967).

Em 1967, escreve uma extensa introdução a um livro que contém seus primeiros escritos políticos e *História e consciência de classe*. Esse livro é republicado em 1968, em italiano e alemão.

Concede uma série de entrevistas e escreve vários artigos sobre os problemas da "desestalinização" e da burocratização. Eles culminam com um estudo da máxima importância, dedicado a um exame rigoroso da questão da democracia socialista no período de transição. Escrito em 1968, e concluído após a ocupação da Tchecoslováquia, contra a qual Lukács protestou fortemente, esse importante estudo foi publicado no Brasil com o título "O processo de democratização"**.

Em 1968, os primeiros escritos políticos de Lukács aparecem em alemão em "edições piratas" e figuram fortemente nos debates da oposição extraparlamentar em toda a Europa, bem como nos Estados Unidos.

---

* *Conversando com Lukács* (trad. Giseh Viana Konder, Rio de Janeiro, Paz e Terra, 1968). (N. E.)

** "O processo de democratização" em *Socialismo e democratização*: escritos políticos 1956--1971 (trad. Carlos Nelson Coutinho e José Paulo Netto, Rio de Janeiro, Editora UFRJ, 2008) p. 83-206. (N. E.)

1969-1970

Recebe o título de doutor *honoris causa* na Universidade de Zagreb, em 1969.

No fim de 1969, começa a escrever seus *Prolegômenos para uma ontologia do ser social*.

No mesmo período, reingressa no partido.

Em 1970, torna-se doutor *honoris causa* da Universidade de Ghent e também recebe o Prêmio Goethe, da cidade de Frankfurt am Main.

Em dezembro, seus médicos descobrem que ele tem um câncer em fase terminal. Dizem-lhe que terá pouco tempo de vida. Lukács trabalha com um empenho ainda maior.

1971

Trabalha nos *Prolegômenos* até poucos dias antes de morrer. Ao mesmo tempo, escreve muitas páginas com notas autobiográficas.

Continua organizando uma ação internacional de intelectuais para libertar Angela Davis de uma prisão política.

Sua última aparição pública é nas festividades a Bartók: profere uma palestra dedicada à memória de seu grande contemporâneo apenas algumas semanas antes de morrer.

Morre em Budapeste em 4 de junho de 1971. Alguns anos depois é enterrado no cemitério de Kerepesi, em um local reservado para as grandes figuras do movimento socialista.

Índice onomástico-bibliográfico

Achilleïs [Aquiles], Goethe, 108, 116

Addison, Joseph (1672-1719), 132

Afinidades eletivas, As, Goethe, 73, 79, 159

Alfieri, Vittorio (1749-1803), 112, 132-3, 141

Ana Karênina, Tolstói, 151

Anacharsis Cloots (1755-1794), 169

Anos de aprendizado de Wilhelm Meister, Os, Goethe, 61-81, 93-4, 101, 104-7, 115, 122, 141, 162, 186

Anos de peregrinação de Wilhelm Meister, Os, Goethe, 73, 159

Ansichten vom Niederrhein [Perspectivas do Baixo Reno], Forster, 138

Archipelagus, Der [O arquipélado], Hölderlin, 175

Ariosto, Ludovico (1474-1533), 124, 130-1, 153

Aristóteles (384 a.C.-322 a.C.), 112, 129

Aufgeregten, Die [Os exaltados], Goethe, 94

Babeuf, François-Noël (Graco) (1760--1797), 135

Bacon, Francis (1561-1626), 180-1

Baeumler, Alfred (1887-1968), 178

Balzac, Honoré de (1799-1850), 39, 56, 59, 76, 79-80, 86, 98-101, 104-5, 131, 135, 147-8, 151, 168, 181, 206

Bandoleiros, Os, Schiller, 48, 54, 89, 172

Bismarck, Otto von (1815-1898), 34

Börne, Karl Ludwig (1786-1837), 35

Brandes, Georg (1842-1927), 44-5

Bristol, lorde (1730-1803), 53

Büchner, Georg (1813-1837), 178

Bürgergeneral, Der [O general burguês], Goethe, 94

Caçada, A, Goethe, 113

Carlos Augusto (1757-1828), 40

Cato, Addison, 132

Cervantes, Miguel de (1547-1616), 124, 132

Chamberlain, Houston Stewart (1855--1927), 41

Cartuxa de Parma, A, Stendhal, 100

Chateaubriand, François-René de (1768-1848), 45, 55

Chénier, Marie-Joseph (1764-1811), 141

Clausewitz, Carl von (1780-1831), 34

Comédia humana, A, Balzac, 100, 147-8

Corneille, Pierre (1606-1684), 46, 129, 140

Correggio (1489-1534), 102

D'Alembert, Jean le Rond (1717-1783), 47

Damiens, Robert-François (1715--1757), 53

Defoe, Daniel (1660-1731), 80

Demetrius, Schiller, 85

Deuses da Grécia, Os, Schiller, 94

Dickens, Charles (1812-1870), 151

Diderot, Denis (1713-1784), 38-9, 44, 46

Dilthey, Wilhelm (1833-1911), 173-8, 190

Dobroliubov, Nicolai (1836-1861), 37

Dom Carlos, Schiller, 133, 141

Dom Quixote de la Mancha, Cervantes, 78, 132

Donzela de Orleans, A, Schiller, 101

Doutrina da ciência, Fichte, 162

Dumouriez, Charles-François (1739--1823), 119

Eckart, mestre (1260-1328), 177

Eckermann, Johann Peter (1792-1854), 58, 91

Édipo Rei, Sófocles, 116

Educação estética do homem numa série de cartas, A, Schiller, 97, 137, 162

Elpenor, Goethe, 140

Emília Galotti, Lessing, 48, 57, 133

Engels, Friedrich (1820-1895), 32, 37, 39, 88, 142-3, 151, 160, 163

Epoche der forcierten Talente [A época dos talentos forçados], Goethe, 92

Estética, Hegel, 73, 123

Estética, Schelling, 78

Fausto, Goethe, 54, 86, 93, 104, 117, 119-21

Fenomenologia do espírito, Hegel, 70, 150, 152, 155-7

Ferguson, Adam (1723-1816), 129-30

Feuerbach, Ludwig (1804-1872), 48

Fichte, Johann Gottlieb (1762-1814), 50-1, 162

Fídias (c. 480 a.C.-c. 430 a.C.), 138

Fielding, Henry (1707-1754), 55-6, 153, 160

Flaubert, Gustav (1821-1880), 117, 147, 151

Forster, Georg (1754-1794), 87, 89, 135, 137-8, 173

Fourier, Jean-Baptiste Joseph (1768--1830), 69, 76

Índice onomástico-bibliográfico | 215

George, Stefan (1868-1933), 174, 179

Gibbon, Edward (1737-1794), 39

Giges e seu anel, Hebbel, 140

Globe, revista, 58

Goeze, Johann Melchior (1717-1786), 53

Goldsmith, Olivier (1728-1774), 50, 53, 55-5,

Gontard, Suzette (1769 – 1802), 182

Gontcharov, Ivan (1812-1891), 151

Görres, Johann Joseph von (1776--1848), 177

Götz von Berlichingen da mão de ferro (1773), Goethe, 43, 54

Grillparzer, Franz (1791-1872), 140

Grün, Karl (1817-1887), 76

Guilherme Tell, Schiller, 109

Gundolf, Friedrich (1880-1931), 41, 44, 173-9, 193

Hamann, Johann Georg (1730-1788), 50

Hamlet, Shakespeare, 63, 79

Haym, Rudolf (1821-1901), 173, 178

Hebbel, Friedrich (1813-1863), 116, 140

Hegel, Georg Wilhelm Friedrich (1770--1831), 37-9, 41-2, 51, 70, 73-4, 76, 85, 94, 106, 110, 123, 135, 137-8, 144, 149-40, 155-7, 159-61, 166-8, 170-1, 179-81, 184, 193, 196

Heine, Heinrich (1797-1856), 35-7, 86, 101

Heinrich von Ofterdingen, Novalis, 72, 185

Heloísa, Júlia ou a nova, Rousseau, 54

Helvetius, Claude-Adrien (1715-1771), 42

Heráclito (c. 500 a.C.-c. 450 a.C.), 181

Herder, Johann Gottfried von (1744--1803), 38-9, 41, 50, 90, 129

Hermann e Doroteia, Goethe, 74, 86, 99, 105, 107-8, 141, 159

Hipérion, Hölderlin, 165-87

Hirt, Aloys (1759-1837), 95

Geschichte des dreißigjährigen Krieges [A história da Guerra dos Trinta Anos], Schiller, 94

Geschichte des Abfalls der vereinigten Niederlande von der Spanischen Regierung [História da separação dos Países Baixos da Espanha], Schiller, 94

Hitler, Adolf (1889-1945), 31, 176, 178

Hobbes, Thomas (1588-1679), 42

Hölderlin, Friedrich (1770-1843), 36, 41, 135, 165-87

Homero (928 a.C.-898 a.C), 50, 53, 55, 93, 125, 127, 129-31, 153, 158

Horen, Die [As horas], Schiller, 95

Huber, Ludwig Ferdinand (1764-1804), 89-90

Hugo, Victor (1802-1885), 39, 102

Humboldt, Alexander von (1769--1859), 32

Humboldt, Wilhelm von (1767-1835), 91, 113, 170

Ibsen, Henrik (1828-1906), 116

Ifigênia em Táuride, Goethe, 99, 140-1

Ilíada, Homero, 115, 129, 131

Intriga e amor, Schiller, 48, 89

Jacobi, Friedrich Heinrich (1743-1819), 51

Kant, Immanuel (1724-1804), 50-1, 70, 85, 91, 95, 110, 149, 151, 155, 163

Keats, John (1795-1821), 183

Kierkegaard, Søren (1813-1855), 177-8

Klages, Ludwig (1872-1956), 41

Klopstock, Friedrich Gottlieb (1724--1803), 50

Korff, Hermann August (1882-1963), 44

Körner, Christian Gottfried (1756--1831), 91

Kraniche des Ibycus, Die [Os grous de Íbico], Schiller, 92

Lassalle, Ferdinand (1825-1864), 142-3

Lênin, Vladímir I. (1870-1924), 38, 48

Lesage, Alain-René (1668-1747), 80

Lessing, Gotthold Ephraim (1729--1781), 36-8, 41, 43-4, 46-8, 50, 53, 57, 95, 129, 133, 139

Lied von der Glocke, Das [A canção do sino], Schiller, 141

Louis Lambert, Balzac, 181

Luís XIV (1638-1715), 140

Manzoni, Alessandro (1785-1873), 102

Maria Stuart, Schiller, 110

Marx, Karl (1818-1883), 37, 45, 52, 103-4, 125, 136, 142-3, 148, 150--1, 154, 156, 165, 167, 180-1, 184

Matthison, Friedrich von (1761-1831), 143

Maupassant, Guy de (1850-1893), 147

Máximas e reflexões, Goethe, 92

Mehring, Franz (1846-1919), 36-8, 40, 47, 91, 95

Mendelssohn, Felix (1809-1847), 47

Mérimée, Prosper (1803-1870), 39

Metamorfose das plantas, A, Goethe, 91

Meyer, Heinrich (1800-1873), 90, 119

Michelangelo (1475-1564), 102

Milton, John (1608-1674), 132, 186

Minha campanha da França, Goethe, 89

Missão teatral de Wilhelm Meister, A Goethe, 61

Montesquieu (1689-1755), 38, 52

Morte de Empédocles, A, Hölderlin, 168, 173, 181

Musen-Almanach [Almanaque das musas], 95

Napoleão Bonaparte (1769-1821), 57, 87, 149, 161, 167-8

Natürliche Tochter, Die [A filha natural, A], Goethe, 86, 108, 119

Nietzsche, Friedrich (1844-1900), 31, 40-1, 165, 173-4, 177-9

Noiva de Messina, A, Schiller, 101, 108-9, 133

Novalis (1772-1801), 72, 177, 179, 185-6

Novela, Goethe, 113

Obra-prima ignorada, Balzac, 105

Odisseia, Homero, 57, 114-5

Origem da família, da propriedade privada e do Estado, A, Engels, 160

Ortega y Gasset, José (1883-1955), 31

Ossian (?), 53, 55

Ovídio (43 a.C.-17 ou 18 d.C.), 182

Poesia e verdade, Goethe, 50

Poesia ingênua e sentimental, Schiller, 95, 102, 105, 130-1, 144, 151-4, 158-50, 163

Poética, Aristóteles, 76, 129

Prometeu, Goethe, 54

Propyläen [Propileus], Goethe, 95

Rabelais, François (1494-1553), 68, 124

Racine, Jean Baptiste (1639-1699), 35, 140

Rafael (1483-1520), 102

Raineke-Raposo, Goethe, 63, 94, 141, 159

Ravaillac, François (c. 1577-1610), 53

Ricardo, David (1772-1823), 151

Richardson, Samuel (1689-1761), 44, 47, 55, 81, 132

Rilke, Rainer Maria (1875-1926), 31

Robespierre, Maximilien de (1758-1794), 125, 166, 169-70, 175, 179-80

Rosenberg, Alfred (1893-1946), 41, 177

Rousseau, Jean-Jacques (1712-1778), 38-9, 44-5, 47, 50, 52, 54-5, 151, 169, 175, 180

Ruge, Arnold (1802-1880), 184

Saint-Just (1767-1794), 125, 166

Salammbô, Flaubert, 117

Sammler und die Seinigen, Der [O colecionador e os seus], Goethe, 95, 102

Sansculotismo literário, Goethe, 96

Schelling, Friedrich Wilhelm Joseph (1775-1854), 41, 78, 166, 180-1

Schiller, Friedrich von (1759-1805), 35-6, 38-9, 41, 48, 52-4, 64, 66, 71, 80-1, 83-122, 123-163, 169, 172, 181-2, 185

Schlegel, August Wilhelm (1767-1845), 90, 101, 182

Schlegel, Friedrich (1772-1829), 64-5, 101, 137-8, 162

Schlosser, Johann Georg (1739-1799), 90

Schopenhauer, Arthur (1788-1860), 40, 173

Scott, Walter (1771-1832), 100, 102

Sêneca (c. 4 a.C-65 d.C.), 125

Seraphitus Seraphita, Balzac, 181

Shakespeare, William (1564-1616), 35, 38, 63, 103, 110, 124, 129, 144, 152-3, 158, 160

Shelley, Percy Bysshe (1792-1822), 132, 183-4

Sickingen, Lassalle, 142-3

Sobre literatura épica e dramática, Goethe, 114

Sófocles (c. 496 a.C.-c. 405 a.C.), 38, 125, 129

Sofrimentos do jovem Werther, Os, Goethe, 39, 43-60, 62, 158-9

Solger, Karl Wilhelm Ferdinand (1780-
-1819), 149

Sömmering, Samuel Thomas (1755-
-1830), 89

Spaziergang unter den Linden, Der [O
passeio sob as tílias], Schiller, 141

Spengler, Oswald (1880-1936), 31, 41

Staël, Germaine de (madame de)
(1766-1817), 44

Stein, Charlotte von (1742-1827),
40, 90

Stein, Fritz (1772-1844), 90

Stendhal (1783-1842), 39, 56, 76, 80,
86, 98-100, 182

Stolberg, Friedrich Leopold (conde de)
(1750-1819), 90

Strich, Fritz (1882-1963), 44

Sturm und Drang [Tempestade e Ím-
peto], 38-9, 43-4, 54, 89, 133, 139

Taucher, Der [O mergulhador], Schiller,
92

Tchernichevski, Nicolai (1828-1889),
37

Tieck, Ludwig (1773-1853), 101-2, 186

Tolstói, León (1828-1910), 151

Torquato Tasso, Goethe, 58, 61, 140-
-1, 158

Trilogia da paixão, Goethe, 59, 159

Triumph der Empfindsamkeit, Der [O
triunfo da sensibilidade], Goethe,
54-5

Turguêniev, Ivan (1818-1883), 151

Vico, Gianbattista (1668-1744), 144

Virgílio (70 a.C.-19 a.C.), 118, 125

Voltaire (1694-1778), 38-9, 47, 52,
124, 129, 139-40

Vulpius, Christiane (1765-1816), 91

Wallenstein, Schiller, 85, 93, 110, 113,
117-9

Washington, George (1732-1799), 66

Wieland, Christoph Martin (1733-
-1813), 90, 141

Winckelmann, Johann (1717-1768),
43, 95

Witt, Johann de (1625-1672), 51

Ziegler, Matthes (1911-1992), 177-8

Zola, Émile (1840-1902), 117

Obras de György Lukács publicadas no Brasil

Ensaios sobre literatura. Coordenação e prefácio de Leandro Konder; tradução de Leandro Konder et al. Rio de Janeiro, Civilização Brasileira, 1965 [2. ed., 1968]. Reúne os seguintes ensaios: "Introdução aos escritos estéticos de Marx e Engels", "Narrar ou descrever?", "Balzac: *Les Illusions perdues*", "A polêmica entre Balzac e Stendhal", "O humanismo de Shakespeare", "Dostoiévski", "O humanismo clássico alemão: Goethe e Schiller" e "Thomas Mann e a tragédia da arte moderna".

Existencialismo ou marxismo?. Tradução de José Carlos Bruni. São Paulo, Senzala, 1967 [2. ed., São Paulo, Ciências Humanas, 1979].

Introdução a uma estética marxista. Tradução de Carlos Nelson Coutinho e Leandro Konder. Rio de Janeiro, Civilização Brasileira, 1968 [3. ed., 1977].

Marxismo e teoria da literatura. Seleção e tradução de Carlos Nelson Coutinho. Rio de Janeiro, Civilização Brasileira, 1968 [2. ed., São Paulo, Expressão Popular, 2010]. Reúne os seguintes ensaios: "Friedrich Engels, teórico e crítico da literatura", "Marx e o problema da decadência ideológica", "Tribuno do povo ou burocrata?", "Narrar ou descrever?", "A fisionomia intelectual dos personagens artísticos", "O escritor e o crítico", "Arte livre ou arte dirigida?" e "O problema da perspectiva".

Conversando com Lukács. Tradução de Giseh Vianna Konder. Rio de Janeiro, Paz e Terra, 1969. Entrevista concedida a Hans Heinz Holz, Leo Kofler e Wolfgang Abendroth.

Realismo crítico hoje. Tradução de Ermínio Rodrigues; introdução de Carlos Nelson Coutinho. Brasília, Coordenada, 1969 [2. ed., Brasília, Thesaurus, 1991].

Ontologia do ser social: a falsa e a verdadeira ontologia de Hegel. Tradução de Carlos Nelson Coutinho. São Paulo, Ciências Humanas, 1979.

Ontologia do ser social: os princípios ontológicos fundamentais de Marx. Tradução de Carlos Nelson Coutinho. São Paulo, Ciências Humanas, 1979.

220 | Goethe e seu tempo

Lukács. Organização de José Paulo Netto; tradução de José Paulo Netto e Carlos Nelson Coutinho. São Paulo, Ática, 1981. Grandes Cientistas Sociais (série Sociologia), v. XX. Reúne o ensaio "O marxismo ortodoxo", extratos de *Para uma ontologia do ser social*, do ensaio "Marx e o problema da decadência ideológica" e do capítulo "A sociologia alemã do período imperialista" de *A destruição da razão*, parte do prefácio a *História do desenvolvimento do drama moderno*, o texto "Nota sobre o romance" e um excerto de *Introdução a uma estética marxista*.

Pensamento vivido: autobiografia em diálogo. Tradução de Cristina Alberta Franco. São Paulo/Viçosa, Ad Hominem/Universidade Federal de Viçosa, 1999. Entrevistas concedidas a István Eörsi e Erzsébet Vezér.

A teoria do romance. Tradução, posfácio e notas de José Marcos Mariani de Macedo. São Paulo, Editora 34/Duas Cidades, 2000.

História e consciência de classe: estudos sobre a dialética marxista. Tradução de Rodnei Nascimento. São Paulo, WMF Martins Fontes, 2003.

O jovem Marx e outros escritos de filosofia. Organização, apresentação e tradução de Carlos Nelson Coutinho e José Paulo Netto. Rio de Janeiro, Editora da UFRJ, 2007 [2. ed., 2009]. Reúne: "Concepção aristocrática e concepção democrática do mundo", "As tarefas da filosofia marxista na nova democracia", "O jovem Hegel: os novos problemas da pesquisa hegeliana", "O jovem Marx: sua evolução filosófica de 1840 a 1844", "A responsabilidade social do filósofo" e "As bases ontológicas do pensamento e da atividade do homem".

Socialismo e democratização: escritos políticos 1956-1971. Organização, apresentação e tradução de Carlos Nelson Coutinho e José Paulo Netto. Rio de Janeiro, Editora da UFRJ, 2008 [2. ed., 2010]. Reúne: "Meu caminho para Marx", "A luta entre progresso e reação na cultura de hoje", "O processo de democratização", "Para além de Stálin" e "Testamento político".

Arte e sociedade: escritos estéticos 1932-1967. Organização, apresentação e tradução de Carlos Nelson Coutinho e José Paulo Netto. Rio de Janeiro, Editora da UFRJ, 2009 [2. ed., 2010]. Reúne: "A estética de Hegel", "Introdução aos escritos estéticos de Marx e Engels", "Nietzsche como precursor da estética fascista", "A questão da sátira", "O romance como epopeia burguesa", "A característica mais geral do reflexo lírico" e "Sobre a tragédia".

Prolegômenos para uma ontologia do ser social. Tradução de Lya Luft e Rodnei Nascimento; prefácio e notas de Ester Vaisman e Ronaldo Vielmi Fortes; posfácio de Nicolas Tertulian. São Paulo, Boitempo, 2010.

O romance histórico. Tradução de Rubens Enderle; apresentação de Arlenice Almeida da Silva. São Paulo, Boitempo, 2011.

Lênin: um estudo sobre a unidade de seu pensamento. Tradução de Rubens Enderle; apresentação e notas de Miguel Vedda. São Paulo, Boitempo, 2012.

Para uma ontologia do ser social I. Tradução de Carlos Nelson Coutinho, Mario Duayer e Nélio Schneider; revisão da tradução de Nélio Schneider; revisão técnica de Ronaldo Vielmi Fortes, com a colaboração de Ester Vaisman e Elcemir Paço Cunha; apresentação de José Paulo Netto. São Paulo, Boitempo, 2012. Reúne: "Neopositivismo e existencialismo", "O avanço de Nicolai Hartmann rumo a uma ontologia autêntica", "A falsa e a autêntica ontologia de Hegel" e "Os princípios ontológicos fundamentais de Marx".

Para uma ontologia do ser social II. Tradução de Nélio Schneider, com a colaboração de Ivo Tonet e Ronaldo Vielmi Fortes; revisão técnica de Ronaldo Vielmi Fortes, com a colaboração de Elcemir Paço Cunha; prefácio de Guido Oldrini. São Paulo, Boitempo, 2013. Reúne: "O trabalho", "A reprodução", "O ideal e a ideologia" e "O estranhamento".

A alma e as formas. Tradução e posfácio de Rainer Patriota; introdução de Judith Butler. Belo Horizonte, Autêntica, 2015. Reúne os ensaios "Sobre a forma e a essência do ensaio: carta a Leo Popper", "Platonismo, poesia e as formas: Rudolf Kassner", "Quando a forma se estilhaça ao colidir com a vida: Søren Kierkegaard e Regine Olsen", "Sobre a filosofia romântica da vida: Novalis", "Burguesia e *l'art pour l'art*: Theodor Storm", "A nova solidão e sua lírica: Stefan George", "Nostalgia e forma: Charles-Louis Philippe", "O instante e as formas: Richard Beer-Hofmann", "Riqueza, caos e forma: um diálogo sobre Laurence Sterne", "Metafísica da tragédia: Paul Ernst" e "Da pobreza de espírito: um diálogo e uma carta".

Reboquismo e dialética: uma resposta aos críticos de História e consciência de classe. Tradução, comentários e notas de Nélio Schneider; revisão técnica de Ronaldo Vielmi Fortes; prefácio de Michael Löwy; posfácio de Nicolas Tertulian. São Paulo, Boitempo, 2015.

Marx e Engels como historiadores da literatura. Tradução e notas de Nélio Schneider; revisão técnica e notas de José Paulo Netto e Ronaldo Vielmi Fortes; prefácio de Hermenegildo Bastos. São Paulo, Boitempo, 2016.

O jovem Hegel e os problemas da sociedade capitalista. Tradução de Nélio Schneider; revisão técnica e notas de José Paulo Netto e Ronaldo Vielmi Fortes. São Paulo, Boitempo, 2018.

Essenciais são os livros não escritos. Organização, tradução, notas e apresentação de Ronaldo Vielmi Fortes; revisão técnica e apresentação de Alexandre Aranha Arbia. São Paulo, Boitempo, 2020. Reúne as entrevistas "A reforma econômica da Hungria e os problemas da democracia socialista", "Lukács: retorno ao concreto", "Novos modelos humanos", "Todos os dogmáticos são derrotistas", "O marxismo na coexistência", "Cinema e cultura húngara", "A nova direção econômica e a cultura socialista", "A Alemanha, uma nação de desenvolvimento tardio?", "A cultura e a República dos Conselhos", "O astronauta na encruzilhada da ciência e do estranhamento", "Após Hegel, nada de novo", "Conversa com Lukács", "Essenciais são os livros não escritos", "O sistema de conselhos é inevitável", "Colóquio com György Lukács" e "A última entrevista de Lukács".

A destruição da razão. Tradução de Bernard Herman Hess, Rainer Patriota e Ronaldo Vielmi Fortes; revisão de Ester Vaisman e Ronaldo Vielmi Fortes. São Paulo, Instituto Lukács, 2020.

Biblioteca Lukács

Coordenador José Paulo Netto
Coordenador adjunto Ronaldo Vielmi Fortes

Próximos volumes

Estética

O realismo russo na literatura universal (Problemas do realismo II)
Existencialismo ou marxismo
A peculiaridade do Estético

Volumes publicados

2010

Prolegômenos para uma ontologia do ser social
Questões de princípio para uma ontologia hoje tornada possível

    Tradução Lya Luft e Rodnei Nascimento
    Supervisão editorial Ester Vaisman
    Revisão técnica Ronaldo Vielmi Fortes
    Prefácio e notas Ester Vaisman e Ronaldo Vielmi Fortes
    Posfácio Nicolas Tertulian

2011

O romance histórico
    Tradução Rubens Enderle
    Apresentação Arlenice Almeida da Silva

2012

Lênin
Um estudo sobre a unidade de seu pensamento

    Tradução Rubens Enderle
    Apresentação e notas Miguel Vedda

Para uma ontologia do ser social I
Tradução Carlos Nelson Coutinho, Mario Duayer e Nélio Schneider
Revisão da tradução Nélio Schneider
Revisão técnica Ronaldo Vielmi Fortes, com a colaboração de Ester Vaisman e Elcemir Paço Cunha
Apresentação José Paulo Netto

2013

Para uma ontologia do ser social II
Tradução Nélio Schneider, com a colaboração de Ivo Tonet e Ronaldo Vielmi Fortes
Revisão técnica Ronaldo Vielmi Fortes, com a colaboração de Elcemir Paço Cunha
Prefácio Guido Oldrini

2015

Reboquismo e dialética
Uma resposta aos críticos de História e consciência de classe

Tradução Nélio Schneider
Revisão técnica Ronaldo Vielmi Fortes
Prefácio Michael Löwy
Posfácio Nicolas Tertulian

2016

Marx e Engels como historiadores da literatura
Tradução e notas Nélio Schneider
Revisão técnica e notas da edição José Paulo Netto e Ronaldo Vielmi Fortes
Prefácio Hermenegildo Bastos

2018

O jovem Hegel e os problemas da sociedade capitalista
Tradução Nélio Schneider
Revisão técnica e notas da edição José Paulo Netto e Ronaldo Vielmi Fortes

2020

Essenciais são os livros não escritos
Organização, tradução, notas e apresentação Ronaldo Vielmi Fortes
Revisão técnica e apresentação Alexandre Aranha Arbia

Folha de rosto da primeira edição do volume 1
de *De minha vida: poesia e verdade*

Este livro, publicado 210 anos após o primeiro volume de *De minha vida: poesia e verdade*, de Goethe, foi composto em Revival565 BT, 10,5/14,2, e impresso em Avena 80 g/m², na gráfica Rettec, em agosto de 2021, com tiragem de 3 mil exemplares.